走出『自我之狱』

布朗肖思想研究

朱玲玲◎著

SORTIR DE LA
"PRISON DU MOI"

Étude de la pensée de
Maurice Blanchot

上海人民出版社

中央高校基本科研业务费专项资金资助

supported by the Fundamental Research Funds for the Central Universities

总　序

本文库主要收录通过读解第一手法文哲学原著而对基础研究和前沿研究的论题进行系统阐述并具有独到见解的学术著作，旨在推进国内外学界对法国哲学乃至世界哲学的学术研究，力图以法国哲学研究为切入点来加强和提升中西哲学界的思想交流和学术对话的水平。

从 17 世纪理性与信仰的交织、18 世纪理性的弘扬到 19 世纪折中的达成、20 世纪差异思想的迸发，法国哲学一直向我们展示着人类智慧的力量和创新思想的魅力。

法国哲学在世界哲学中占据着毋庸置疑的独特地位。笛卡尔我思哲学开创了西方近代主体哲学，启蒙思想奏响了人类理性呐喊的最强音，折中主义尝试化解人类思想的极端紧张状态，而差异哲学一个世纪以来为人类奉上了一场又一场丰硕的思想盛宴。个别与一般、理性与感性、人与世界、自我与他人的关系等，一直是哲学探讨的重要论题。在很大程度上，我们可以说，近现代哲学家，无论愿意与否，不是笛卡尔主义者，就是反笛卡尔主义者或非笛卡尔主义者。从思想创新的角度来看，进行别样思考一直是几个世纪以来法国哲学发展的原动力和生命源泉。从古希腊至今的整个西方哲学也正是在思想创新中不断前行的。熠熠生辉的法国哲学思想为西方哲学的创新画卷涂上了一笔又一笔浓墨重彩。

每一个重要思想总是经由其思想源流而诞生于特定的时空坐标。每一种哲学都与特定时代、文化、语言，甚至宗教、科学、政治等密切相关。思想必定与众不同。世界哲学舞台注定是丰富多彩、百花争妍的。

近代主体性形而上学因追求"绝对的""最高的"真理,崇尚"整齐划一的"思想而被批驳得千疮百孔、体无完肤。因为这种"真理""思想"只能侮辱人类智慧,蒙蔽人类思想。显然,重要哲学思想必定是取决于多重因素而各有特色的。从总体上说,如果英美哲学喜好经验实证,德国哲学偏重理性思辨,那么,法国哲学则擅长感性灵动。当然,这样说并不排除某些哲学家的例外情况甚至一度相反的情形。法国哲学以其感性、率真、灵动、清澈、澄明和活力的特点吸引着一批又一批虔诚膜拜的朝奉者。

当然,强调思想互异、特色,并不无视不同思想之间的沟通、对话,甚至会通和融合。由于哲学重大论题从古至今鲜有变化,处于不同时空中的哲学家总是侧重于某个点来探讨相同的哲学话题,尽管他们以各自的方式、视角,依据不同的文献资料来从事哲学思考。因此,不仅法国哲学家相互之间,而且法国哲学与德国哲学、英美哲学在承接以往哲学传统论题的基础上还进行着各种各样的互动(竞争、对抗、对话、融合),以其合力共同推动西方哲学乃至世界哲学向前发展。在主体性、现代性、身心关系、心物关系、言思关系、他我关系等问题上,笛卡尔哲学、休谟哲学、斯宾诺莎哲学、莱布尼茨哲学与康德哲学、黑格尔哲学、胡塞尔现象学、海德格尔基本存在论、萨特现象学存在论、梅洛-庞蒂知觉现象学、列维-斯特劳斯结构主义、德里达解构哲学、福柯话语哲学、哈贝马斯商谈哲学、列维纳斯他者哲学、利科自身解释学、维特根斯坦语言哲学、罗蒂新实用主义等之间复杂而多变的理论关系就充分体现了这种互动关系和哲学发展的分合趋势。不同哲学之间的互动关系,无论在哲学理论的深度,还是论域的广度上,都错综复杂,变化不断。当代西方哲学发展的态势,就是法国哲学、德国哲学和英美哲学在互动中形成了一个流动的三角形。三个角会随着互动中三方力量关系的变化而变化,但任何一方的力量都不足以强大到完全吸收或取消其他方力量而形成独尊天下的思想局面。哲学帝国或帝国哲学的时代早已一去不复返了。

哲学不再是总体性理论,而是一种活动,一种对当下、对时代进行诊断的活动。而这种诊断活动的思想灵魂就是批判精神。另辟蹊径，进行别样思考，就彰显了这种批判精神。几个世纪以来，法国哲学家们对时代的诊断和批判思考竖起了人类思想史上一个个高大的里程碑。就重大哲学论题贯穿哲学史始终而言，任何哲学家都是当代哲学家，都是我们的同时代人。本文库就是要研究这些独特的诊断活动及其批判性思想的当代意义。

20 年前国内法国哲学研究还显薄弱，有的问题还未深入研究，有的领域还尚未涉足。我们现在欣喜地看到，随着越来越多的青年学者加入研究队伍，目前国内法国哲学研究力量已日趋强大，法国哲学著译不断问世，研究水平也日渐提高。本文库的作者大多是曾留学法国的青年才俊，他们具有批判精神，思想活跃，专业基础扎实，法语读解精准，学术视野宽广，治学态度严谨，学术有潜力。他们与国际同行保持紧密的学术联系，能开展高水平的国际学术对话和合作研究，他们的目光聚焦于法国哲学的基础问题和前沿问题，对一些重要的哲学理论问题能进行较为系统深入的探索和研究。

是为序。

莫伟民

目　　录

序言
爱与争：思无限

布朗肖是一个谜，但他却是迷人的。

这位 20 世纪最伟大的隐匿者，当他于 21 世纪初悄然离世之际，人们才发觉对其淡漠太久，也错失太多。众所周知，莫里斯·布朗肖（1907—2003）是一个难以归类的人。他曾经做过记者、政治时评家，但也是文学家、批评家，更是一位杰出的思想者。然终其一生，他都"以文学之名"延展其"生命"之思，演绎其对"存在"的"爱"与"争"。如同海浪冲刷岸边的礁石那样，他一遍又一遍，年复一年、周而复始、循环往复，执著地展开自己卓异和超绝的"界外之思"。正因如此，希利斯·米勒赞誉布朗肖为 20 世纪最伟大的批评家。"文学"，作为存在的"空间"，它所展示的不仅仅是依凭语言的、虚构的后花园；毋宁说，它是对深度空间的重塑以及对生命意义的无休止叩问。然而，这一空间也是语言的深渊，它只能在"未来"、且只能在未来向我们敞开。所以，布朗肖说，文学是对我们的语言永久的折磨，因为它总是想回到那早已错失之处。

除文学创作（包括《黑暗托马》《亚米拿达》《至高者》等）外，布朗肖一生还写下大量的评论文章，涉及里尔克、荷尔德林、卡夫卡、马拉美、帕斯卡尔、尼采、西蒙娜·薇依，当然还有海德格尔、巴塔耶、福柯和列维纳斯，等等。《无尽的对话》就是布朗肖与这些曾经的和当下的思者之间永无终结的"谈话"，同时也是其"思的经验"之凝结。此外，《未来之书》《灾异的书写》《文学空间》等，均是布朗肖集中思考文学议题的名作,同时也是其思的"现象学"。无疑,布朗肖是法国20世纪智识星河中璀璨的一颗明星。他在文学实践和哲学思考之间左右逢源,弥合二者的界限,形成了独具一格的、迷人的风格。正因如此,福柯、德勒兹、列维纳斯、德里达等均著书或撰文向其致敬。福柯从不讳言自己从布朗肖那里得益良多,他甚至为其写下专论《外界思想》(*Maurice Blanchot*,*The Thought from Outside*)。列维纳斯(亦有专文《论布朗肖》)更是其一生的挚友,二人惺惺相惜、相互增益,共同推动了一种新的哲思之展开。与之呼应,布朗肖对法国、乃至欧洲文坛产生了无可替代的影响,同时也重塑了一代作家和读者的思想世界。

令人惊奇的是,在二战后的法国文坛,布朗肖并不在现场。他隐匿自己,刻意不与他人见面;他过着离群索居的生活,但从不孤独。布朗肖以一种"不在场的在场"践行自己的文学观,他与人隔空对话,与那些思者秘密交谈,不为其他,只为"体验"。20世纪50年代以来,当人们在黑格尔、马克思、弗洛伊德,以及现象学、存在主义、结构主义等思想之间陷入迷狂、混乱或摇摆之际,布朗肖却以其天才洞见、纯粹书写和无与伦比的优雅风格震惊世人。斯宾诺莎说,一切高贵的事物,其难得正如其稀少一样(《伦理学》)。布朗肖恰好体现了这一点,不过他奏响的也是一曲塞壬之歌。然其不再仅存当下,而是以叙事(或言说)的方式,无害且迷人,颂歌终成篇章(《未来之书》)。作为新尼采主义者,布朗肖用"否定"美学颠覆传统,从一而多,叙写差异化生命之意义。他用极端化形式演示文学的魅惑,刻画"无用"之思的内在肌质。虽然看起来似乎有些刻意与过分,但却是布朗肖思想张力之所在。语言、死亡、他者(the Other),是布朗肖的关键词,是其外部(the Outside)思想之触手,也是其重思生命的核心与中介。

一、超　越　性

"白日"疯狂,人无法思想。海德格尔说,在技术化时代,"思"成为不可能。然而,诗歌是个例外,诗人依然可以歌唱、预言,这便是荷尔德林的真正意义。唯当我们喜欢那个本身有待思的东西时，我们才能够思想；一切诗歌皆源出于思之虔诚（《演讲与论文集》）。布朗肖却说，在极限处——当无法思考时——就有了思想，而诗正与此相关。为此，他进一步指出，诗就是无休止的痛。它是"阴影"和"灵魂的夜"，是"失声无法呐喊"（《未来之书》）。而这一点，早已在荷尔德林、里尔克、阿尔托那里得到证明。于是，思想迸发、绽出、爆裂，它在挣扎中反转、腾跃、否定，而"生命"之力在其中自我涌现。在诗中，语言在"思"，诗人却退隐。乔治·布莱认为，在布朗肖那里，一切都始于"不在场"。经验我的虚无，经验我的非存在。我一说话，我一思想及想到我自己，我就发现我不存在或者我不再存在了，我的话剥夺了我的存在（《批评意识》）。布朗肖颠覆了笛卡尔的"我思"之威权，将大写主体陷入空无，将"我"置于两难。我思故我不在，我死故我在。然而，正如索莱尔斯（Philippe Sollers）在《极限体验与书写》中所言，谁又是那个"故"？于主体而言，此问或许更加釜底抽薪、瓦解冰消。布朗肖的名作《黑暗托马》（1941）、《最后的人》（1957），描述的就是这种"内在经验"（inner experience）、非—经验，亦即自我的去—中心化状态。而在其中，布朗肖遭遇和迫近的则是另一时间、"无时之时"与"无之无化"。

　　二战后法国思想界风起云涌、新见迭出，然而在这一激进的文化生态中，无论是让·卡瓦耶斯、加斯东·巴什拉、乔治·康吉莱姆、福柯等人的科学哲学和概念哲学，还是德勒兹、利奥塔、德里达、鲍德里亚、列维纳斯等人的后结构主义思想，都纷纷批评柏拉图—笛卡尔以来的意识哲学传统，进而走上一条超越性之路。这一超越，首先是以否定大写的、历史的"人"或"主体"为起点的。自尼采以来，主体声名狼藉。但这远远不够，他们还想走得更远些。1962 年，列维-斯特劳斯在《野性的思维》中宣称：人文科学的最终目的不是构成人，而是去分解人。1966 年，德里达发表《人文科学话语中的结构、符号与游戏》一文，解构主义登场，主体坠入深渊。弗洛伊德曾说，"我"不是自己家里的主人，这令人很容易想起福柯在《词与物》（1966）一书最后预言"主体之死"的"沙滩上的那张脸"。如此等等，不一而足。也正因如此，萨特成为众矢之的,而海德格尔似乎也未能幸免。作为"存在的一代",布朗肖曾深受现象学与海德格尔的影响,但他也与列维纳斯一样,最终战胜了这位"坏榜样"的诱惑。当海德格尔称尼采为"最后一位形而上学家"之时,他定然料想不到多年后自己也会被别人冠以同样的名字。吊诡的是,当这群冒险思想家纷纷放逐"主体"之际,"虚无主义"这位陌生的客人却不请自来……或许,撒旦没有那么可怕,但它却偷偷留下了一抹不祥的阴云。

在古希腊人那里,自然、历史、社会,都在一种既定的和谐秩序里安然运转。这种稳定、同一、确定性,既昭示了"神圣自然",也定义了世俗秩序。自此以降,柏拉图哲学深深刻印在了西方思想的脉络之中,直到尼采的出现,这一境况才得以改变。事实上,主体的离心化运动早已在一些预言家、诗人、思者那里有所呈现,但主体之死却是晚近的观念。尼采在秩序/失序之间游走、颠簸,但他破除了一种旧的思维空间,生发了一种新的生命之可能性。巴塔耶、福柯、德勒兹看到了这一点,而布朗肖更是敏锐地把握到了这一点。与列维纳斯一样,布朗肖想要破除的是自柏拉图以来的西方思想或概念中的绝对与同一性,他以否定的样式不断冲击、洗涤思想的原初暴力。作为"我思"的主体,在布朗肖的笔下渐次成为"虚空",并最终消解、散失。这一"主体的消解",不是主体的死亡,而是"终结"。这意味着位置的变换、观念的流转,以及个体生命意识的迫近。正如彼得·毕尔格所言,消逝的我,这个"虚无中的存在",不是柔弱的我,而是经验到自己无所不能的我(《主体的退隐》)。可是,这个主体,这个"我"到底有什么不同? 在布朗肖这里,它不像尼采那般积极——虽然看起来它也并不那么消极。

重点在于,尼采在对力量与生命之呼告的同时,也展示了它们的强度和向度。在西方传统中,死亡哲学描绘一种"向死而生"的态度,反而并不过度记忆一个个消极、哀伤、惨烈的事件。换言之,生—死,在—不在,这两组概念仅仅展示了一种辩证法,而非庸常或世俗之见。这是悲剧的真正意义,同时也是对生命的本质性反思和观照。按照古希腊思想家伊壁鸠鲁(Epicurus)的逻辑,人活之时死亡不在,死亡来临人不在，故而人无需害怕死亡。不过，人也因此无法真正体验死亡。在《文学空间》中，通过对卡夫卡、陀思妥耶夫斯基、里尔克等人的分析，布朗肖尝试探讨死亡这一"诗性空间"的秘密。有别于海德格尔的死亡观，布朗肖以文学（书写）为进路，把死亡看作我的死亡，把它看作是我的秘密的真理。甚而至于，当我说话时，是死亡通过我发言，而这一死亡却是中性和无个性的。为此，布朗肖迷醉于一种"本真性"死亡，一种忠于死亡的死亡，而非里尔克所呼喊的忠于己的死亡。这是一种极限经验，一种内在体验，也是完全迥异于常人的原初性体验。克莱因伯格说，死亡规定了自我，而存在罢免了自我；主体只有在面对死亡，即主体终结之际才是可能的（《存在的一代》）。就是在这种极限体验之中，主体以"无之无化"的方式显现自身、越出自身、超越自我。

二、非　　思

布朗肖说，黑夜、死亡，一切关系的无人称性，即外部本身。同样，灾难、疯狂，也是"外部"的思想。列维纳斯在《专名》（Proper Names）中指出，布朗肖把艺术作品、诗歌，置于白日的领域之外，此即"黑夜"，一个陌异的世界，一种原初的经验。俄耳甫斯与欧律狄刻的神话故事，在布朗肖看来，则展示了一种双重失败。这一失败，也是西方几千年来光的形而上学/视觉的宰制之根本性失败。这一失败，暗示了那种排他性的、视觉中心主义的暗夜，标志着黑夜无以复加的神秘力量（《文学空间》）。这一失败，它经历了从"我看"到"黑暗凝视"（gaze），从"我思故我在"到"我思故我不在"，从"我说"到"语言在说"的本质性转变。因之，语言总是提出一个不只是某种作为思想的存在，而是完成某种超越于存在、超越于思想之外的运动的话语。言语，即谵妄（delirium；est delire）。在此意义上，布朗肖的语言观类似于列维纳斯的"言说"（Le Dire）而非"所说"（Le Dit）（前者代表一种与他者亲近的意向，是对他者袒露和表白的语言；后者则代表可传达性的公共语言）。这种语言（即"言说"）是诗的语言，是一种无人称的言语，一种与人无关的语言，正如保罗·策兰的诗所显示的那样。这种语言不同于海德格尔"语言是存在之家"的描述,也不同于语用学意义上的言语质地,而是一种无定向的"中性"言说。它朝向他者,向外界说话,召唤偶然、独一(异)性与它异性。

与高蹈派(巴那斯派)的反浪漫形式化书写不同,布朗肖似乎在浪漫/反浪漫之间游走,而且并未偏执于一端。与尼采相似,他钟爱碎片化书写和格言体,相信文学语言的不及物性,强调书写的"中性"。语言并非透明的,同时也不是纯粹的工具。作为再现的语言拥有毁灭之力:它引发消失、使物不在场,甚至摧毁物(Maurice Blanchot, *The Work of Fire*)。对布朗肖来说,语言是不及物的,它体现一种"废黜"和不确定性,一种可能的不可能性。语言是逃逸,是离散的所在,是"谋杀"。当我说出"一朵花"之时,真实鲜活之花已死。当我给物命名时,"物"将消失,仅剩作为理念的"词语"(马拉美,《诗歌危机》)。尼采说,一切概念都来源于差别物的等同。受教于此,对"透明性"的抵抗,是布朗肖贯穿其一生的任务,语言只是其反思的一个支点。语言,即"非思"之物。语言,作为"思"的介质,本身难以被经验。布朗肖指出:语言,制造不安与矛盾,它只从空洞开始,它显示某种本质的空缺。语言展露一个个空的空间,文本是语言的织物,不同的声音在其中自由交谈。罗兰·巴特说,语言,似乎创造了一种"什么都不发生"的空间,但这种"空缺"并非负面的。甚至,对于写作的各种极限探索、各种尝试或各种不可能性的思考,正是文学创作的一种基本要素(《声音的种子》)。同样,体验这种语言内在的"神秘"和"天真",也是罗兰·巴特的偏爱,他称之为"倾听语言的窸窣"。这种语言,即一种天性的语言。

那么,如何理解言说与言者之间的关系,如何置放"我"?姑且不谈本雅明所谓"神性语言",那么"私人语言"是否可能?换言之,语言将主体置于何地,它又将怎样保持中立?列维纳斯认为,言说,就是中断我作为主体和主宰的经验,但又不会把自我呈现为景观,把我同时作为主体和客体而留存(Emmanuel Levinas, "The Transcendence of Words: On Michel Leiris's Biffures")。这就意味着,主体只能在言说中无限地

"操劳"，以便远离二者的交互控制。言说之际，我从来不能抹除，取消；我能够做的只是说"我正在抹除，取消，纠正"（Roland Barthes，*The Rustle of Language*）。这也就是福柯、德勒兹、罗兰·巴特等人关注那些类似于"结巴"的语言及其书写的原因之一。这些看似非正常的言语，在他们看来，反倒是一种最真实的语言，一种体现中性的话语。这就是"外部"，如是之思，就是经由言说实现的一种"界外思维"。然而，语言犹如子午线、天际线、晨昏线，它只是一种人为虚设的、暂时的规制，也即一条既看不见、也不存在的逃逸线，它制造了虚空。而虚空，亦即绝对、纯空——一如萨特评论马拉美所言，而这正是后者念兹在兹之所谓"纯诗"的本质。虽然萨特是布朗肖的潜在批评对象，但在这点上二人观点却是相似的。在场的语言呈现不在场之物，而后消除对象和自身，形成诱惑、展示虚空，这就是布朗肖所谓无限接近死亡的文学之权力。在他看来，文学形成于彼此区辨、相斥的差异时刻。它对世界的介入，并非萨特式的意识与情感之主体介入，而是以否定之姿去落实一种无效力。这种书写和语言是非现实的，它展示一种虚空的召唤，以及整体的意义和缺席（《文学与死亡的权力》）。语言，即否定。

三、书　　写

书写，即记忆；记忆，是时间的灰烬。谟涅摩绪涅（Mnemosyne），是希腊神话里专司记忆、语言、文字的女神。她护佑语言、时间，以及人的本真性生存（对自身起源的记忆）。然而，书写（文学）就是投身于时间缺席的诱惑之中（《文学空间》）。作家隐没、遁形，或删除自身，让语言说话，让存在言说，让生命自我"侧显"（Abschattung）。诠释学认为，作者是由文本所规制的，作者站在通过书写而被刻录和追踪的意义的空间面前（保罗·利科，《诠释学与人文科学》）。可是在布朗肖这里，作家需要与作品保持距离，甚至是自我放逐。这种"诱惑"是自福楼拜以来的所谓"现代文学"之幻念，它使书写阻断、间离、弥散，从而成为不透明、中性和非人化的"孤独"寓所。正是在此根本性的孤独之中，书写呈显自身,一种"非—关系"之关系、"不可能"的可能性得以"生成"。如同世界之永恒轮回,意义也在不断流转、易变,而新的生命恰恰得以生成。在一定程度上,汉娜·阿伦特所谓"新生性"(natality)、"新开端"(new beginnings)[区别于海德格尔的"有死性"(motality)]或许已暗含此意(Hannah Arendt, *The Human Condition*)。福柯认为,吸引力(attraction)对于布朗肖,如同欲望对于萨德,力量对于尼采,思想的物质性对于阿尔托,僭越(transgression)对于巴塔耶那样,都是最纯粹、最赤裸的"外界经验"。这一"吸引力"就是"诱惑",就是缺场、虚空、无限。它在空白或沉默中展示可见物的不可见性的不可见程度,它经由话语向外界讲话,向外界之外界讲话(*The Thought from Outside*)。在此"无时之时",外界向我们敞开……

如同希腊神话不只是希腊艺术的武器库,而且是其土壤(马克思,《〈政治经济学批判〉导言》)那样,古希腊的俄耳甫斯教、诺斯替主义、犹太神秘主义、基督教否定神学等,都潜在地、或多或少地影响着布朗肖。这些神秘主义思想既是布朗肖思想的武器库,也是其思想的源泉。不过,宗教繁琐的教规、冗杂的教义,以及神秘的经验、虔诚的信念,不是布朗肖关注的重点,他倾心的是如何对存在的这"另一维度"保持敞开……不过,看起来布朗肖似乎并没有在起源/非起源之间过度纠缠,他关心的是"来源",一种源于"爱"的"争执"、"撕扯"。这种"爱"源于对存在/生命的多种可能性的认同和赞赏,源于对某种偏执与眷恋的拒绝。正如西蒙娜·薇依对上帝的爱并不因上帝的不存在而减弱,而是相反,这种对上帝本身的"弃绝"之爱则是绝对纯粹之爱和"满盈的空无"。马丁·布伯试图重塑人与上帝的关系,他说,爱仁立在"我"与"你"之间。那么,在布朗肖的文学书写中,他也试图建立一种新型的关系,一种重新省思同者与他者、世俗与神圣、爱欲与信仰之间的非关系之关系。如此看来,《亚米拿达》(1942)、《至高者》(1948)这两部小说意义重大。在那里,布朗肖再次思及那陌异的"他者",甚或"上帝"之意象。不过,布朗肖依然深刻警惕作为"至高者"之"神",他意欲尝试一种"体验"的宗教,以及一种关系的重建。建基于此,布朗肖强调"相遇"的必然及意义,以及偶然、分裂、非连续——它们将打破同一性的链条,绘制一幅幅僭越者冒险的地形图。

然而,言说也是另一种"沉默"。一本伟大的书总是另一本书的反面,后者只在灵魂中,用沉默和鲜血才能写成(德勒兹,《批评与临床》)。在巴特比"我情愿不"的著名句式里,在穆齐尔"没有个性的人"里,在马索克主人公呢喃低语中……沉默反倒成为一种身处弱势的"强力意志",它以一种非对称的力量取得非一合法化优势。沉默,无声的语言,反而让未说出之物显明。布朗肖说,最伟大的作品并不肇始于最无谓的行动,而且作品把他(书写者)当作一个异己的生存以及非生命的生命(《文学与死亡的权力》)。或许,这"无谓的行动"意味着那些所谓的刻意、僵化和服从,而不是去发现"沉默"应有之义的行为。在现代性的神话里,可知与不可知、可说与不可说、可见与不可见之间界限分明,而后者往往招致漠视、嫌恶或抛弃。因之,书写必然肩负一种责任,它有义务去揭示沉默、发现外界、表达存在。布朗肖说,书写是作品的缺席。马拉美,缺席之诗、否定之诗,展示的就是这种暗夜星火,以及沉默之思。在那里,书写者隐藏自身,替灵性说话,为他者代言,慰藉每一个孤独的灵魂……这就是"未来之书",一种必须始终无名,而作者也必须匿名的生命之"书"。霍夫曼斯塔尔曾言,阅读要"读出从未写出之物"。虽然这仅是一种理想或热望,但他期待的应该是一个个新生命、新思想的"生成"。在布朗肖看来,阅读即书写,即诗:它在自我对峙中自我证明,自我呈现时自我悬空(《未来之书》)。质言之,书写、阅读将使我成为他者,成为另外一个人。如此,是谁在言说,这又有什么重要?!借用塞缪尔·贝克特的话,福柯道出了作者之死,抑或主体的消散之事实。言说/书写,正是我之不存在。然而,一如福柯所言,一个人写作,是为了使自己变成其他人。书写,一个内在性、秘密的事件。

遵师姐所嘱,在多次战胜了焦虑和拖延症之后,终于勉为其难写下几段文字。然自知力有不逮、词不达意,故而惶恐甚巨。多年来,师姐朱玲玲专注于当代法国哲学与美学研究,在国内首开布朗肖系统化研究之先，积数年之功，成一家之言，这部作品即将呈现于读者面前，可喜可贺；而我等也深受鼓舞。布朗肖的作品意义深邃，每读常新且获益良多，而这部研究之作也是如此。若干年前，我曾读过本书的部分章节，当时就深为其干净、洗练与灵性的文字所感染，也更为作者的思想所折服。依个人之见，无论是从语言、逻辑、构思，还是从思想、才情、深度来看，这部著作都代表了近年来我国法国哲学美学研究的较高水平，同时填补了国内布朗肖系统研究之空白。它必将会在学界产生较为深远的影响，同时它也是我们学习的范本。

是为序。

张中

庚子亥月冬日

于山东大学

绪论　布朗肖的生平与著作简论

对于布朗肖(Maurice Blanchot)这样一个终生都在有意识地抹除自己的存在踪迹的作家来说,追溯其生平似乎成了一件没有意义,也不太可能的事情。至今法、英、美的布朗肖研究都对布朗肖的生平事迹知之甚少,或者干脆避而不谈。大多数的研究者只是在对布朗肖的精神轨迹的回溯中勾勒和解释其思想。但是不管布朗肖对生死之界有着怎样不同的领悟和看法,不管怎样小心地边活着边掩藏和埋葬自己的生活踪迹,毕竟他还是在时空之内存活,因此无论如何都有遗留和沉淀在时间之中的痕迹。虽然对于一个思想家来说,以时空坐标来框定他或许不是研究的终点,但也许可以作为起点。

1907 年,布朗肖生于法国东部勃艮第地区一个名叫奎恩的村落的一户天主教家庭,2003 年逝世。1925 年布朗肖在斯特拉斯堡大学遇见了长他两年的列维纳斯(Emmanuel Levinas),这是他们持续一生的友谊的开端,后来布朗肖回忆道:"这并不是因为我们都很年轻,而是经过慎重的决定,一个我希望永远都不会破裂的契约。"①这个契约就是与哲学之间的关系,就是将哲学当成他们一生的"隐秘同伴"(clandestine company)。②

① Maurice Blanchot, "Pour l'amilie", in Dionys Mascolo, *A la recherché d'un communism de pensee*, *entetements*, Paris: Editions fourbis, 1993, p.16.转引自 Carolyn Bailey Gill, ed., *Maurice Blanchot: The Demanding of Writing*, London and New York: Routledge, 1996, p.5。

② "Our Clandestine Companion", translated by David Allison, *Face to Face with Levinas*, ed. Richard Cohen Albany: SUNY Press, 1986, p.41.

列维纳斯在 1927 年向布朗肖介绍了海德格尔的《存在与时间》,在 60 年后,布朗肖在一篇文章中说道,与海德格尔的首次相遇是他思想的一次大震荡。①打个不是很恰当的比喻,布朗肖全部的思想其实几乎都是这次精神地震之后或大或小的无数次余震,他终其一生都在有意识地偏离甚至反对海德格尔的影响,就像列维纳斯所评论的,在布朗肖看起来离海德格尔最近的地方,事实上却离他最远,但是,在看起来离海德格尔最远的时候,却反而离他最近。可以肯定的是,无论远近,布朗肖都在海德格尔所开启的思想地平线上行进。

离开斯特拉斯堡,布朗肖主要从事政治时评家的活动,撰写了大量具有激进色彩的时事政论文章。从 1923 年起,他开始为具有保守倾向以及民族主义色彩的《论战报》(*Journal des debats*)撰文,不久之后成为《论战报》的主编。布朗肖的报刊撰文并不局限于主流纸媒,他还为一些极右报刊撰写文章,此时他的政治立场是极端的拒绝(radical refusal)。杰拉尔德·布伦斯(Gerald L.Bruns)将此时的布朗肖称作"反民主主义、反资本主义、反马克思主义、反大众先锋主义、亲法西斯主义、反犹太主义的年青的异见分子"②,这在布朗肖研究者那里几乎是一个典型的判断。然而需要澄清的是其中的"亲法西斯主义"、"反犹主义"以及"反"(anti-)的真正内涵。

齐夫·斯滕海尔(Zeev Sterhell)在《非左非右——法西斯主义意识形态在法国》一书中将法国整个 20 世纪 30 年代所弥漫的精神空气称作"精神法西斯主义"(Spiritual Fascism)。在法国,法西斯主义既不是一种政权,也不是一种党派,而是一种智识或者精神运动。其具体的指向就是对启蒙运动与法国大革命的精神遗产的拒绝,也是对所谓整体与同质社会的拒绝,其中各种潜流分支包括反理性主义、反个人主义、反议会民主制、反资本主义等等基本都是源出于此。其中比较有代表

① See Maurice Blanchot, "Penser l'apocalypse", *Le Nouvel Observateur*, 22—28 January 1988, p.79.

② Gerald L.Bruns, *Blanchot: The Refusal of Philosophy*, Baltimore, London: John Hopkins University Press, 1997, p.xi.

性的就是巴塔耶(Georges Bataille),其写于 1936 年的《法西斯主义的精神结构》明确地表达了对法西斯主义具有打破同质社会的力量的信心。①而法西斯主义之所以对布朗肖有着吸引力,是因为他的思想本身就是"拒绝"的,而法西斯意识形态则提供了一整套现成的"异议"(dissent)理念。但是布朗肖并不是个纯粹的法西斯主义者,因为说到底法西斯主义的本质是极权主义,法西斯主义毫无疑问是最纯粹的极权主义意识形态。但是布朗肖从一开始就是坚定的反对整体主义和极权主义的。因此,将布朗肖判定为一个法西斯主义者,即使将"精神法西斯主义"的标签贴给他,其实也是不合适的,从这一点来说,阿伦·斯托克(Allan Stoekl)的判断或许相对还比较公允,他认为布朗肖的政治立场"远远不是右翼意识形态的回音,而事实上更近于纯粹的中产阶级自由主义,它将法西斯主义和斯大林主义都看成同样的集权主义的魔鬼"。②

其次就是有关布朗肖的"反犹"立场,布朗肖因为他在二战前的右翼民族主义言论而饱受诟病,尤其是反犹问题。有一些研究者试图从布朗肖的早期政治写作中读出反犹因素来,这种阐释其实是非常武断的。布朗肖确实为具有反犹立场以及极右倾向的杂志(比如《起义者》)撰写过文章,但可以肯定的是,他并没有发表过任何反犹申明。虽然杂志中充斥着反犹言论,但是布朗肖并未加入这种膨胀的反犹队伍中。

---

①　巴塔耶在《法西斯主义的精神结构》中将法西斯主义当成对同质社会的一种打破和拯救,他将社会中的一切异质元素定义为"神圣"(the Sacred),"神圣"意味着对整个同质化的偏离和相异。它包括"人体排泄物、人渣、恶棍、有色情和肉欲价值的行为,话语,各种无意识的行为,诸如梦和神经官能症等。还有同质社会无法吸收的一切要素:暴民、战士、贵族、赤贫阶层,各种狂暴的个体或者拒绝接受规则的人(疯子、领导、诗人等)"(*Vision of Excess: Selected Writings, 1927—1939*, Trans. Allan Stoekl, Minneapolis: University of Minnesota Press, 1985, p.142)。而且巴塔耶认为"法西斯的领导,本来不可置疑也是同质社会的一部分,但是各个国家中遵循平庸同质社会的民主政治家不同,墨索里尼和希特勒作为某种不一样的人而出现。……法西斯主义有一种力量,打破事物的平常进程,打破无力维持自己的平静但乏味的同质性"(同上书,p.143)。巴塔耶的这种对法西斯主义的天真幻想在法国 20 世纪 30 年代是比较典型的。

②　Allan Stoekl, *Politics, Writing, Mutilation: The Cases of Bataille, Blanchot, Roussel, Leiris, and Ponge*, Minneapolis: University Of Minnesota Press, 1985, p.30.

相反,布朗肖和犹太教之间的亲缘关系早在他在斯特拉斯堡大学遇见列维纳斯时就奠定了,而犹太主义可以说为布朗肖提供了取之不尽的思想资源。对布朗肖来说,犹太主义就是一种流亡的天命。《圣经·创世记》第十二章中神对亚伯拉罕的呼召:"你要离开本地、本族、父家。"布朗肖将这一戒律看成是禁止在一个地方扎根,不仅是指一个特殊的地方,还有任何一种确定真理的状态。因此,布朗肖后来在《成为犹太人》这篇文章中这样说道:"出埃及成为了流亡,伴随着……焦虑、不安全、痛苦和希望。但是这种流亡,却不应该只看作一种无法理解的诅咒。有一种流亡的真理,有一种流亡的天命。如果成为犹太人就是命定要流散——就如一个不在任何地方定居的召唤,就像毁掉了与个人,与族群,与任何一种状态的任何一种固定联系的力量——这是因为流散,在面临总体的紧迫性时,也为差异的紧迫性扫清了道路,并且最终禁绝了总体—同一性的诱惑。"①

"流亡"的深意对布朗肖而言,绝对不是否定的,他曾经这样问:"如果必须在路上,必须漫游,那么是因为被排斥在真理之外,注定要被驱逐并禁止安居呢,还是因为这种迷误(errancy)意味着与'真理'之间的一种崭新的关系呢?"②从定居到流亡,这里涉及对"真理"的重新认识,也是对"人"的重新认识。如果真理是确定的,是稳固的,那么这是因为"人"将存在的重心放在"人"本身之上了,因为确定和稳固是人类生存的必然趋向,也因此人类有着永恒的形而上学冲动。但是,普罗泰戈拉的那句"人是万物的尺度,是存在者存在的尺度,是不存在者不存在的尺度"是一句谶语,也是一句咒语。它一语成谶地预言了西方历史上由"人"开创和主宰的几千年历史,但是因为人砍断了与"人之外"的一切联系,而在"绝地天通"的道路上不断行进,越来越膨胀,也越来越窄化,因此这句话本身也预示了诸多的血腥和灾难。布朗肖在犹太主义那里看到了另外一种"真理",也就是"非真"(un-truth)的"真",如果说之前

---

① Maurice Blanchot, *The Infinite Conversation*, trans. Susan Hanson, Minneapolis and London: University of Minnesota Press, 1993, pp.125—126.

② Maurice Blanchot, *The Infinite Conversation*, p.127.

的真理意味着同一性、确定性、整体性，之前的真理意味着"人"作为一切的重心和尺度。那么"非真"之真就意味着一种由谬误（error）所开拓的不确定性，意味着与"人之外"（"外边"）的一种更本真更源初的关系，"流亡与放逐意味着与外在性的一种积极的关系，它的紧迫性让我们不仅仅只满足于那适合我的东西（也就是说，以我的力量去同化一切，将一切同一化，将一切都带回到我们的'我'）……我们在其中固化的现实秩序并不足以打开我们必须回应的一切关系，而面对着希腊真理提供给我们的可见—不可见的视域（作为光的真理，作为衡量标准的光），还有另外一个维度向人敞开，超越一切视域，他必须与超越他所及的东西相连"。①在通常英美学者的阐释中，布朗肖从犹太主义获得的启示包括对他者的思考、对同一哲学的批判等等，但这还不是最终的，因为根本的问题域没有发生位移。对他者的思考与对同一哲学的批判其实是同一个问题的两极，将两者对立起来，问题只会激化和恶化，而他者有变成另外一种"上帝"的危险。应该说，布朗肖哲学的最终指向还是思考"我"与"我之外"的东西的关系，思考"人"与超越"人"的东西的关系，而这不仅仅涉及承认"外边"的存在，更重要的，是如何打破封闭僵固已久的"我"，如何超越一个其上只有"人"的平面的问题。从这个意义上说，犹太教的天命，也就是流亡，给布朗肖提供了一种别异的思想图景。

从这点来说，其实布朗肖早期的"拒绝"的政治立场，或者说"反—"的激进态度也不能简单地归结为一种极端的否定。可以这样说，"拒绝"就是不设定任何一个可以做出拒绝的立足点，也不在任何一个"拒绝"的结论上停留，"拒绝"的立场不是以一个反对另一个，毋宁说"拒绝"就是一种不息的"非"或者"反"的力量。就像布朗肖的"中"（the neuter）可以理解成"既非……也非"（neither/nor，在拉丁语中，ne...uter：the neuter）一样，"拒绝"就是不在确定性和同一性之上停留，而

---

① Maurice Blanchot, *The Infinite Conversation*, p.127.

是始终向一种绝对的"它异性"敞开,为"超越性"留有余地。①因此,布朗肖反对有任何所谓自足存在的"自身",任何形式的"自身"其实都已经被"外在性"(exteriority)所渗透和侵蚀了,"拒绝"可以说就是对这种"无自身"的清醒认识。而文学在布朗肖眼里就是这种"拒绝"的完美体现,在《伟大的拒绝》这篇文章中,布朗肖说:"文学也许本质上是一种对抗的力量:对抗既成权威,对抗一切所是(以及存在的现实),对抗语言以及文学语言的形式,最后对抗成为一种权力的对抗本身。"②因为后面将会论述到,在布朗肖那里,文学的本质在于其反本质,文学的在场在于其幽灵般的逃逸和不在场,文学的可能性源于不可能性,文学的自身就在于其"无自身",因此说文学是一种对抗的力量,其实就在于文学始终有一种生生不息的"非"的力量,"拒绝"的力量,也就是差异之力,这让文学始终处于生成之中。这样,布朗肖将希望寄予在文学之上,虽然或许也仅仅是借用了"文学"之名来承载对世界的认识。这样,布朗肖的政治观其实也不仅仅是政治观,文学观其实也不仅仅是文学观,二者是互通的,其背后是对人的认识,是对世界的认识。

1941年,布朗肖遇上了巴塔耶,两个政治和思想背景完全不同的思想家一见如故,建立了深厚的友情,这对两个写作者来说都是一个重大的转折点,这份友情一直持续到1962年,巴塔耶去世。巴塔耶思想的研究者米歇尔·苏里亚(Michel Surya)这样评价:"很明显,这次相遇对他们两人都非常关键……其他人——包括加缪、萨特、马塞尔都提到

---

① 从这个意义上说,布朗肖的"拒绝"可以以庄子《齐物论》中的"环中"来理解,《齐物论》中对立场的态度是:"彼亦一是非,此亦一是非。果且有彼是非哉?果且无彼是非哉?彼是莫得其偶,谓之道枢。枢始得其环中,以应无穷。是亦一无穷,非亦一无穷。故曰莫若以明。"郭象对环中的解释是:"无是无非也。无是无非,故能应夫是非,是非无穷,故应亦无穷。"而布朗肖与庄子的类似之处则在于,将"小我"的坚固明确的是非立场放在与天地、与外边相通的深广境遇中,则之前的是非都面临消解。彼此和是非是划分和区别的条件,但也是造成隔碍、造成争端的根源,如果不僵持在固定的是非之上,而让思想始终处于流动和运动之中,这就是布朗肖的"拒绝"以及"中"的力量所在。

② Maurice Blanchot, *Friendship*, trans. Elizabeth Rottenberg, Stanford, California: Stanford University Press, 1997, p.67.

过这一点,即他们的思想在很多方面都可做类比;他们彼此映照,彼此补足。"①一个很明显的事实就是,巴塔耶的《内在经验》几乎就是对他们之间思想契合点的一次记录,其中的某些章节就是二战初期巴塔耶与布朗肖就某些话题讨论的直接结果。布朗肖与巴塔耶共同关心的话题包括"最后的人"(the last man)、"共通体"(community)等等,巴塔耶"普遍经济"与布朗肖的"外边"也有内在的亲缘性,在巴塔耶逝世后,布朗肖写下了一篇题为《友谊》的悼词,这些都是他们的思想交流中值得记录的事情。最重要的是,巴塔耶提出的"越渡"(transgression)其实应和着布朗肖的主体之死(dying),所以后来布朗肖在评论巴塔耶的哲学思想时,直接将二者联系起来。越渡,越过界限(transgress limits),就是进入一个主体的权力与主宰都不再具有优先性的领域。"越渡不是指特定某些人的权利和主宰,在特定条件下依然可能。越渡意指的是那绝对无法到达的:对无法接近者的攻击,对无法超越者的超越。它在权力不再作为人类的终极维度而存在时向人类敞开。"②在布朗肖的语境中,越渡就是丧失了作为否定性,作为权力与主宰的源泉的死亡,而与作为不可能性的死亡相遇。并且,在死亡的临近中,在边界最终被跨越时,包含着个人化的主体性的丧失。"'我'永远无法到达那里,个人,我所是的这粒微尘也无法到达,一切体现着绝对的自我意识的我们的自我都将无法到达。只有忽略'死的是我',才能够进入这一空间,在其中,我永远不能作为第一人称而死,'我'永远到达不了那里。"③越渡与主体之死都表明了,"自我"或者"主体"所暗含的权力并不是存在的终极维度,而是可以甚至必须越过或者打破的。这也就意味着两位思想家在走出"自我之狱",通达无限的"外边"的思想旨趣上是一致的。

从 1932 年开始,布朗肖就着手《黑暗托马》(*Thomas l'Obscur*)的写作,1941 年最终完成。但布朗肖后来在 1950 年又进行过一次删定,最

---

①　Michel Surya, *Georges Bataille: An Intellectual Biography*, trans. K. Fijalkowski and M.Richardson, London: Verso, 2002, p.312.

②　Maurice Blanchot, *The Infinite Conversation*, p.453.

③　Maurice Blanchot, *The Infinite Conversation*, pp.209—210.

后定稿删减到只剩原稿的三分之一。在这本书中,布朗肖描述了主人公托马所经验(一种非经验的经验,也就是非主体的经验,或者巴塔耶所谓的"内在经验",布朗肖也称之为"极限经验")到的一种"主体之死"的经验,这种经验无处不在,在阅读、夜、爱情、死亡中都有其踪影。比如说在阅读时,托马所感受到的,并不是主体精神捕捉字句,理解文意,而相反却被字词侵袭,"那种被一个字有如被一个活人般观察着的一切怪异性,而且不仅是被一个字观察,是被所有藏身在这个字里的每个字,所有伴随这个字并于各自内中也包含其他字的每个字——像是一整排开向无限、直至绝对之眼的天使——所观察。面对这样一段防御极佳的文字,他没有逃开,而是使出全力企图抓住它,顽固地拒绝将视线抽离,并且自信仍是个深刻的读者,当这些字其实已经控制了他并且开始阅读他。他被虏获了,被一颗充满汁液的牙齿咬住,被一只只清晰可辨的手捏揉;他与他活着的身体进入了文字的无名形态里,并把他的实体给予它们,形成它们的关联,为存在这个词提供存在……在他那已丧失意义的自身中,栖息于他肩上的他字和我字展开厮杀的同时,晦涩的话语、无肉身的灵魂和字的天使依然存留,且持续深入地探索他"。①作为阅读主体的"自我"已经丧失了其权利,而被文字的无名状态所代表的"外边"掳掠,"他字和我字"在阅读时展开厮杀,也就意味着有主体意识的"小我"和与"外边"接通的"大我"之间同时存在着一种抵触以及融通。

《黑暗托马》与写于1957年的《最后的人》有着相似之处。《最后的人》描写了一个疗养院中的垂危病人,也就是"最后的人"的自我的去—中心的状态。布朗肖在这篇小说中对这种自我的去中心的中心(de-centered center)的处理可以用《无尽的对话》里面的某些章节来解释,他将中心的概念描述成"找不到的东西","寻找就是去寻求一种与中心的关系,而它一般来说,是无法被找到的。中心允许寻找,允许转折(turning),但它无法被找到。寻索与迷误,是相近的。迷误就是转离与

① 布朗肖:《黑暗托马》,林长杰译,南京大学出版社2014年版,第28—29页。

回归（turn and return），是向迂曲之路投降。那走失的人，失去了中心之保护的人，他的处境完全改变了，他处于漫无目的的漂游中，倾向于中心，然而却再也得不到它的保护"。①虽然说中心在布朗肖这里可能相当于"自身"一样，是属于一个形而上学的预设概念，然而要消解这个"中心"却并非易事。在《最后的人》里，布朗肖以这个病人的状态为切入口，描绘出了一种"无中心的中心"，"无自我的自我"。这不是自我的丧失（a loss of self）——丧失在巴塔耶的文章中比布朗肖要出现得更频繁——而是某种模糊的、无法聚焦的自我，某种敞开的、疏失的状态，既非彻底的遗忘，也非单个存在者的意识。这相应于布朗肖在《无尽的对话》中所描述的"没有自我的我（I without a self），在无人（no one）与某人（someone）之间摇荡的非个人化的钟摆"。②最后的人不仅自己处于一种无中心的状态，而且总是能让其他人离开他们的自我中心（centered selves），让他们去中心（de-centered them），最后的人"不仅与他们毫不相干，而且还让我们与自己毫不相关，并且使我们从最近的人中默然推出。一场风暴将我们变成沙漠，一场寂静的风暴。但是，在那之后，我们是谁？又怎样才能找回我们自身"？③布朗肖的小说人物经常被逐入，或者被抛入一种以沙漠形象为特征的状态中，在《将来之书》中，有一篇题名为《沙漠与外边》的文章，布朗肖说："沙漠不是时间，或者空间，而是没有位所的空间，尚未形成的时间。"沙漠的形象打破了康德《纯粹理性批判》中作为外感官和内感官的空间和时间，因为作为主体的人已经与"外边"融通而消解，因此计时的时间与作为位所的空间也不复存在，布朗肖的沙漠就是指的这样一种主体被外边侵越的状态，在这种状态中没有确切的时空坐标，或者说时空的计量已经失效。

　　布朗肖的小说除了以上提到的两部之外，还有写于1942年的《亚米纳达》（Aminadab）、1948年的《至高者》（The Most High），以及同年

---

① Maurice Blanchot, *The Infinite Conversation*, p.26.

② Maurice Blanchot, *The Infinite Conversation*, p.71.

③ Maurice Blanchot: *The Last Man*, trans. Lydia Davis, New York: Columbia University Press, 1987, p.9.

的短篇叙事（recit）《死亡判决》（*Death Sentence*）。在 20 世纪 50 到 60 年代之间，布朗肖接连出版了四篇短篇叙事：《当时间来临》（Au moment voulu，1951）、《站在我身边的人》（Celui qui ne m'accompagnait pas，1953）、《最后的人》（Le Dernier Homme，1957）以及《等待遗忘》（L'Allente l'Oubli，1962）。

从 1956 年开始，布朗肖在让·包兰（Jean Paulhan）主编的《新法兰西评论》（*Nouvelle Revue Francaise*）定期撰写文学与哲学评论，长达 15 年，而在此期间发表的文章后来也陆续结集出版，其中包括《文学空间》（1955）、《无尽的对话》（1969）以及《友谊》（1971）。《无尽的对话》采用的是一种碎片式的写作，后来《不越出的步伐》（1973）和《灾难的书写》（1980）也延续了这种写作风格。

1994 年，在一篇题为《我死亡的瞬间》的自传性的短篇叙事文章中，布朗肖描述了 50 年前，即 1944 年的 7 月，36 岁的他在德军的一个射击场正面临处决时，由于一个微小的意外情况而侥幸逃脱了。[①]因此，可以说布朗肖是从他自己的死亡的瞬间逃脱而幸存下来的。这也许能够解释为什么死亡萦绕了他一生，为什么他的文章中遍布死亡的隐喻，为什么死亡对他来说不是生的临界，而是为生的禁闭，为主体的"自我之狱"打开了一道通向外边的缺口。如果说死亡（death）确实是有涯之生的终结，那么布朗肖提出的死（dying）则指向贯通死生的无涯之生，而且不仅仅在生命的终端才有死（dying）之发生，相反，死（dying）是一种更加丰满充盈，更加扩大，与"外边"相沟通的生命状态。

20 世纪上半叶的世界战争伴随着布朗肖的前半生，与同时代的法国思想家一样，他的思想也是在废墟与伤口之上的思想。对上帝和永恒世界的信仰彻底崩毁了，而明亮的知性和理性乐观主义的允诺也破产了，而以"权力"为核心所形成的主体性被他们判定为一切灾难的罪魁祸首。布朗肖终其一生探索的是，在上帝和理性这些对人而言曾经

① Maurice Blanchot: *The Instant of My Death*, trans. Elizabeth Rottenberg, Stanford, California: Stanford University Press, 2000.

的坚实据点都被炸毁之后,再向哪里寻求新的可能?如何在生命之深邃和幽暗面去发现人之未来的深层可能?在一个上帝已死的世界上,如何去肯定和命名那些依然实实在在存在的超验性经验①?

在生存的更高维度被掩蔽、被断绝的情况下,世界成为了"纯粹人本主义"的世界,成为了经验主义和实证主义的荒地。无神论的人,理性的人,事实上只是重新返回"洞穴","只是一个穴居者,既不知道柏拉图的太阳,也不知道基督教的复活,也不知道犹太教直至救赎之日的等候";②纯粹经验主义视角只是"沾上世俗斑污的眼睛",而人类的处境却"相当于在一条长长的隧道里出轨的乘客,所处的地方恰恰是:来自隧道始端的光线再也看不到,而终端的光线微乎其微"。③洞穴和隧道的暗黑、封闭的意象是忧心的思想家对现代社会的诊断。而作为洞穴居民或者隧道居民的现代人依然在不断膨胀,这使得世界无异于"一个全球性的疯人院,这疯人院里充斥着惊人的蛮力"④。"疯狂"是埃斯库罗斯意义上的 nosos——是傲慢,是一种精神上的病理状态,它是一种个人和社会的总体失序,而这是由于人充当了万物的尺度,理性充当了一种独立的力量,而不再向更高的非存有之现实(比如柏拉图的"善"以及基督教的"上帝")开放所造成的。"出轨"和"疯狂"的结果就是 20 世纪的全球性战争,以及至今依然迁延不断的战争和革命。

这是布朗肖那一代思想家所直面的思想伤口。黑格尔式的世界、历史以及人所构成的"总体性"(totality)将一切都囊括其中,其"封闭"的意象是如此强烈,无神论的"在场"(presence)世界是如此贫乏,而局限于生存论视角下的"自我"又是如此的傲慢和狭隘,以至于布朗肖、列

---

① "超验性经验"并不是一个合适的词,这个词在布朗肖的语境中是一个因其具有宗教怀旧感和形而上诱惑力而被废止的一个词,他更经常的是以"非经验的经验"(the experience of non-experience)来意指一种自我消失的神秘体验。

② 卡尔·洛维特:《海德格尔——贫困时代的思想家》,彭超译,西北大学出版社 2015 年版,第 108—109 页。

③ 《卡夫卡全集》,第四卷,叶廷芳主编,黎奇、赵登荣译,中央编译出版社 2015 年版,第 26 页。

④ 沃格林:《不朽:体验与符号》,转自《信仰与政治哲学——施特劳斯与沃格林通信集》,谢华育、张新樟译,华东师范大学 2014 年版,第 251 页。

维纳斯、巴塔耶等思想家竭尽全力,以"僭越"(transgression)、"外边"(outside)、"死亡"(dying)、不可能性(impossible)、它异性(alterity)、无限(infinity)等手段试图突围而出。出向哪里?"外边"又是何处?如果说这果然是一场"返神运动"(anatheism)①之浪潮的一部分,却并非简单地否定无神论(atheism),回归有神论(theism),否定人类中心主义,回归神性中心论。毕竟"上帝缺席的经验"在他们的灵魂中,也在他们的作品中烙下了深深的创伤,正如海德格尔的警告,上帝不在场是一份巨大且复杂的遗产,"上帝的离去必须被经验,并且被承受"。因此,回返一个全知全能全善的上帝是不可能的。而且,不管是柏拉图的善,还是基督教的上帝,对他们来说都太过陈旧,有太多需要清理的积尘。

然而,在布朗肖的"文学"中,在巴塔耶的"诗"或者"色情"中,在列维纳斯的"他者"中,确确实实存在着一种类似于宗教原现象的体验,这种体验包含着一种令人颤栗的奥秘,在这奥秘的核心处,"我"死亡,时间中断,在不属于线性时间系列上的一瞬间实现了从自我到他者,从总体到无限,从世界到"外边"的越渡。从而也实现了长久以来被"降格"的人和世界的扩容。只是在这里,这种被称之为"极限体验"、"内在体验"的宗教原现象却不再以"神"为之命名,不再指向一位位格的上帝,也不再指向启示和拯救。在此意义上,萨特将巴塔耶的思想称之为"无神论的神秘主义"②或许是恰当的,而巴塔耶也将布朗肖的思想命名为"新神学",这种"新神学"只把"未知"当成它的对象,它只"在拯救的缺席、在一切希望的弃绝中,拥有它的原则和它的目的"。③由此可见,这种类似神秘主义的体验最终并不指向基督教的上帝,而只是被小心翼

① Richard Kearney, "Returning to God after God: Levinas, Derrida, Ricoeur", *Research in Phenomenology*, 39(2009), pp.167—183.

② Jean-Paul Sartre, *Situations* (tome I), *Essais critiques*, Paris: Gallimard, 1947, p.148.转引自巴塔耶:《内在体验》,尉光吉译,广西师范大学出版社 2016 年版,第74 页。Roger Laporte 也将布朗肖的思想置于"无神论的神秘主义"之潮流中来考察(*Deux Lectures de Maurice Blanchot*, Montpellier: Fata Morgana, 1973),转引自 Kevin Hart, *The Dark Gaze: Maurice Blanchot and The Sacred*, Chicago and London: The University of Chicago Press, 2004, p.234.

③ 巴塔耶:《内在体验》,第 137 页。

翼地以一种净化了宗教色彩的"外边"、"无限"、"他者"等词来命名。

　　布朗肖与其同时代的法国思想家,其思想有类似也有殊异。这是时代症候和个人特质所造成的同和异。相对于巴塔耶的极端激进和僭越姿态以及列维纳斯自始至终的伦理祈向,布朗肖的沉思更为审慎地集中在"文学空间",也就是由"我之死"所打开的它异空间——"外边"之上(虽然"外边"这个词不可避免地具有某种空间意象,然而在布朗肖的思想景观中,外边事实上是超越单纯的时空之维的)。布朗肖将撬动整体性哲学的那一根杠杆赋予了"文学",就此写了大量的小说和评论,而"外边"这个词也成为那一代思想家的众所归趋的一个核心词汇。文学在布朗肖那里,是哲学、诗学和神学的交汇,是超验经验在无神论世界的投射及其"去神化"的安置,无我之我,非思之思,确实为经验主义世界的夜空带来了闪耀的火花,在那一瞬间隐隐显现出更为广大,或许也更为真实的存在。但是这种"文学"因主动离弃了世界的根基,以"外边"突入世界的非常态化瞬间为重心,而始终游走在狭窄的边界之上。人类的俗常和历史在这种文学中彻底被贬黜,得不到安置。而这种文学所命悬一线的"外边"之侵入,从"我"到"无我"〔或者自我之死(dying)〕的转变,也全因偶然,在世界之中没有任何可循的踪迹,也没有人可以向之努力的方向。总而言之,这里没有世界,也没有人,只有暗夜长空,那划过浓重黑暗的瞬息一闪,这一道殊异之光当然也改写了世界的轮廓,指向了更高一维,但始终无法与大地进行一种有生的关联,这或许是布朗肖"文学"的遗憾所在,也是布朗肖与他受浸润最深的神秘主义之间的差别所在。

第一章　布朗肖思想的神学之维

　　除了小说之外，布朗肖一生写下了大量的文学评论，关于里尔克、荷尔德林、勒内·夏尔、卡夫卡、马拉美、帕斯卡尔、尼采、薇依等等，这一系列的名字事实上是布朗肖的精神对话者，终其一生，隐居避世的他始终都在与这些伟大的灵魂进行热烈的交谈，进行一场"无尽的对话"。对话不仅仅是相遇于时间中的相似灵魂的彼此照亮和点燃，更是打开了对话者之间的封闭回路，而向语言的本质力量（海德格尔"道说"的意义上），向存在的另一维度保持敞开。

　　如此看来，布朗肖的思想主要是从现代文学的丰饶土壤里生长起来的，然而悉心聆听，会发现有一道或明或暗，从古代一直延伸到当下的幽深的地下之泉，一直在浸润、滋养着他的思想。古希腊的俄耳甫斯教、诺斯替主义、犹太神秘主义[以撒·卢里亚（Isaac Luria）]、基督教否定神学（伪狄奥尼修斯、埃克哈特），这些有着神秘面向的地下暗流，虽然没有在他的作品中以直接的姿态出场，涌出地表，但是却在暗中提供了深厚的养分，甚至说奠定了他思想的底色也不为过。即便是在 20 世纪令人眼花缭乱的智识景观中，布朗肖也是过于奇异的植株，这无疑与他思想中隐秘的神学之维有着深刻的关系。

第一节　人的人—神二元性

真正的生活是不在场的，

我们不在这个世界上。

——兰波:《地狱一季》

在谈论赫拉克利特时,布朗肖提到人的人—神二元性,他认为赫拉克利特的幽深智慧,其神谕般的、充满了矛盾的言说方式并不是对于理性逻辑的轻视和拒绝,而归根结底是对人的这种二元存在的深刻觉知。因为理性逻辑、矛盾律毕竟只在人生存的特定维度中才有效。"有一天,阿波罗通过诗人巴库利德斯之口,对阿德墨托斯说:'你只是一个凡人;因此,你的灵魂必定同时怀有两种思想。'赫拉克利特努力展露这种二元性——在其保留中强迫它并且绝不让它止息。"①因此,当亚里士多德站在理性的法庭前指控赫拉克利特犯下了反对矛盾律的滔天大罪时,事实上恰恰是高估了概念知识,将语言—逻辑范畴当成了存在范畴,而忽略了人之生存的另一维度,即神性维度。布朗肖为赫拉克利特进行辩护,因为在他的思想中,人的生存同样是处于二重性的张力下,而他的晦涩表达也是与概念语言的桎梏进行艰难角力的结果。

虽然布朗肖对于基督教的精神遗产始终保持警惕,也曾明言要挑战一切宗教假设,挑战启示的诱惑。但是对于人之本质,也就是人—神二重性的认识,却无疑是与基督教一脉相承的。基督教最为神秘,也最为耀眼的事实之一就是基督本身的二元性,即基督既是上帝,也是人。在否定神学传统中,也存在着这样的对人的认识,人既是被造物,但在其最隐秘的深处,人也是神。

---

① Maurice Blanchot, *The Infinite Conversation*, p. 92. 比如生—死、醒—睡、在场—缺席、人—神,完全对立的词语之间的张力达到了一种最高的平衡,忠实于双重的意义,对应于人的双重维度。比如残片 62:"不死者,有死者,有死者:此者在彼者的死亡中活着,彼者在此者的生命中死着。"

比如对布朗肖影响深远的 14 世纪德国神秘主义大师埃克哈特就认为,人和上帝在根源上是同一的,"我和我的父有着同一个灵"。埃克哈特用灵心之光、灵心火花来指称内在于人的神性。所以,人一方面,如万物一样,是被造的,被生养的,"按照我的被生养所是的,那个东西会死去,会消亡,因为,它是会死的东西;因此,它必然随着时间而消亡"。人的受造性,人的身体性,注定人只能在时间中生灭。但是另一方面,人又是非被造的,是非被生养的,"按照我的非被生养之方式,我是不能死亡的。按照我的非被生养之方式,我是自永恒以来就已经存在了,我现在存在着,而且将永恒地存在下去"。①人与上帝统一的本质使得人超越于自然,超越于时间,超越于空间和物质性而具有永恒和神圣的属性。

因此,在古希腊和基督教时代,人因其存在的双重向度而是如此矛盾的存在:他是人却又无限地超越人,集各种对立于一身,"诸如完美的人和愚蠢的人,崇高和无能,绝对命令和根本弊病等;他同时具有神圣和世俗、本体和现象的双重性"。②但是在无神论时代,人的这种存在的二重性消失了,人成为了彻彻底底此岸的存在,成为了理性主义与经验主义的存在,成为了"单向度"的存在。神学语境下的二重性对人而言无异于一个梦幻,或者谎言,或者至少是陌生且难于领会的。

到 20 世纪,由唯一的生存向度所造成的精神贫乏和荒芜到了近乎极致的地步,使得人类的知性景观转而发生了一定程度的变化,通过对神话、古典学、诺斯替主义等神秘主义的探究,超验体验被重新引入人的视线,在存在主义、现象学、文学甚至政治哲学等学科领域都有人之二重性的隐隐回潮。

在海德格尔那里,存在者和存在,或者存在者和"无"即标示着人的生存的两个截然不同的维度,以存在者为指向的"此在"(Dasein)指人的在世生存,也就是日常存在状态,而"此—在"(Da-sein)则意味着"此

① 埃克哈特:《埃克哈特大师文集》,荣震华译,商务印书馆 2010 年版,第 340 页。
② 吕西安·戈德曼:《隐蔽的上帝》,蔡鸿滨译,百花文艺出版社 1998 年版,第 83 页。

在"处于本质性的敞开状态中,即向无的敞开。在写于 1929 年的《形而上学是什么?》这篇文章中,海德格尔以"超越"来定义这种嵌入到无之状态:"把自身嵌入无中时,此在向来已经超出存在者整体之外而存在了,这种超出存在者之外的存在状态,我们称之为超越。……若没有无之原始的可敞开状态,就没有自身存在(Selbstsein),就没有自由(Freiheit)。"①可见,在海德格尔的思想视阈中,此在不仅仅具有超越性的一维,更为重要的是,这一向"无"的敞开和超越较之人的在世生存更为本质和本源,甚至奠立了后者的基础。而人之为人,始终都在"他应合于二重性之召唤,并在二重性的消息中见证这种二重性"。②

在舍勒的宗教现象学中,人的位格一方面是"行为中心",这是"朝着心灵和自然的方向,同样地朝着身体和周围世界的方向,最终朝着感性感觉及其内容的方向"而将人的精神位格定位在自我中心。但是另一方面,人的位格却也是朝向上帝的"承纳中心",这是在人的自我开放或自我开启的基础上,在自我这个有限位格与上帝这个无限位格交往的基本行为中完成的,也就是在崇拜和祈祷中摆脱了自我中心而实现的自由存在。所以人不仅仅只是一个自我中心的精神位格,不仅仅是意象、意志、理性、行为的中心;更为重要的,人还是面向上帝的一个"承纳中心"。在这种意义上,人事实上具有二重位格而成为在两个存在圈层(即上帝与世界)之间的一个流动的生气勃勃的通道。③

政治哲学家沃格林(Eric Voegelin)在诊断现代政治失序的精神症候时指出,政治科学奠立的关键因素是生存的真理,也就是对人之本性的认识。而人永远是在人和神之兼际(metaxy)的一种存在,灵魂永远处于朝向存在之神性根基的张力之中,是神性实在的感觉中枢以及神性之启明性显现的处所。古典哲人关于政治秩序的思考,在原则上都是以对超越神性存在的智性体验这一模式为祈向的。"正是在对存在之超世本源的爱的体验中,在对智慧(sophon)的热爱(philia)之中,在

---

① 海德格尔:《路标》,孙周兴译,商务印书馆 2009 年版,第 133 页。
② 海德格尔:《在通向语言的途中》,孙周兴译,商务印书馆 2004 年版,第 101 页。
③ 舍勒:《死·永生·上帝》,孙周兴译,中国人民大学出版社 2003 年版,第 171 页。

对善(agathon)与美(kalon)的欲爱(eros)之中……产生出了存在之秩序的意象。在这个痛苦而富有成就的敞开过程中,灵魂进入到了柏拉图所述的彼岸(epekeina)之中,于是,甚至于存在之秩序在彼岸的根基和起源都变得清晰可见了。"①相反,现代思想的人类中心性,即认为一切真理和意义,一切秩序,一切美都源自属人的思想,都源自思想着的主体,这其实是一种精神的病理现象。失去了兼际生存体验的经验主义,失去了启明性而仅余意向性的意识,事实上只是自我的深度囚禁而已。

由此可见,摆脱人类中心的桎梏而向神性之维重新敞开,此一趋势在 20 世纪的人文学科有相当的影响。布朗肖无疑也处于这一思想场域之中,对他而言,人之存在也并非单维,而是始终处于二重性的张力之中。但是他刻意与宗教传统划清界限,对"上帝"、"超越"这些词始终保持怀疑——"让我们把上帝搁在一边,这个名字太过威严。"②神学传统中的情感,以及权威和价值体系,还有其提供的彼岸之允诺,在他看来都是急需清除的宗教遗产③。因此,在布朗肖净化了神学底色的语汇系统中,组成人之二重性存在的不再是人—神,此岸—彼岸,而是更为中性的可能性(possibility)—不可能性(impossibility),世界—外边(outside),自我—他者,权力(power)—非权力(powerless),以及死亡(death)—死(dying)等二元存在。并且,从自我到他者,从可能性到不可能性,从世界到外边,也不再是上升和超越,而是以不具宗教色彩的词汇——"越渡"来指称这种转变。

虽然布朗肖小心翼翼地抹除了其微妙的神学踪迹,使得我们往往只把他当成后现代反叛大军中的一员,但是无论如何,布朗肖所阐释的人之二重性与古典哲学,与基督教神学,尤其否定神学,在至深之处是

---

① 沃格林:《没有约束的现代性》,谢华育、张新樟译,华东师范大学出版社 2007 年版,第 24 页。

② Maurice Blanchot, *The Infinite Conversation*, 1993, p.50.

③ 巴塔耶也有类似的疑虑,在《内在体验》中,巴塔耶解释了之所以选择"未知者"作为为"内在体验"的核心词汇,是因为"上帝不同于未知者:在我们身上,一种来自童年深处的深刻情感就和上帝的召唤有关。相反,未知者没有打动我们,没有让我们爱它,直到它如一阵狂风颠覆了我们身上的一切。"(巴塔耶:《内在体验》,第 11 页)

有着精神血脉的传承关系的。布朗肖以"可能性"—"不可能性"的二重变奏为人之存在的本质维度。他改造了"可能性""不可能性"这样的日常词汇,赋予其无可比拟的哲学深度以及思想构造力量。"可能性"并非亚里士多德在《形而上学》中所谓的"潜在性"(potentiality)①,也不是康德在《纯粹理性批判》中所讨论的逻辑的"不矛盾律"②。"可能性,它是存在,外加存在的权力。可能性构筑现实,为现实奠基。……人不仅拥有可能性,人就是他的可能性。我们从不纯然地存在,只有基于并相对于我们所是的可能性,我们才存在;这是我们的本质维度之一。"③——以自我的力量和权力为基础,可能性标志着一种自我中心视阈之下的在世生存,思考、意欲、筹划、劳作,甚至死亡,都在可能性的领域之内。但是,人之存在还有另外一重也许更为根本的维度,也就是"不可能","存在着一个领域,一种经验:在那里,人的本质就是不可能者。"④在布朗肖的思想中,不可能性就是与外边(outside),与未知(unknown),与全然的它异性相遭遇,经验了自我之死,而丧失了"自我",也丧失了时间而跌入一种没有尽头的当下深渊的状态。由此可知,不可能性其实是一种超验体验,与原初的宗教经验有其相似之处。因此,布朗肖以可能性—不可能性构筑的人之存在的二重性虽然取消了一切宗教的内涵,但其实质却相应于神学时代的人—神二元性。

　　布朗肖之所以执着地在一个经验主义的时代言说超验,在一个自我主义的时代言说他者,在一个物质的世界里言说"外边",在一个无神论时代执着地言说"神"(虽然抹去了"神"的名字),还与他童年的神秘体验有关。在《灾异的书写》中,布朗肖以"原初场景"为题,描述了他与"无限"遭遇的情况:

---

　　① "潜在性",也即"允许现实的可能",因为"一个现实的存在总是……从潜在的存在生出来"。亚里士多德:《形而上学》,《亚里士多德全集》第七卷,苗力田译,中国人民大学出版社1993年版,第213页。

　　② "如果概念不自相矛盾,它就总是可能的。这就是可能性的逻辑标志。"康德:《纯粹理性批判》,邓晓芒译,人民出版社2004年版,第474页。

　　③ Maurice Blanchot, *The Infinite Conversation*, p.42.

　　④ Maurice Blanchot, *The Infinite Conversation*, p.183.

"我那时是个孩子,才七八岁,住在郊外一座空荡荡的房子里。有一天,我站在被锁死的窗户旁向外看,突然——特别特别地突然,我看到那天空仿佛开了个洞,对我敞开那'无限之无限',并邀请我抓住这一夺人心魄的瞬间,跟着它过去看看'无限之无限'的世界那边。……孩子感到一种狂喜,那种不可描述的快乐使他热泪盈眶……孩子被天空的无边无际吸引,'自我'的边界崩溃了,清空了,'自我'逃离了出去,走进了'外面'的乌托邦。这一灾难性的世界,以及'外界'和'他者'的闯入,意味着去'自我'化,即把'我的'部分剔除和清空,迎接死亡:'天空空荡荡,死亡的大幕缓缓拉开,灾难即将到临。"①

如果把这一经验与詹姆斯的《宗教经验种种》所记录的与神相遇的神秘体验,以及奥托《论神圣者的观念》当中论及的引发恐惧和颤栗的宗教原现象对比,就会发现布朗肖在这里,事实上是经历了一种强烈的超验体验。这一体验在他的灵魂中引发的反响是如此巨大,以致他一生的思考和写作可以说都是这一体验的余震。虽然事后来看,这一体验并未引导他走向宗教的狂喜,或者审美的迷醉,或者道德的兴奋,但是确确实实在在为他敞开了一个"无限之无限"的维度,一个"他者"与"外边"的维度,一个超验的维度。而这一维度,可以说构成了布朗肖所构筑的人之二重性的本质之维。

第二节　自我的弃绝

当我不在时,看看这原原本本的风景……

当我在某处时,我的呼吸,我的心跳,会玷污天上和地下的宁静。

——薇依:《重负与神恩》

现代人生存的基本状况是只知有"可能性",而"不可能性"始终处

---

① Maurice Blanchot, *The Writing of the Disaster*, trans. Ann Smock, Lincoln and London: University of Nebraska Press, 1995, p.21.

于遮蔽之中。对布朗肖而言，如何摆脱由"可能性"主导的单维生存处境，如何由"可能性"越渡至"不可能性"，如何以"不可能性"敞开的无限为人的存在扩容，这始终是他思考的重中之重，而这一切的关键就在于自我之死。这一神秘的思维路径与基督教神学，尤其是否定神学有着极大的亲缘性。

在基督教神学中，最为终极的问题是如何从有限的被造物上升至无限超越的上帝，如何认识那根本上不可认识的上帝，如何实现与上帝的合一。否定神学给出的答案就是：自我弃绝。

否定神学的肇始者，(托名)狄奥尼修斯(Pseudo-Dionysius)认为，灵魂只能通过"否定"之路而上升。因为人类的知觉、意志、理智以及语言都是有限者认识有限之物的方式，不仅无法触及超越万物的上帝，反而成为接近上帝的最大障碍。只有在一切感知、理智、意志以及言说行为终止之时，人才有可能趋近上帝。在《神秘神学》中，狄奥尼修斯对提摩太提出关照神秘事物的忠告："丢掉一切感知到的和理解到的东西，丢掉一切可以知觉的和可以理解的事物及一切存在物与非存在物；把你的理解力也放在一边；然后，尽你的一切力量向上努力，争取与那超出一切存在和知识者合一。通过对你自身和万物的全部彻底的抛弃：扔掉一切并从一切之中解放出来，你将被提升到那在一切存在物之上的神圣幽暗者的光芒之中。"[1]因此，否定神学的"否定"与其说是一种言说不可言者的方式，更是基督徒修习过程中的一种冥契方式，通过彻底抛弃自我，抛弃与自我有关的一切，而在"人不再是自己，也不再是任何别的东西"的情况下"被提升"到真正神秘的黑暗之中，以此实现与上帝的合一。[2]

在否定神学的另一位集大成者埃克哈特的思想中，最为核心的一

————————————

[1]　伪狄奥尼修斯：《神秘神学》，包利民译，商务印书馆2012年版，第96页。

[2]　写于14世纪的沉思录《未知之云》(Cloud of Unknown)的匿名作者也提出了类似的修习路径："你有必要把一切上帝所造的生物都埋葬在遗忘之云里面，以便你可以把你的意愿指向上帝本身。"逐步地取消世界的内容，从无生命的到有生命的，从万物到自我，从感官到理智，是为了达到超越，在这种超越中朝向神。

个概念就是 Abgeschiedenheit，意思是一种离开（自己）、脱离（自己）、离弃（自己）、否弃（自己）的状态，英文通常翻译为 detachment。埃克哈特认为，基督徒所能够达到的最高的德行就是 Abgeschiedenheit，"没有什么像纯净的 Abgeschiedenheit 那样胜过了一切事物。"[①]——抛弃自己，根除自我，成了先于任何美德的美德，成了趋近上帝的唯一方式。因为上帝本身就是最高 Abgeschiedenheit，上帝也是自我否定，自我出离而创造万物的。"Abgeschiedenheit（detachment）是对上帝的本质的定义，它表达了上帝对自身的弃绝，彻彻底底将自己的神圣放下。上帝放下自己以创造这个宇宙，而且成为宇宙的内核。只有通过弃绝自己，上帝才能是其所是。"[②]

埃克哈特在其德语布道中以顺从、谦卑、祈祷、贫乏等近似概念反复地强调 Abgeschiedenheit 在基督徒属灵生活中的重要性。他在青年教徒传道时，特别强调顺从的美德，认为"顺从，造就万物中的至善"，那么什么是顺从呢？"处于顺从之中的人，从他的'自我'中摆脱了出来，抛弃了属他的一切……在真正的顺从中，没有什么'我要这样那样'或'我要这个那个'，有的只是完完全全放弃你的一切。"[③]放弃到处隐藏着的"自我"，放弃一己私念，放弃自我意志，而将一切完全交托在上帝的手中。

埃克哈特关于谦卑与祈祷的讲道词，核心也在于 Abgeschiedenheit，即"根除自我"。谦卑是完完全全地放下自我，放下自己的意志，"从我们身上剥离我们所拥有的"，而且这种自我的剥除还并不是一种自主的

---

① Meister Eckhart, *Meister Eckhart Predigten Traktate*, Frankfurt am Main：Deutscher Klassiker Verlag，2008，S435.转引自文森：《无执之道——埃克哈特神学思想研究》，郑淑红译，华夏出版社 2016 年版。

② 文森：《无执之道——埃克哈特神学思想研究》，第 3 页。犹太神秘主义卡巴拉信徒以撒·卢里亚也有与埃克哈特此处相似的观念，在回答上帝如何从无中创造世界这个问题时，卢里亚认为上帝的第一个行动并非启示，而是一种回撤，一种后退，一种收敛，"为给世界让出空间，一种神秘的原始空间。上帝退出是为了在创造和启示的行动中再回来，这是 En-Sof，无限的存在的首次行动。"（索伦：《犹太神秘主义主流》，涂笑非译，四川人民出版社 2000 年版，第 255 页）

③ 埃克哈特：《埃克哈特大师文集》，第 190 页。

选择与行为，即便是根除自我，也须待上帝在我身上完成，"如果不是上帝在我们之中完成这项工作，那么不管这种对自我的消减或根除进行到多大程度，它都不会完美。因为只有当上帝通过我们自己使我们谦卑时，我们的谦卑才是完美的"。①除非上帝的介入，否则人自己无法达成真正的谦卑。

与此相似，祷告也是一种自我清空。"祷告是一种纯粹的走出，是面对无。"②祷告不是跟上帝的对话，不是将自己的意志导向上帝。埃克哈特对祷告的思考依然与 Abgeschiedenheit 有关，好的祷告就是完完全全"放弃你的一切"，"在真正的顺从中走出他的'自我'，进入上帝"。③所以，祷告与谦卑一样，都是放弃自己，根除自己，让自己真正成为一个朝向上帝的"承纳中心"，④而为上帝的到来留下一片有磁力的空间，这才是最有力量的祷告。

在埃克哈特的思想体系中，自我贬抑、自我解构与自我提升正好形成一个完美的灵性之圆，而非一般物理意义上的高低之悬殊有别。"提升的最高点就在谦卑的本源最深处。因为这谦卑的本源越深越低，被提升得也越高，提升的高度越不可限量。……因此一个人越是贬抑自己，就越是被提升。……因为我们整个的存在纯粹地建立在变成无的这一过程之中。"⑤在这一灵性圆环之中，下降就意味着上升，降至最低点也就等同于升至最高点。因此，埃克哈特警告那些灵性修炼者，不要执着自己，从高处走下来，走得越低，越深甚至"变成无"，这样的极度谦卑，这样彻底的自我引退，是为上帝的出场腾空、预留一片空白区域。"处于顺从之中的人，从他的'自我'中摆脱了出来，抛弃了属于他的一切，这时，上帝就会在必要的时候进入。"⑥——这就解释了何以降即是

---

①　埃克哈特：《教诲录之二十三》，转引自《无执之道——埃克哈特神学思想研究》，第 81 页。

②　文森：《无执之道——埃克哈特神学思想研究》，第 87 页。

③　埃克哈特：《埃克哈特大师文集》，第 4 页。

④　埃克哈特把奥古斯丁的灵魂比作一个下面闭口而上面开口的金铸的杯盏，对一切被造物紧闭，而只向上帝敞开，按上帝原本所是的来承纳上帝。

⑤　埃克哈特：《埃克哈特大师文集》，第 82 页。

⑥　埃克哈特：《埃克哈特大师文集》，第 3 页。

升,何以低即是高——因为那个因自我消失,因一切被造之物的消失而留下的虚空,成为一个强有力的能量场,这个能量场吸引着上帝的来临。

在埃克哈特去世的第二年,也就是 1329 年,教皇签发训谕,罗马教廷将埃克哈特的全部著作作为异端加以禁绝。在经过六个世纪漫长的隐默之后,到 20 世纪,埃克哈特的神秘学说在海德格尔、西蒙娜·薇依、布朗肖的精神深处却引发了遥远而强烈的谐振。

在薇依那里,神性的退弃(abdication)也是世界的起因,通过从其神性的全能中退位并清空他自己,上帝创造了世界,创造了我们。而人自此受两种力量的制约:光和重力。灵魂一方面与万物一样,按照尘世的重力法则,按照必然性运转,这是人的物质存在所注定无从逃避的。但是另一方面,在其最隐秘的深处,人和上帝是同一的,人自然地就是超自然的。"人的存在位于幕后,在超自然这一边。他从自身可能认识的,仅仅是境遇给予他的东西。我对我来说是隐蔽的,我在上帝那一边,在上帝那里。"①

但是,如何解除上帝的物质性创造? 如何依循光之力量而戳穿横亘在超自然之我和尘世之我的帷幕? 如何回归到神性的和谐与统一? ——自我弃绝。"弃绝。模仿上帝在创世中的弃绝。上帝从某种意义讲放弃成为一切。我们应当放弃成为自己。这对我们是唯一的善。"②自我,对薇依来说,是一种虚假的神性,是维系幻影式的、不具备最终真实性存在的中心,是阻挡上帝光辉的阴影,是上帝和本源之自我之间的屏障,在被称作"我"的东西中,并无任何使人得以上升的力量泉源。所以,必须把自我祭献出去。"我所看到、听到、呼吸到、触摸到、吃到的一切,我所遇的所有人,在同上帝的接触中我要丢掉这一切,当在我身上还有什么东西说'我'时,我就使得上帝不同这一切接触。我能为这一切并为上帝做的事情,就是自我隐退……我必须消失。"——自

---

① 西蒙娜·薇依:《重负与神恩》,杜小真、顾嘉琛译,中国人民大学出版社 2003 年版,第 36 页。

② 西蒙娜·薇依:《重负与神恩》,第 36 页。译文稍有改动。

我根除,自我离弃,在空无中等同与上帝。

薇依虔诚热烈却又神秘的信仰一定感动过布朗肖,在《肯定(欲望,受难)》这篇文章中,布朗肖写出的是两人精神上奇异的同频振数,虽然他更为冷静,幽深,也几乎不再提到神。但是显而易见,西方神学漫长而璀璨的智识星河辉映在他们眼里的光是相似的。(托名)狄奥尼修斯、埃克哈特,甚至还有以撒·卢里亚,布朗肖的精神谱系中也有他们的名字。

就像薇依以一种不可置疑的确信认定"真正的认知是超自然的",就像沃格林所一再宣称的"哲学工作在本质上是解释超越经验",布朗肖也强调"哲学……本质上是关于未知的知识,或者更一般的,是与未知的关系"。①未知(unknown),在布朗肖的语汇系统中,是与外边(outside),与他者(the Other),与不可能性(impossibility)等近似的概念丛集。那么,如何认识未知?如何通达外边?如何与他者本然相见?如何从可能性走向不可能性?

唯有通过自我之死。死(dying)的状态与死亡(death)不同,不是指生命的终结,或者终有一死的可能性。而是一种失去自己、出离自己、陌异于自己,被抛到外边的极限体验(limit experience)。也就是类似于(托名)狄奥尼修斯、埃克哈特以及薇依所说的通过"自我弃绝"、"自我根除"而达到与上帝合一的状态。只不过在布朗肖这里,清空自我之后,"在我的位置上得到肯定的东西乃是他者的陌异性,是作为绝对他者的人、陌生而未知,是被驱逐者,是流浪者"②,而非基督教的上帝。

自我之"死"的极限体验出现在写作、恐惧、受难,或是与他者相遇的活动中。布朗肖不止一次地描述过在受难中失去自我的状况:"受难(suffering):痛到我不能忍受。……在这种非一权力之中,我被从主宰,从作为主体(第一人称)的地位中驱逐出去——这个'我'甚至被剥夺了义务——失去了能够经受痛苦的自我。这就是受难,有受难,却再

---

① Maurice Blanchot, *The Infinite Conversation*, p.50.

② Maurice Blanchot, *The Infinite Conversation*, p.132.

无'我'去经历受难，并且受难在当前并不为人所知。没有现在，正如没有开端和终结；时间的意义以及时间流被彻底改变了。没有现在的时间，没有我的我。"①

以及在自我与他者的关系中："他者超出了我的掌控。他者因此成为：逃离我之权力的独异者、至高者——无权力者（the powerless）：陌生者、被逐者。但是，在他者与我的关系中，一切都颠倒了：遥远成为切近，这种切近成为一种折磨我、压倒我，使我与自身分离的迷眩——就像分离在我内部产生作用，使我去—同一化（dis-identifying），将我弃至消极（passivity），不给我留下任何主动性，并剥夺了当下。"②

从某种意义上来说，虽然布朗肖的"自我之死"已经不具备神学含义，但是他依然明言："在我——没有自我性（selfhood）的我——之中，超越的迹象出现了。"这种"超越"在布朗肖的语境中或许指向一个脱离主体意志而由语言之本质所掌控的"文学空间"，或者由他者的无限性而敞开一种伦理学的新方向，或者也指向"自我"的另一更为根本、更为本真的维度。布朗肖甚至用了与（托名）狄奥尼修斯和埃克哈特相似的语气："牺牲经验的自我，以便更好的保留超验的或真正的'我'：弃绝自我以拯救灵魂。"③自我之死，只是经验层面作为主体自我的暂时中止，但是这一中止所开启的自我的隐蔽面向，却是"人之中的'非人'的部分"④，也是更为本源和真实的部分。因此在这里，"死就是生（dying is living）"⑤。

在小说《黑暗托马》中，布朗肖以托马之名，深入地思考了这种生—死（living-dying），在—不在（presence-absence）之间的价值颠转。"在托马的名下，在这个可由人叫出名字并对我加以描述的刻意状态中，我具备一名普通活人的面貌，但由于我只在死亡之名下才真实。……这一

① Maurice Blanchot, *The Writing of the Disaster*, pp.14—15.
② Maurice Blanchot, *The Writing of the Disaster*, p.19.
③ Maurice Blanchot, *The Writing of the Disaster*, p.12.
④ Maurice Blanchot, *The Writing of the Disaster*, p.15.
⑤ Maurice Blanchot, *The Writing of the Disaster*, p.21.

个托马强迫我虽为活人却以一名平凡死者——……我本身即是的永恒死者——之姿现身，无生命之躯，无感之感性，无思想之思想。"①从惯常的生命视角出发的价值序列被彻底颠覆了。在基督教中，生命的被造属性注定人的肉身存在只有次一级的真实性，而人的感性和理知只能够在这次一级的真实里打转。只有"自我弃绝"能够让人在挣脱一切有限存在（身体、意识、思维、语言）的禁锢而朝向上帝，以此抵达根本的真实。布朗肖在这里，也是依循此一神学路径，颠覆了从惯常的生命视角出发所认定的价值序列，而认为"我只在死亡之名下才真实"，而且只有以自我之死，只有以无生命之躯，无感之感性，无思想之思想，才能够通达我本身所是的终极真实。

因此，像"死就是生"，以及"我不在，而在"，或者"我在，而不在"②这样的悖谬表述就并非逻辑的流放，或者言辞的迷魂阵，而是实实在在在自我之死的极限体验之下对存在之二重真相的洞悉。在这一洞悉的视角之下，布朗肖引用诺瓦利斯的那一句话"真正的哲学行动就是自杀：这是一切哲学的实际开端"，就有了更深的意蕴。自杀，作为一个隐喻，就是趋于一种死（dying）之状态。在此生生命中，也就是在死之前经验"死"（dying），灵魂在自我丧失中突破了生死界限，突破死对生的封闭和阻断，而向一种更大的生命整全，向无限，向未知开放。这被诺瓦利斯，也被布朗肖认定为哲学行动的开端。③因为"哲学……本质上是对未知的认识，或者，更一般的，是同未知的关系"。

---

① 布朗肖：《黑暗托马》，第116—117页。

② 布朗肖：《黑暗托马》，第121页。

③ 当柏拉图在《斐多篇》中借苏格拉底之口说出"哲学，就是练习死亡"时，哲学就奠基在一种俄耳甫斯—毕达哥拉斯主义的生死观之中。在俄耳甫斯教的价值体系中，生依然是次要的、低等的，因为生意味着与肉体结合，是混杂不纯的，而死则是摆脱肉体的禁锢束缚，重回纯净无杂染的、不朽的状态。但是俄耳甫斯教的信徒，或者入迷者、祭仪歌者、被召唤者等等，他们所努力的方向，就是在此生达到一种不朽灵魂与有死肉身相分离的死的状态。通过苦行、弃绝世俗的关注，通过秘仪、冥想，或者哲学沉思来达到灵魂净化的目的。在此生生命中，也就是在死之前经验"死"（dying），这是一些特殊的秘仪入教者、受到神启的先知或者诗人，还有就是沉思永恒理念的哲学家所能够拥有的超验体验，而这种体验所带回的"神的消息"，成为智慧的源泉。真正的智慧唯有在"死"中能够获得，这几乎是俄耳甫斯—毕达哥拉斯传统的共识。

第三节　至深的黑暗

俄狄浦斯王拥有一只
眼睛或许已经太多。

——荷尔德林:《在明媚的蓝色中》

　　在布朗肖的思想中,"夜"或者"黑暗"是一个至为关键的意象。"夜"出现在布朗肖反复讲述的俄耳甫斯神话里,出现在"夜的女儿们"的地下世界里,出现在"黑暗托马"中托马的临界体验中。与"白日"相对的"黑夜",或者与"光"相对的"黑暗",弥漫在布朗肖的几乎所有文本中,使得他的思想具有一种无可比拟的晦冥气质。这种对于"黑暗"的强调和深刻认识也与基督教神学有着很深的渊源。

　　(托名)狄奥尼修斯在《神秘神学》中把上帝称为"神秘的黑暗",这是否定神学最为深邃之处。有肯定神学(Cataphatic Theology),是因为上帝是万物的起因,是一切存在的源头,因此一切造物都注入了"神的恩泽",万物的秩序体现着上帝的范型,所以,"上帝可以在万物中被认识"[1]。因此,上帝可以从肯定的方向被称之为光、一、真理、善等等。然而,上帝又无限地超越万物,"它是超出心灵的心灵,超出言说的言道,它不能由任何言谈、直觉、名字所理解"。[2]对人类有限的心智来说,上帝是"超越的隐秘者",是"绝对的奥秘"。

　　《神秘神学》开端的一段祈祷词中,(托名)狄奥尼修斯这样呼召:"上帝……处于隐秘的寂静的辉煌黑暗之中,……在至深的幽暗之中。"[3]黑暗在狄奥尼修斯的否定神学中是一个核心意象,它并非光的褫夺,光的不在场,一般来说,黑暗总是已经预设了光的存在。但狄奥尼修斯这里的"神圣黑暗"却是是一种"远远高于光之上的黑暗",可以

---

[1]　伪狄奥尼修斯:《神秘神学》,第69页。
[2]　伪狄奥尼修斯:《神秘神学》,第2页。
[3]　伪狄奥尼修斯:《神秘神学》,第95页。

说是在黑暗与光明之二元对立的彼岸。《圣经·创世记》中,在创世的第一天,神说,要有光,就有了光。可是一直到第四天——"神说:天上要有光体,可以分昼夜……于是神造了两个大光,大的管昼,小的管夜。"也就是说,太阳是第四天才造出来的,那么第一天,神说"要有光"的光是什么光? 如果说第四日所造的太阳是物质世界的光,第一日"要有光"是天使这种纯粹精神之光的存在,那么上帝确确实实是在光和黑暗之彼岸的,因为不管是物质之光,还是精神之光,都由上帝所造。而上帝本身,却在光所无法照亮的渊深黑暗之中。

在狄奥尼修斯致迪亚孔·佐罗塞奥斯的(第五封)信中写道:"神的黑暗是不可企及的光明,根据《圣经》,上帝栖居在此。虽然它因其极度的光亮而不可见,因其满盈的光照而不可及,每个配得上认识并看见上帝的人却能抵达那里,因为他恰恰通过不看和不认识达到超逾一切看和认识之境界。"①——神虽是光明,甚至极度光亮,但是这光照却不为人的眼睛所见。因为人的视觉只能把握物质世界的光,也就是以太阳为范型的各种物质之光,而人的理智作为一种"精神之光"也只能认识和把握有限世界。所以对于人来说,对于人的感官和理智来说,神虽光明却是更为渊深的黑暗,因为它不可见,不可知,不可说。"我们飞升得越高,我们的词语越局限于我们所能形成的观念;所以当我们进入到超出理智的黑暗之中时,我们将发现自己不仅词语不够用,而且实际上是无言与不知。"②——"至深的黑暗"斩绝了人的知觉、思维以及言语,在无感、无知、无言,在无我、无物的状态中,"观看和认知那超出一切视觉和知识之上者。这才是真正的看和知"。③

西班牙16世纪的神秘主义者圣十字若望(Saint John of the Cross)也强调上帝"黑暗之光"的意象,甚至把灵修过程称为"黑暗的信仰"。圣十字若望在《攀登迦尔默罗山》解释上帝的黑暗:"亚里士多德说,正如太阳对于蝙蝠的眼睛是完全的黑暗;同样,天主内最明亮的光明,对

---

①　转引自勒塞:《里尔克的宗教观》,《杜伊诺哀歌中的天使》,刘小枫选编,林克译,华东师范大学出版社2005年版,第149—150页。

②③　伪狄奥尼修斯:《神秘神学》,第99页。

我们的理智来说也是彻底的黑暗。"①上帝之所以是黑暗,因为我们的理智不能照见它,因此它虽是"最明亮的光",但对我们的感官之眼和灵魂之眼来说,却无异于最深的黑暗。

另一方面,"黑暗的信仰"也意味着一条艰难的灵修之旅,净化之旅。之所以"黑暗",是因为"首先,在旅途的起点,人必须从万物和自身的一切欲望中弃绝自己,这种否定和弃绝,对人的感觉而言,恰似黑夜;其次,信仰之路是与神合一之路,而信仰对人的理智而言,黑暗如夜。第三,在旅途的终点,人抵达上帝,而上帝对此生的灵魂而言,仍是黑夜。灵魂穿越三重黑暗而抵达与神的合一"。②在信仰的旅程中,人自我弃绝,也就是经历感官之夜和精神之夜,一方面离弃自我的欲望,离弃对万物的爱,另一方面弃绝心灵的各种精神能力,即作为"认知官能"的理智,作为"意欲官能"的意志,以及作为"库存官能"的记忆。这样,在灵魂黑夜的净化之后,人彻底灭掉了感官之光以及精神之光,而成为"空无"、"赤裸",此时,对人的理智完全黑暗的上帝,就如同一道黑暗中的光,流泻倾入灵魂内。这就是"默观"。

"在默观中,神安静而秘密地教导灵魂,灵魂不知其然。没有说话的声音、没有任何身体活心灵官能的协助,处于静默和寂静之中,于一切感官和本性的黑暗之中。"③"默观的智慧是神对灵魂说的语言,神以纯灵对着人的纯灵。"④默观是灵魂在弃绝了万物,弃绝了一切感官和精神的自我时,以无知无言完全被动地承纳神之智慧的倾注,就像(托名)狄奥尼修斯所说的,"这才是真正的看和知"。

与(托名)狄奥尼修斯和圣十字若望一样,布朗肖也赋予了"黑暗"

① John of the Cross, *Ascent of Mount Carmel*, Book II, Chapter 8, Section 6, trans. kieren kavanaugh and Otilio Rodriguez, Washington: ICS Publications, 1991.

② John of the Cross, *Ascent of Mount Carmel*, Book I, Chapter 2, Section 3, trans. kieren kavanaugh and Otilio Rodriguez, Washington: ICS Publications, 1991.

③ John of the Cross: *Living Flame of Love*, I, Chapter 39, trans. kieren kavanaugh and Otilio Rodriguez, Washington: ICS Publications, 1991.

④ John of the Cross, *Dark Night of the soul*, Book II, Chapter 2, Section 17, trans. kieren kavanaugh and Otilio Rodriguez, Washington: ICS Publications, 1991.

无比重要的地位。在布朗肖的文本中,"黑暗"与"夜"频繁出场,黑暗与光的对立,夜与白日的对立,在布朗肖的复杂的概念集群中,相应于不可能性与可能性的对立,未知与已知的对立,死(dying)与死亡(death),消极(passivity)与权力的对立,等等。不仅如此,黑暗还意味着超越这种二元对立之上的一种根本力量。

　　黑夜与白日相对,一方面,它被白日所规定,所驱逐:"夜终将被白日所驱散:白日在其帝国运作:它是自身的征服和经营;它朝向无限……理性也是如此,启蒙的胜利只是简单地驱逐了黑暗。或者,白日不仅仅想要驱散黑夜,还欲侵占它。……黑夜变成白天,它让光更丰饶,它赋予清晰肤浅的闪耀以一种更深的内在光辉。这样,白日就是日和夜的统一体,辩证法的伟大允诺。"①白日驱散了黑夜,理性因禁了疯狂,启蒙驱逐了神秘,这是人的理智权力的实现,属于人的"可能性"的领域。

　　但是另一方面,还存在着"另一重夜",这并非在黑夜—白日的辩证法中被白日扬弃的那个黑夜。而是白日之光无法照亮,理智之光也无从把握的绝对晦冥(the obscurity):"这种存在的晦暗逃离一切理解,无法获致,然而灿烂、闪耀。"②,那么这一晦冥之夜到底是什么呢?——"另一重夜始终是他者,那感觉到它的人也成为他者,那抵达它的人远离自身。"③

　　布朗肖总是喜欢引用俄耳甫斯神话。俄耳甫斯下到冥府,想要把死去的欧律狄刻带回人世,布朗肖认为,这就是艺术,为无形赋予形式,将非存在带至存在,让不可见变为可见,这是第一重夜,在真理逻辑的运作之下,白日之光欲照亮黑暗,并将之纳入光之领域。但是,俄耳甫斯遭遇了关键的失败,"当俄耳甫斯转向欧律狄刻时,他摧毁了作品,作品立刻瓦解了,而欧律狄刻重回黑暗。……俄耳甫斯并不想要白日之真理以及日常之显现的欧律狄刻,而是想要在黑夜之晦冥中,在无限的

---

①② Maurice Blanchot, *The Space of Literature*, trans. Ann Smock, Lincoln, London: University of Nebraska Press, 1982, p.167.

③ Maurice Blanchot, *The Space of Literature*, p.168.

距离中,身体被遮覆,面容被掩盖的欧律狄刻——想要见到的不是可见的,而是那不可见的欧律狄刻"。①黑暗本身,在俄耳甫斯的目光之下无限地退遁了,白日之权力,在第二重夜面前遭遇了根本的失败。

这一失败,也是西方几千年"光之帝国主义"的失败。在布朗肖看来,西方哲学传统处在光的统治之下,"光把纯粹的可见性作为其尺度赋予思想。自此,思考就是清楚地看,是处于光之显明中,是屈服于白日,因为白日让一切事物在形式之统一中显现出来"。②——以可见者衡量不可见者,以已知把握未知,以自我衡量他者,以在场把握不在场,以存在者代替非存在……这是视见之光和理智之光的模式。然而这一模式在遭遇第二重夜,在遭遇晦冥,遭遇绝对的他者之时,根本被颠覆了。在与黑夜,与晦冥,与他者相遇时,人的自我消散了,人远离自身而进入死(dying)之状态,就如俄耳甫斯在遭遇失败后被肢解成无数碎片。

而这正是黑暗的力量,也是与黑暗如其本然的相遇所开启出来的思想的新方向。人不再是视见主体,思想主体,言说主体,不再以目光去把握不可见者,以理智去思考不可思者,以语言去言说不可言说者。而是经历了一种彻底的颠倒,经验③了从"我看"到"黑暗凝视",从"我思,故我在"到"我思,故我不在",从"我说"到"语言在我之中言说"的根本转变。

在《黑暗托马》中,托马遇到了那绝对的黑暗,"这就是夜晚本身。那些幽暗的景象将他淹没。他什么都看不见了,但他一点也不惊慌;他令这视像的缺无成为他目光的顶峰。他那无法看视的眼睛……让夜透入其中心以便从中接收日光。"这种"黑暗凝视"不同于现象学的知觉,在这里,主体不再是经验的中心,我已经无限消散,"失去了说'我'的权

———————

① Maurice Blanchot, *The Space of Literature*, p.172.

② Maurice Blanchot, *The Infinite Conversation*, p.160.

③ 海德格尔认为,体验始终意味着归溯关系(Zuruckbeziehen),也即把生命和生命经验归溯于"我"(Ich)。体验指的就是表示客体对于主体的归溯关系。布朗肖也有这种警惕,因此他把这种"无我"之经验称之为"非经验",以区别于以主体为中心的体验。

力"，也不再具备看的可能性，而是成为彻底被动的接受者，向黑暗敞开，经受黑暗的反向凝视。

另一方面，"我思，故我在"的确定性也瓦解了，而成了"我思，故我不在"①。"我思想，在那思想加诸我之处，我，我能将自己从存在中扣除，没有缩减，亦无变化……我的思想之属性，非如石头、如万物般向我确定我实存一事，而是让我确信存在就在虚无本身里，并诱导我不要存在以便让我感受自己那绝妙的缺无。我思想，托马说，而我变成的这个隐形的、不可言喻的、非实存的托马使得我从此不在我原先所在之处，而这其中甚至没有丝毫玄秘。我的实存完全变成了一个缺无者……的实存。"②

"我思"瓦解了自我作为沉思之主体的确定性，相反，"我思"恰恰意味着"我之不在"，我彻底地退隐了，我并非思之主体，相反，是"思想加诸于我"，我是完全被动的（passive），无异于一个承纳向我之空无而倾注的思想之容器。③更进一步地，布朗肖认为，"思想的中心就是那不允许自身被思考的东西"④，思想的中心就是思想的黑洞，是"思想的伤口"，是"非思想的思想"，是"思的不可能性"，如何抵达这个思想中心处的黑洞？也只能通过自我之死，自我在丧失了思之权力，在缺席中，在空无中，承接外边之思的倾注。

就像在（托名）狄奥尼修斯和圣十字若望那里，人只有弃绝自我，抛弃自我的感觉和理智，而在彻底的无知和不言中，才能够被深渊的智慧所照亮。在面对至深的黑暗，面对绝对的晦冥，或者无限的未知时，人只能抛弃语言，因为那无限超越者是不可说的（ineffable）。那么，如何言说那不可言说的，如何突破语言的绝境？布朗肖明确地说："死

---

① 布朗肖：《黑暗托马》，第 125 页。

② 布朗肖：《黑暗托马》，第 127 页。

③ 这里涉及意向性的二重模式。沃格林在批评胡塞尔的现象学时指出："意识不仅有意向性这一结构层面，还有启明性这一结构层面……意识有这样一个结构维度：靠此维度，意识不属于人之身体性生存，而属于实在。……正是后一种显亮性（Luminosity）模式，遭到胡塞尔完全忽略，他也因此勾销了作为哲学核心特征的沉思性。"（沃格林：《求索秩序》，徐志跃译，译林出版社 2018 年版，第 32 页）

④ Maurice Blanchot：*The Infinite Conversation*，p.121.

(dying)是看见不可见者,言说不可言说者的方式。"①

在这里,"死"(dying)意味着从"我说"向"语言在我之中言说"的转变,也就是从我作为言说的主体变成了言语的倾听者和传达者。这涉及写作时作者所处的境况,在写作时"他不再是自己,他也不在是任何人。第三人称取代了'我',……我自己变成'无人'(no one)。"②"他所在之处,唯有存在言说","写作,就是让自己成为那不停言说者的回声……通过我沉默的中介"。在我变成"无人"时,向存在、向黑暗、向外边敞开,倾听,应和存在的言说。"诗人只有通过倾听才言说,因为他居住在间隔之中,在这里,没有言词的旋律和声音一直在言说,它在唯一听到这旋律的人之中变成了命名的力量,他仅仅是与这旋律相协调。除此之外,他什么也不是,他只是一个能够传达这种旋律的中介者。"——"在一定意义上,不是我们拥有语言,而是语言拥有我们。"③

这就是布朗肖的"黑夜",神秘深邃的"外边",不可见、不可知、不可说,只有通过我之死(dying),在不言不知也不见之中,接受那来自至深黑暗的闪耀之光。这与(托名)狄奥尼修斯以及圣十字若望的黑夜体验是一致的。

布朗肖虽然处在无神论的现代,而他自己也处处申明要警惕宗教的诱惑。但是在精神地层的深处,却与神学,尤其是神秘主义,根脉相连。如若不理清这一层关系,布朗肖的思想,虽然也在后现代和解构阵营里占有一个席位(甚至是前锋),但是就始终像是孤独者的向隅而语,来之无方。

当然,布朗肖的思想毕竟根植于无神论的土壤之中,他与基督教神秘主义之间存在着巨大的差别,这是肯定的。除了不再言说上帝,不再对拯救抱有任何形式的幻想之外,最为关键区别在于,在基督教否定神

---

① Maurice Blanchot: *The Writing of the Disaster*, p.23.

② Maurice Blanchot, The Space of Literature, p.27.

③ 海德格尔:《荷尔德林的颂歌〈日耳曼尼亚〉与〈莱茵河〉》,张振华译,商务印书馆2018年版,第28页。

学那里，"自我弃绝"不仅仅是向上帝的敞开，还是对自我的严格规训和塑造。神秘体验并非被狂喜所支配的一次性体验，而是在无限视角的注视下，自我反复的、持续的、长久的练习，是此岸生命朝向上帝，朝向永恒的一步步艰难蜕变。但是在布朗肖这里，向无限的敞开虽然指向了存在的另一维度，但始终都是"骰子一掷"，充满了偶然和不确定。与"自我"无关，因而也就不存在自我的艰难训练和准备。最终，"外边"只能以"文学"之名来承负，在这种意义上，文学无疑成了一种新的秘仪。

第二章　布朗肖的语言观

第一节　概念性语言——对在场事物的"谋杀"

马拉美在《诗的危机》中有这样一段话："当我说'一朵花'时,我的声音悬隔了所有花的形式,而一种异于一切寻常花束的东西升起了,一种音乐般的、理念的、轻柔的东西,这是一朵在所有花萼中都寻找不到的花。"布朗肖的语言观即由此获得灵感,杰拉尔德·布伦斯甚至说:"布朗肖的诗学——或者我们可以说,他的整个思想生涯——都是对这段话的某种延伸的,敞开的注解。"①这句话也许有点言过其实,但是对这句话的思考构成了布朗肖语言思想驿站的第一站,这一点是毋庸置疑的,虽然他对这段话的阐释并不忠于马拉美,而是以特殊的布朗肖式的透镜,将其做了一番充满暴力的引申和篡改。

比如,在《文学与死亡的权力》中,布朗肖以这样的方式让语言出场:"我说,'这个女人',荷尔德林,马拉美,所有以诗的本质为主题的诗人都会感觉到命名行为会引起不安。一个词也许会给予我它的意义,但首先它压制物。因为,假如我有能力说'这个女人',我必然在某种程度上夺走了她的血肉现实,让它不在场,毁灭她。词语将存在者给予我,但却是将被剥夺了其存在的存在者给予我,将丧失了其存在之后所

① Gerald L.Bruns, *Blanchot*: *The Refusal of Philosophy*, p.8.

残剩下来的东西给予我。"①非常明显,布朗肖以"这个女人"置换了马拉美的"一朵花",并且马拉美行文中那层美丽面纱也被布朗肖一把撕下,而代之以直接的暴力特征。②

但是,不管是马拉美的唯美,还是布朗肖的暴力,在这个层面上,说的都是同一回事情,即黑格尔意义上的语言运作的方式。黑格尔认为,正是这种对当下的、直接的现实存在的否定,才使得概念与意义出场,因为,"那感性的'这一个'是语言所不能达到的,语言是属于意识范围,亦即属于本身是共相或具有普遍性的范围"。③对黑格尔来说,感性的、特殊的实存在意识的第一个阶段,即感性确定性阶段就已经被否定了。由此,语言即是由实存事物的不在场升华而成的观念性的在场,"概念代替事物,作为物的替身和代表,概念填充了被语言的力量所否定之后的当下现实所留下的虚空……语言的毁灭力量转化成某种积极的东西,以此,事物的不在场被概念的在场所取代"。④在黑格尔的思辨体系中,这当然是一种"升华",一种积极的否定,因为现存事物永远是散碎的,而语言却具有统摄这种散碎的普遍性的力量;现存事物永远处于流变中,是易逝的,而语言却有一种似乎并不受时间腐蚀的稳定性和恒久性。

但是布朗肖笔锋所指,却正是这样一种语言相对于实存事物的优

---

① Maurice Blanchot: *The Work of Fire*, trans. Charlotte Mandell, Stanford: Stanford University Press, 1995, p.322.

② 在论证概念性语言的暴力特征时,布朗肖以"女人"和动物(下文中将会提到的"一只猫")为例。关于例证的选择,鲁道夫·加谢(Rodolphe Gasché)在《悖论的精妙》这篇文章中提到,"任何例子的选择都不是偶然的",他认为"在语言学与本体论的情况下,物,或者动物,或者人,首先就已经成为了'他者'",而选择"女人"作为例子,事实上是"最惨痛的"("The felicities of paradox: Blanchot on the null-space of literature",见 Carolyn Bailey Gill, ed., *Maurice Blanchot: The Demand of Writing*, p.68)。与此相应,拉斯·伊耶(Lars Iyer)也质疑"是否因为布朗肖知道女人是被排斥在话语之外的他者的最典型形象?"(见 Lars Iyer, *Blanchot's vigilance: Literature, Phenomenology and the Ethical*, Palgrave Macmillan, 2005, p.78)

③ 黑格尔:《精神现象学》,贺麟、王玖兴译,商务印书馆1996年版,上卷,第72页。

④ Ullrich Haase and William Large, *Maurice Blanchot*, London and New York: Routledge, p.31.

越性。对他来说,这也许并非完全是虚假的优越性,因为世界、历史、文化等仍建立于概念性的语言之上(这可以归结为言语的白日的一面)。但是,语言确实始于一场精神的圈地运动,语言在形成之时,将现存事物驱逐,排拒在自己的领地之外。与黑格尔相反,布朗肖心心念念的,是在语言形成之初,被驱逐出局的实存之物。也就是,被语言"谋杀"了的物,不仅是"谋杀",还是"大屠杀"。看起来,他在说明黑格尔式的语言观念的暴力特质时,是不吝一切血腥词汇的。这种暴力,也即词对物的暴力,主体对客体的暴力,精神对一切其他存在者的暴力,是布朗肖极力试图彰显和揭发的,为此,他甚至不惜将自己的文字也盖上了暴力的印章,直接成为这场暴力的受害者、见证者和指控者。

同样也是在《文学与死亡的权力》这篇文章中,布朗肖这样写道:"在一个可以追溯到现象学之前的文本中,黑格尔,作为荷尔德林的朋友与精神近亲,写道:'亚当的第一个行为,即让他成为动物的主人的行为,就是给它们命名,也就是,抹杀它们的存在(作为受造物的存在)。'"在同一页的脚注中,布朗肖引用了科耶夫的思想,即"对黑格来说,理解等同于谋杀"。①这里有两层意思,一是通过命名,主体声明了对被命名对象的主宰与权柄,进而声明对作为概念秩序的世界的所有权和控制力,就如黑格尔所说:"'我'首先占有名称,必须将它们保持在暗夜中——作为一种对我来说可用的、驯服的东西。不仅需要在普遍意义上考虑名称,而且必须将它们置于作为固定秩序的空间中来考量——因为这是它们的相互关联性和必然性,是许多不同名称的内在关联。"②所以,由点及面,由单个的名称和概念纵横延伸,直至整个世界秩序的天罗地网,语言的暴力由一朵花,一个女人,进而扩散到整个世界。如此巨大的语言之网,是精神活动的最根本的创造,亚当为万物命名,就是天网恢恢的精神权柄,语言,从这个角度看来,是主体的造物,

---

① Maurice Blanchot: *The Work of Fire*, p.323.

② Hegel: *Hegel and the Human Spirit: A Translation of the Jena Lectures on the Philosophy of Spirit* (1805—1806), trans, Leo Rauch, Detroit: Wayne State University Press, 1983, p.89.

也是主体"可用的、驯服的"工具。这种工具论的语言观，即将语言视作表象万物，交流思想的工具（或者是"可用的、驯服的"工具，或者是低下的，败坏了的，不可靠的工具），是自柏拉图直至后现代之前，西方哲学对语言的基本看法。布朗肖一言以蔽之，将其看成语言对物的"谋杀"。

这就涉及前面那段话的第二层意思了，即被命名对象的活生生的在场，它的"血肉现实"，在命名行为中，事实上，已经被"杀死"①了。亚当"给一切牲畜和空中飞鸟、野地走兽都起了名"（《圣经·创世记》，2:20），同时，他也就抹杀了它们直接的存在，以至于，西蒙·克里奇利（Simon Critchley）笑谑地将亚当称为"第一个连环杀手"。②

事实是，现实的存在，在语言中永远都是缺场的。比如说，"我们给猫命名，但是我们在名称中保存下来的，除了猫的不在场，除了猫之所不是，什么也没有……给猫命名，就是使它变成非—猫"。③语言无能捕获实存之物，它只能摧毁其血肉现实，因为"语言不仅具有表象功能，它也具有毁灭的力量。它引起消失，它使物不在场，它摧毁物"。④或者说，具有表象功能，仅仅是因为它能够毁灭物。这是物的悲剧，这出悲剧在语言形成之初就已经上演了，布朗肖只不过借用了黑格尔的分析，"物被给予，被命名，然后名称却成为物的不在场，也就是说，普遍高于特殊，从此以后物可以被归结为服从普遍的特殊"。⑤作为特殊的物，必

---

①　这个词，应该是来源于科耶夫对黑格尔的解读，"一切概念理解等于一种杀死……经验实在事物的概念等于一种杀死"（科耶夫：《黑格尔导读》，姜志辉译，译林出版社2005年版，第442—443页）。科耶夫频繁地在他的讲座中提到这种思想，布朗肖虽然没有直接参加过科耶夫的课程，但以科耶夫当时的影响之大，布朗肖不可能不受到这种精神空气的感染。事实上，法国思想界受到科耶夫这个思想影响的远不止布朗肖一人，比如拉康就认为"语言是对人和物的杀戮"，巴塔耶也有过类似的说法："语言破坏了所有的有形之物，……语言就是死亡的象征。"

②　Simon Critchley, "Il y a—A Dying Stronger than Death (Blanchot with Levinas)", *Oxford Literary Review*, 1993, vol.15, No.1—2, p.108.

③　Maurice Blanchot, *The Work of Fire*, p.325.

④　Maurice Blanchot, *The Work of Fire*, p.30.

⑤　Lars Iyer, "Logos and Difference: Blanchot, Heidegger, Heraclitus", *Parallax*, 2005, vol.11, No.2, p.16.

然死于普遍的语言之手,这是物在与精神相遇时,注定会发生的。然而物之死,却以语言的形式,获得了精神性的重生。

这就是黑格尔所谓的"精神……承担死亡并在死亡中得以自存"[1]这句话所意谓的(黑格尔的这句话,对布朗肖来说意义非比寻常,布朗肖在行文中,一次又一次地回到这一句话,甚至可以说,布朗肖终其一生想要做的,就是扳倒这句话,清除其中所含藏的主体的自信与骄横的杂质)。概念的生命,语言的生命,来自对物之死亡的承担,是在这种承担中获得的第二重生命。这就是概念性语言,也就是普通日常语言起步的地方,也是"精神生命的开始"[2]。物的死亡,成就了语言的生命,因此,布朗肖将它称之为"死亡的言说":"语言有一种神圣的特征,不是因为它通过命名获得了永恒,而是因为……它即刻就颠倒了它所命名之物,将其转换成某种他物,言说当然仅仅只是其所不是,言说是在虚无的名义下进行的,这种虚无销毁一切,它成为死亡的言说本身,并且内化这种死亡,使它变得纯净……通过它,意义向我们走近,而我们,也走向意义。"[3]由此可以看出,意义的大厦是建立在物的死亡之上,也就是建立于虚无之上的。

语言,不仅仅是在形成之时,才构成对物的谋杀,而且,死亡发生在每一次言说中,这就是布朗肖所说的,语言不仅仅是一场远古的大屠杀,而且每一刻都有新鲜可感的生命在语言之中死去。"我们一旦言说,就必见死亡,我们看见死亡跟随我们,如影随形。当我们言说之时,我们必依靠坟墓,而坟墓之上的空虚使语言成真。"[4]布朗肖不惜言辞,一次又一次的强调死亡在言说中是无处不在的,他说:"当我说话时,是死亡在我身上言说,它突然出现在我,与我所说及之物之间,死亡就在那里,横亘在我们中间,作为分隔我们的距离。"[5]这种死亡就是我们的言说的暴力特质的罪证,"当我说话时,我始终是在施展一种权利关系。

---

①　黑格尔:《精神现象学》,上卷,第21页。

②③　Maurice Blanchot, *The Infinite Conversation*, p.35.

④　Maurice Blanchot, *The Work of Fire*, p.336.

⑤　Maurice Blanchot, *The Work of Fire*, p.323.

不管我是否知道,我都属于一种权利网络。……一切言语都是暴力,这种暴力,因为是隐蔽的,所以就显得尤为可怕"。①

这就是布朗肖所揭发出来的,语言在形成之时的暴力,语言对物的压制和谋杀。不仅仅是对物,对一切言说对象,甚至对"我",其实都构成一种压制。布朗肖认为:"言说的能力与我从存在中退隐、与我的不在场相关联。我说我的名字,就好像在为自己唱挽歌:我与自己分离,我不再是我的在场,不再是我的存在的现实,而成了一种客观的,无人称的存在。"②事实上,"我"这个词所意指的,并不是活生生的我,而只是我所不是,只是我所不在,因此,"我"这个词,只是我自己的一曲挽歌。"在自我的位置上,词语放置了一种非自我,我被我自己的幽灵取代了,我无限的远离了自己。"③所以,只要我一说话,一思想,一想到我自己,我就把自己对象化为一个客体,我就发现原来那个浑然未觉,也浑然未分的我,不再存在了④。我的思想,我的语言,剥夺了我的存在,所以对布朗肖来说,笛卡尔的"我思故我在"是个伪命题,因为,按照他的逻辑,只能是"我思,故我不在"⑤。

由此可以看出,语言,表面上看是一个伏于暗处的连环杀手,它阻击真实存在的一切,否定它,"谋杀"它,然后在真实事物的尸体上,建立起一个涵括一切的意义大厦。而实际上,这种暴力所彰显的,却只是语言的虚张声势和它的无能,因为语言并不能真正抓住任何实际的在场之物,因为,它只是在实存之物面前的退却,它所捕获的,只是事物的幻影,或者连幻影都不是,而只是主体任意的虚构(索绪尔:语言是没有什

---

① Maurice Blanchot, *The Infinite Conversation*, p.42.

② Maurice Blanchot, *The Infinite Conversation*, p.324.

③ 乔治·布莱:《批评意识》,郭宏安译,广西师范大学出版社 2002 年版,第 192 页。

④ 布朗肖的这种观点,也可与禅宗比较,禅宗认为,"真我"在我们步步紧逼的询问、反思面前,只能是一个无穷后退的过程,而有可能被意识捕获到的,永远都只是僵死的,已经客体化的自我。

⑤ 凯文·哈特(Kevin Hart)把布朗肖的"我思,故我不在"这种观点称为"思想之伤"(the wound of thought),见 Kevin Hart, *The Dark Gaze: Maurice Blanchot and The Sacred*, p.26。

么道理可说的,任意的符号系统①)。语言以这种暴力和专横的任意性,将物带至主体面前,而使物变得可认识、可理解、可交流、可利用,这就是发生在人类语言史上的事实。而物,"却为了它们的可理解性付出了高昂的代价"②,因为,物被语言扭曲了,"谋杀"了。但是从另一个角度来看,语言却甚至从来就没有真正地把握到物,物在语言面前,就好像使了一招金蝉脱壳的狡计,它将自己虚假的可理解性作为蜕下的壳,留给语言,而它真实的那一面,它真正的生命,却留在晦冥中,这是语言,纵然再暴力也碰触不到的、抵达不了的领域。暴力,是布朗肖对一切概念性、表象性,用海德格尔的话来说,也是褫夺性的语言(或者日常语言)所做的总结。而那个始终晦冥领域,才是布朗肖的语言观意欲思考的。因此,布朗肖关于语言的思考,充满了对"物"的乡愁,他一次又一次地问,在语言中,"什么东西丧失了?""我怎样才能找到它?"……等等等等。比如,在《伟大的拒绝》这篇文章中,他就说:"某物曾在这里,然而却不再在了。我怎样才能重新找到它,怎样才能,在我的言语中,重新获得这种之前的在场之物,这种我为了言说,为了言说它而不得不驱逐的在场?"③在这里,也许将会唤醒语言的永恒之痛,因为一方面,语言必然向前,继续杀伐,继续意指和表象,继续作为精神的生命而存在,而另一方面,它却时时向后回顾,并且意欲重新获取那已然消逝,并也将永远错失之"物"。这构成了语言内部无法解决的悖论。而布朗肖认为,语言的希望,也许就在于它的物质性。

第二节　澄明与遮蔽的两重奏
——作为"双面魔鬼"的语言

概念性、表象性的语言,作为对存在的否定,是一种施行死亡的权利,而"这种死亡的权利"在主体历史上,却"是最基本的,是第一原则,

---

①　索绪尔:《普通语言学教程》,岑麟祥译,商务印书馆 1983 年版,第 109—110 页。

②　Gerald L. Bruns, *Blanchot*, *The Refusal of Philosophy*, p.44.

③　Maurice Blanchot: *The Infinite Conversation*, p.36.

是规则的规则，……是正义与理性秩序的保障，是一切可能性的境域，它让一切事物相对于意识来说，都成为明晰、清楚、透明的，都成为可理解、可言说的。它是哲学与科学，政治与文化，艺术与美，也是文学的起源"。①简言之，这种语言，是文明世界的起点，也是人类文明不可或缺的条件。然而，它确实又是建立于对实存之物的否定，建立于虚空之上的。对福柯来说，这是人类为自己建造的一个封闭的"空穴"②。拉康认为，概念是存在之死，因此作为象征界的语言只是一个巨大的无的不在场帝国。

布朗肖则这样说："语言只能始于虚无；充盈，确定性都无法言说。……言语的存在就是虚无。语言意识到，它的意义并非来源于存在之物，而是源于它在存在面前的退却。"③在存在面前的退却，实存之物的死亡，它们所造成的虚空，才是意义世界的起点，这样，死亡就被理解为一种文明的力量，是死亡，才导致对存在的理解。虚无帮助建造世界，虚无存在于人身上，通过人的劳作和思考，死亡成了世界的创造者。若没有死亡，则"一切将沉入荒诞与虚无"④。然而，这种建立于暴力和虚空之上的语言，却只不过是语言的一个斜面，只是语言的白日，而它的另一个斜面，它的黑夜，则在于被语言所否定了的物的现实，在于那依然处于暗暝之中，始终未与精神照面，始终未被揭示的物。

这种在场之物，在被语言驱逐出界的同时，却也被它深深怀念，这种难解的矛盾，成了语言的"永恒之痛"。语言知道它的王国必然在白日，而非那始终隐匿，未被带到日光之下的物的秘密，它知道为了白日的开始，某些东西必须要被否定，被牺牲，被遗留，语言是自这种否定的尸骨上重新站起来的精神的生命，它的价值与尊严在于此，它的荣耀在于此，但是它的罪也正在于此。在起初之时，是什么东西丧失了？语言，如同捕风，在它的空虚大网张开时，是什么被错漏了？语言之痛，在于它始终无法弥合的悖论，在于它所缺失的，是一种永远的缺失。

---

① Gerald L.Bruns, *Blanchot*, *The Refusal of Philosophy*, p.45.
② 福柯:《词与物》,莫伟民译,上海三联书店 2001 年版,第 408 页。
③④ Maurice Blanchot，*The Work of Fire*, p.324.

　　如此,语言如何能获得那永远错失之物? 曾在之物却已然不再在了,什么东西消失了。语言怎样才能找寻到它,怎样才能回转身去,注视着那之前存在之物,如果它的力量只在于毁灭它,转变它? 布朗肖这样回答:"我的希望,在于语言的物质性,在于语言也是物,也是某种自然物这一事实——这一事实给我希望,多于我所能理解的。刚才,词语的现实性还是某种障碍,而现在,它却是我唯一的希望。一个名称,它不再是非存在的转瞬即逝,而是变成了一个具体的球状物,一种坚实的存在;语言,抛却了意义——这意义是它曾经唯一想要成为的——而试图变成无意义。所有物质性的东西占据了首位:韵律、重量、数目、形状,然后是书写于其上的纸张,墨的痕迹和书。是的,幸好语言是一种物:一种写下的物。"[1]

　　怎样来理解这一段话? 何以语言的物质性就成了语言唯一的希望? 福柯在《词与物》中指出,语言在 19 世纪时,挣脱了此前一直牢牢掌控着它的巨大的表象之链,而重新发现了其古老的、神秘莫测的厚实,也即是语言本身的存在,语言的物质性。福柯认为,表象性和概念性的语言,其实是对存在的碾平和抽空,而文学关注语言,关注词的神秘而不确定的存在,这是对之前那种碾平和抽空的补偿,文学是福柯所提及的三种补偿之一种。自此,语言就自我封闭在一种彻底的不及物性中,只是在永恒的自我回归中折返。[2]福柯在这里说到了补偿,语言自身的物质性是对概念性语言所留下的虚空的一种补偿,一种填充。

　　约翰·格雷格(John Gregg)在他的《莫里斯·布朗肖与文学的越渡》一书中,也提到了"补偿",他说:"词语的物质性致力于艺术作品的物质性,这对布朗肖来说,暗示着语言试图去弥补一种原初的缺失,和一种对物的摧毁。"[3]福柯与约翰·格雷格都提到"补偿",这也许并不是一个巧合,但是如何补偿呢? 发现语言自身也是物,也有物的沉默、

---

[1]　Maurice Blanchot, *The Work of Fire*, pp.327—328.

[2]　福柯:《词与物》,第 392 页。

[3]　John Gregg, *Maurice Blanchot and the literature of Transgression*, Princeton, New Jersey: Princeton University Press, 1994, p.32.

不透明的那一面,这就能对被命名所摧毁之物构成补偿了? 补偿,不管怎么说,都有一种后发性的、消极的、无奈的意味在里面。也许,这并不是布朗肖的意思,或者,这种补偿的想法事实上是将布朗肖简单化了。

布朗肖所说的物,不管是被语言所摧毁之物,还是语言本身的物质性存在中所包含的"物",都应该是列维纳斯和海德格尔意义上的"物"。列维纳斯在《从存在到存在者》这本书中以不小的篇幅谈到了这种物,"物"对列维纳斯来说,是一种"无世界的存在",是"没有存在者的存在",是在主体与客体,物质与精神的二元对立之外的,更本源的存在。物"是其存在本身的'自在',是这一事实的绝对:这些物,并不是一个客体或一个名称,它们难以名状,只能出现在诗歌中。……物质性意味着厚实的、粗鲁的、庞大的、悲惨的,一切具有持久性、重量、荒诞性的物,一种暴烈却又淡漠的在场,它也包含着谦卑、赤裸、丑陋。……一切存在者,通过形式的光亮而指向我们的'内部',而在这些形式的光亮背后——物就是 il y a 的事实本身"。[①]这样来说,世界是被主体的意识之光照亮,从而被赋予形式的存在,是被人这种存在者所建造的,但是物,却是主体的意识之光辐射不到的领域,是无形式的,因而也是不能为主体的意识和言说所捕捉的。

布朗肖也深受海德格尔的影响,虽然他对海德格尔的阐释表面看来是颠倒的,是反海德格尔的[②],但是他与海德格尔内在的精神血脉却是不容否认的,尽管隐蔽,却依然可见。比如《文学与死亡的权力》这篇文章,就不时能看到海德格尔《艺术作品的起源》的影子,还有《在通向语言的途中》的踪迹。在《艺术作品的起源》这篇长文中,海德格尔是从大地来阐释物之物因素的,那么,"什么是大地呢? 石头负荷并且显示

---

①　列维纳斯:《从存在到存在者》,吴蕙仪译,江苏教育出版社 2006 年版,第 61 页。

②　比如,当海德格尔把死亡理解为"可能的不可能性",布朗肖则说死亡是"不可能的可能性";当海德格尔拒绝"某人死去"这种常人对死亡的非本真理解,而认为死一定是我自己的死时,布朗肖则答之以"'我'从不死,而'某人'死",以及"死亡永远不会是我自己的";还有,布朗肖强调一种消极性(passivity),似乎与海德格尔强调此在的决断(resolution)也正相反对,并且,布朗肖对"黑夜"的独钟也与海德格尔"存在的敞亮"相反。

其沉重。这种沉重向我们压来,它同时却拒绝我们向它穿透。……只有当它尚未被揭示、未被解释之际,它才显示自身。因此,大地让任何对它的穿透在它本身那里破灭了。大地使任何纯粹计算式的胡搅蛮缠彻底幻灭了。……只有当大地作为本质上不可展开的东西被保持和保护之际——大地退遁于任何展开状态,亦即保持永远的锁闭——大地才澄亮了,才作为大地本身而显现出来"。①因此,物若从大地的角度来理解,就也是自行锁闭的,物在主体计算式的促迫之下,必然退遁隐匿,主体的意志,在这种自行遮蔽的物面前,只能被彻底粉碎。

所以,从上可见,列维纳斯的il y a,海德格尔的大地,或者,还有康德的物自体,或者拉康的实在界,都与布朗肖对物,以及语言与物的关系的思考,有着某种亲缘关系。语言之所以"谋杀"物,摧毁物,是因为任何主体的意识之光都照亮不了物,任何主体的意志和筹划,都不能撼动自行锁闭的物,所以,主体的暴力,从某方面来说,只是一种虚弱的暴力。而语言,作为交流和思考工具的概念化的语言,又是绝对的精神活动。因此,前面提到的,语言对物的永远的乡愁,在语言的概念层面,是永远也不能获得抚慰的。如果沿着这条路走下去,语言必然只能撞上"不可说"这堵墙,这是各种不可说理论(ineffability thesis)的根源。②然而,布朗肖并不是一个彻底的不可说主义者(ineffabilist),因为,他还把希望寄托在语言的物质性上。

因为语言也是物,是写下的物。所以,语言一方面是观念性、精神性的存在,然而一方面又是沉默的、不透明的物。这就是布朗肖所说的:"词是一种双面魔鬼,一是现实性的存在,是物质性的在场,其二是意义,是理念的不在场。"③词语,排列在纸上,一方面,它为意识所捕捉,给出意义,交流思想,在不同的精神主体之间来回穿梭,来去自由,

---

① 海德格尔:《林中路》,孙周兴译,上海译文出版社2004年版,第33页。

② 比如以伪狄奥尼修斯为源头的否定神学就认为,上帝是不可描述的绝对存在。印度哲学中也有不可说的传统,比如,龙树《中论》中就有"空则不可说,非空不可说,共不共叵说,但以假名说",空与不空都不能说,说出来的都只是假名与戏论。佛家中也有"不可说,不可说",认为真如实相是超言绝相的,比如《大般涅槃经》提出来的"四不可说"。

③ Maurice Blanchot, *The Work of Fire*, p.341.

这也是日常语言运作的方式。另一方面,语言却又是晦暗的,滞重的物,是纵横交错的笔画,黑色的墨迹,空白的页边,在向主题意识交付出意义的同时,它立即沉降至自身的物质性,不为意识之光所照亮,不为主体的任何译解企图所穿透,它始终沉默,自我遮蔽,自行掩藏。它就像一个谜,但是只有谜面,没有谜底,即使有,也是一个虚假的谜底,它将这个虚假的谜底,也就是意义,给予主体,而作为物的那一面,却在主体精神的进逼之下,无限的隐遁了。因此,也许可以说,语言的这种物质性和被语言的命名行为所驱逐和摧毁了的物的物质性,是一致的,都是主体意识无法靠近、无法抵达的,都是物的存在。

这样,语言就不是静止的,它是词与物之间,意义与存在之间无休无止的斗争,"词语既是名与物的分歧,也是它们的一致,是它们始终可逆的相属的这种紧张"。①"语言是由透明的观念和不透明的物所构成的一种杂交的造物,语言就是与其自身的战争。"②当语言向着观念的在场(即意义)上升时,它就是朝向白日,朝向世界的敞开,也即语言的澄明,而当语言向物沉降,当语言变成暗哑的,锁闭的物时,它就朝向黑夜,朝向大地而遮蔽自身。但是这种澄明—遮蔽的二重奏不是静止的,也不是一次性完成的,而是自始至终都在发生的,因此,语言是与自身的战争,语言就是对这场没有终结的战争的铭记。

所以,作为观念的语言,否定物,将物的死亡变成精神的生命,变成一种透明的工具,以语言为中介,主体之间似乎通达无碍。而作为物的语言,则是"对那未能被命名者的回应:对那当下者(the immediate),晦暗者,那被认为是一种难以对付的顽固性和一种并不来到光之中的物质世界和重量经验的回应"。③回应,也是唤醒,是拒绝遗忘,是对那并不来到意识之光的物质世界保持记忆和警醒。布朗肖认为语言的物质性是它的唯一希望,或许就在于此。由于语言的物质性,它才不是纯粹

---

①　Lars Iyer, "Logos and difference: Blanchot, Heidegger, Heraclitus", *Parallax*, 2005, vol.11, No.2, p.18.

②　John Gregg, *Maurice Blanchot and the literature of Transgression*, p.33.

③　John Gregg, *Maurice Blanchot and the literature of Transgression*, p.17.

的意识的暴力活动,由于语言的物质性,它才在意义的敞亮的背后,为物质世界的神秘拉上一层庇护性的帷幕,也是由于语言的物质性,它对不可知之物抱以沉默和敬意。语言作为双面魔鬼的存在,语言自身之内澄明—遮蔽的双重奏,也许正是应和了布朗肖在《伟大的拒绝》结尾处所说的那句话:"命名可能者,回应不可能者。"①可能者,在这里,粗疏地说来,就是可命名者,就是意义。而不可能者,就是物,是不可言说者。所以,语言就是"命名可命名者,回应不可言说者",语言的希望就在这里。这样,语言先前所犯下的对物的暴力之罪,直到这里,才在某种程度上获得赎偿。

第三节　文学语言——冥府中俄耳甫斯的目光

"命名可命名者,回应不可言说者",这种语言自身之内澄明—遮蔽的双重运动,事实上是受海德格尔后期语言观的影响。海德格尔晚期的思考重心由存在转移到语言,他认为语言是天地人神的世界四重整体之道说,《在通向语言的途中》一文里,海德格尔这样说:"道说把在场者释放到它的当下在场中,把不在场者禁囿在它当下的不在场中。道说贯通并且嵌合澄明之自由境界。"②这种自由境界,就是使在场者能够入于澄明而持存,使不在场者能够出于澄明而在其隐匿中保持存留。对比布朗肖的语言的"双面魔鬼",即在场者通过意义而向白日世界开敞,不在场者在语言的物质性的庇护之下而趋于隐遁,可以看出,二者确实有异曲同工之处。

而且,布朗肖把语言的唯一希望放在语言的物质性上,也就是语言所要庇护的物的物性,才是言说的重中之重,这也与海德格尔晚期把遮蔽看成是更本源的东西也是一致的,如《真理的本质》就认为"对希腊人来说,保持遮蔽是关键"③,因为"真理本源性的具有一种褫夺的、消极

① Maurice Blanchot, *The Infinite Conversation*, p.48.
② 海德格尔:《在通向语言的途中》,第219页。
③ 海德格尔:《论真理的本质》,赵卫国译,华夏出版社2008年版,第136页。

的特性"①,因为真理只是无—蔽,只是揭—蔽,或者,不再遮蔽,所以遮蔽是较无蔽更为原初的。这在语言的角度看来,就是栖留于遮蔽之域的"物"显得更为本源,海德格尔把它命名为"神秘"(Geheimnis),他说:"未被说者,不仅是某种缺乏表达的东西,而是未被道说者,尚未被显示者,尚未进入显现者,根本上必然保持未被说状态的东西,乃被抑制在未被道说者中,作为不可显示者而栖留于遮蔽之域,这就是神秘。"②这种神秘,是道说由此开始,并向此复归之处,是道说的根本。

与此相似,布朗肖也把语言的重心,语言的"希望",放在始终处于隐遁状态的"物"③之上。他说:"当一切已被言说殆尽,还是会有剩下未说的东西:这也许就是大写的言说,始终超越一切已被说的——那在一切都已显明之时,却仍然隐而未彰的;那当一切都已开敞,却依然隐匿退却的:也即是澄明的黑暗,或者真理的谬误自身——那绝对的知识之后的非知识。"④由此可以看出,那始终隐而未彰,始终隐匿退遁的,那超越一切言说的东西,也就是"物",这才是言说的重点所在,才是大写的言说。这种大写的言说,是"道可道,非常道"中的第二个"道",是异于"常道"的玄妙道说,只有在这种言说中,那始终隐匿之物才会出场。

那么,这种大写的言说究竟是怎样一种言说方式? 如何才能言说"物",在言说它的同时,却将它保持在遮蔽之域中? 语言的物质性为这种言说留下了一线希望,一条退路,但是毕竟语言的物质性还是一种混沌未分的状态,不能代替言说。布朗肖认为,唯有文学。因为,"文学是对物的现实性的关注,对它们未知的、自由的、沉默的存在的关注。文学是物无辜的、被禁绝的在场,文学是拒绝被揭示的存在,它是对不愿

---

① 海德格尔:《论真理的本质》,第 121 页。

② 海德格尔:《在通向语言的途中》,第 215 页。

③ 布朗肖早期似乎习惯使用"物"这个术语,而晚期则更频繁地用到"不可知者"(the unknown)和当下者(the immediate)这两个词。表达的意思有微妙的偏移,"物"似乎全然外在于主体,与主体之间毫无任何关联,而"不可知者"与"当下者"则暗含了一种居间关系,一种原初的中间状态。

④ Maurice Blanchot, *The Writing of the Disaster*, p.40.

意发生于外边之事的藐视。以这种方式,它同情黑暗,同情无目的的激情、无法无天的暴力,同情始终拒绝进入世界的万物。同样,以这种方式,它与语言的现实性结盟,它让语言变成没有轮廓的物质,没有形式的内容,变成一种变幻无常的、非个人的力量。它并不言说,也不揭示,而仅仅只是宣告——通过它对言说任何事物的拒绝——宣告它来自黑夜,并且复归于黑夜"。①

由此可见,文学是对被语言所谋杀了的物的物质性的关注,这是布朗肖所谓的文学的第二个斜面(slope)。而文学的第一个斜面,则相应于概念语言的否定性劳作,语言否定物,驱逐物,将物的不在场转变为观念的在场,从而建立一个透明的意义帝国,这就是"有意义的散文"②,也是日常语言的言说方式。但是,完全透明的意义帝国是不存在的,因为语言本身是有其物质性存在的实体,在给出意义的同时,它立即退降到晦冥的物的层次,因此文学的第一个斜面是不彻底的。

文学的第二个斜面则是对先于语言,先于文学的那一刻的追寻,文学"想让猫如其所是的存在,它想让卵石就站在物的那一边,不是人,只是卵石,是卵石中人为了言说它而拒绝的那一部分。是作为言说的基础和在言说中被语言所驱逐的东西。是深渊,是在墓中的拉撒路,而不是被带回白日之中的拉撒路,是那个已经发臭了的,邪恶的,迷失的拉撒路,而不是获得拯救,复活的拉撒路"。③所以,文学试图在语言杀戮之后的战场上,试图在语言的庞大帝国的版图之外,重新为物的晦冥,为物的物质性建立起庇护所。这如何可能呢?

布朗肖以希腊神话中俄耳甫斯的故事为喻,俄耳甫斯下到冥府去拯救妻子欧律狄刻时,违犯了冥王哈德斯的禁令,而回头看了欧律狄刻,这样,她立即消失无形。布朗肖认为,文学就是俄耳甫斯回望的目光,它不是想要看到出离冥府,重新被带入日光之中的可见的欧律狄刻,而是渴望看到地府中黑暗的、不可见的欧律狄刻。也就是说,文学

---

① Maurice Blanchot, *The Work of Fire*, p.330.

② Maurice Blanchot, *The Work of Fire*, p.332.

③ Maurice Blanchot, *The Work of Fire*, p.327.

的目的并不是建造可见的意义世界,而是让不可见者,让物的晦冥性在黑暗中持存。但是,这注定是要失败的,就如俄耳甫斯的目光一触及欧律狄刻,她就永远地消失了。那被目光一瞥即消散无形的欧律狄刻,不就是一与语言沾边就退隐的存在吗,所以,要见到不可见的欧律狄刻,与言说不可言说的实存,是同样的困难,同样的不可能,所以,布朗肖的文学观到这里,莫不如说表明的,就是一种不可能,言说纯粹的物的不可能。由此,语言的第二个斜面也以"不可能性"告终。

所以,布朗肖所谓的文学语言最后面临着一种两难,两不可的境地,"通过否定白日,文学对白日进行了致命性的重建,通过否定黑夜,它发现黑夜是黑夜的不可能。这就是它的发现"。[①]一方面,作为绝对自由的世界,文学的第一个斜面要求对白日的彻底攫获,但是它发现白日不是自由的,而是致命的,它在摧毁物的同时也遭到了物的阻抑;另一方面,文学的第二个斜面向往黑夜,但是发现黑夜只是黑夜的不可能,物的晦冥性并不能够在彻底的黑暗中持存。所以,文学的语言以"模糊性"(ambiguity)为最后的归宿,这种模糊性,"并不是含义太多,或者意义未决的模糊性,也不仅仅是一种逻辑的僵局"[②],它是文学语言在两难和两不可的境遇中的绝处逢生。因为,绝对的澄明和绝对的遮蔽都是不可能的,纯然的意义与纯然的物质在文学中也都是不成立的,而"模糊性"意味着两者之间的差异与一致,意味着二者之间的可逆和相属,意味着两者之间的战争和斡旋,因此,"模糊性就是文学的真理,……(因为)真理本身就是两面派的,就是双重性的——像 physis,它喜欢隐藏"。[③]

所以,文学语言就是这样一种语言,它是意义与存在之间无止境的动态游戏,它通过意义的言说,而将不可知,不可见者,将物庇护在黑暗中;而通过对物的隐藏和庇护,它消除了概念语言的暴力性。布朗肖

---

① Maurice Blanchot, *The Work of Fire*, p.331.

② Gerald L.Bruns, *Blanchot: The Refusal of Philosophy*, p.54.

③ Simon Critchley, "Il y a—A Dying Stronger than Death(Blanchot with Levinas)", *Oxford Literary Review*, 1993, vol.15, No.1—2, p.117.

说:"诗……——是一种与不可知者(即存在)的关系。它揭示不可知者,以一种仍让其处于遮蔽之下的方式去揭示。通过这种关系,存在着一种不可知者的在场。在这种'在场'中,不可知者呈现,但始终是不可知的。这种关系,必须让它所表达的东西完好无损,未被篡改——并且不揭开它所呈现之物的面纱。"①始终不可知,即始终未被"我思"的独裁所染污,也始终未被语言的暴力所侵袭。这是布朗肖的语言观所意欲到达的极致。

---

① Maurice Blanchot:*The Infinite Conversation*,p.300.

第三章　布朗肖的死亡观

第一节　自杀与主体性

"死亡"是布朗肖思想迷宫中的阿里阿德涅之线。因为，布朗肖对语言、文学、他者，甚至时间的思考，虽然彼此之间交错牵缠，但是又都与死亡相关，只有抓住"死亡"这条引路之线，才能走出布朗肖所布下的复杂难解的思维迷局。所以，弗朗索瓦丝·科林（Francoise Collin）认为"死亡是布朗肖作品的核心，并且，对布朗肖来说，死亡是一切写作的核心"①，而伊芙琳·伦迪恩（Evelyne Londyn）也说过"接近布朗肖关于死亡的思想，也就开始进入他作品的核心了"②。类似的判断几乎在所有的布朗肖研究者那里都可以看到。因此，只有把死亡作为布朗肖思想的大动脉来把握，则其他由动脉所衍生流布的旁支，比如文学，比如时间，才能得到适当的思考。

一、自杀——死亡的极端形式

布朗肖曾哀叹，"我们已然失去了死亡"③。我们不禁要问，布朗肖

---

① Francoise Collin, *Maurice Blanchot et la question de l'ecriture*. Paris：Gallimard，1971，p.49.

② Evelyne Londyn, *Maurice Blanchot romancier*，Paris：Nizet，1976，p.15.

③ Maurice Blanchot，*The Infinite Conversation*，p.34.

是在何种意义上做出这一断言的？作为必死者的人，如何会失去作为其必然结局的死亡？这就需要考察死亡究竟意味着什么，在哲学语境中，死亡究竟占有怎样的地位。死亡，历来就是哲人思考的一个主题。不管是柏拉图在《斐多篇》中借苏格拉底之口断言"真正的追求哲学，无非就是学习死，学习处于死的状态"①，还是尼采对自杀的推崇，认为有意识的死亡才是生命的真正自由与出路，或者黑格尔所认为的死亡是精神向上发展的一个辩证阶段，唯有死亡，才是精神生命的开始，抑或是海德格尔的向死而生中所涵括的死亡之"不可能的可能性"，这些关于死亡的思索，其实都"包含着一种关于边界的隐喻"②以及在生死边界基础之上建立起来的关于生与死，存在与虚无，在场与不在场的积极辩证法。它们只看到死亡的积极的那一面，无一例外的都是人的生命对死亡的统合与收摄，是站在生的这一边来遥想与揣测死亡，并且以生来同化和收编死亡。当然，这也是人的必然困境，因为，从生到死是一条单行道，没有返程，所以，任何关于死亡的话语都只是生的可怖或者美妙的臆语，只是生的独断。而真正的死亡本身，没有经过生的篡改的死亡，却偷偷地溜走了。

布朗肖的死亡观即立足于此。他坚执于死亡的"不可知"与"不可能"，并以此为基点，特别是对尼采、黑格尔和海德格尔的死亡观进行了釜底抽薪式的有力批驳，将他们的死亡观合而言之为"可能的死亡"③，也就是他所认为的死亡之双重性中的"第一重死亡"。在这种死亡中，主体的生命拥有对死的绝对话语权，主体以"自由"、"意识"、"本真"等等为幌子而将死纳入其麾下，将死这种绝对否定的因素当成扩充生命力量的必需装备，让死成为"一种自由的、有用的、有意识的，与生一致的死亡"④，这是布朗肖之前的哲学家对死亡的一致看法。但是，布朗

---

① 柏拉图：《斐多篇》，杨绛译，辽宁人民出版社 1999 年版，第 13 页。

② Jacques Derrida, *Aporias*, trans. Thomas Dutoit, California: Stanford University Press, 1993, p.21.

③ Maurice Blanchot, *The Space of Literature*, p.96.

④ Maurice Blanchot：*The Space of Literature*, p101.

肖却在他们的反面,以一种"遮诠"的方式,将死亡阐释为"不可能的"(impossible)、"非本真的"(inauthentical)、"非个人的"(impersonal)、"非本质的"(inessential),以及无名的(anonymous)。否定神学的这种言说方式,成为布朗肖从言语的重重困境突围而出的唯一一线生机。因为,死亡是绝对不可知的,它绝对地外在于我们的思想与意识的范畴,所以死亡也超越一切语言定义与概念描述。因此,不能说死亡"是什么",而只能以否定的方式说它"不是什么",为语言与意识,也为主体的权柄划定一条"到此为止"的槛限,而死亡却在此之外。布朗肖行文中愈加促迫的"非"、"非"、"非",除了矢无虚发地命中尼采、黑格尔和海德格尔的思维软肋,除了表明语言的极限与在极限中的绝地逢生,还指出了死亡的另一维度,即"第二重"死亡。[①]从死亡与我的关系来看,它是"不可理解的。它是我不能把握的,它不以任何一种关系与我相连"。[②]而从其本身来看,它是谜,或者用列维纳斯的话来说,它是"绝对的它异性"[③]。

对布朗肖来说,正是第二重死亡,也即死亡本身,作为绝对异在的维度,打破了主体的无边大网。主体是孤独的,因为它只能遭遇自身。即使死亡,在哲学语境中,也被改写成可能性的死亡,也即与主体相关的死亡。乌尔里希·哈泽(Ullrich Haase)和威廉·拉奇(William Large)在阐释布朗肖对"可能性的死亡"的批判时说道:"'可能性'这个词源于拉丁词汇'posse',而'posse'可以翻译成'能够'。但是一切能力都预设了一种理知,而理知又转而篡夺被知者,并且,因为篡夺,而成为某种形式的暴力,因为,它将所是(what is)转变成可知的。"[④]也就是,将一切"所是"都转变成与主体相关的,转变成主体的表象对象、理知对象,包括死亡。布朗肖的死亡观在区分两种死亡(第一是可能的,主体

---

① 死亡的这种双重存在是布朗肖论证策略中诸多双重性(比如语言的双重性、文学的双重性、黑夜的双重性等等)的一个环节,布朗肖承认这种双重存在,但是却往往以"第二重"为思想据点,而实现对"第一重"的否定和解构。

② Maurice Blanchot, *The Space of Literature*, p.104.

③ Emmanuel Levinas, *Totality and Infinity*, trans. Alphonso Lingis, Hague, Boston, London: Martinus Nijhoff Publishers, 1979, p.234.

④ Ullrich Haase and William Large, *Maurice Blanchot*, p.56.

性的死亡,第二是不可能的,绝对异在的死亡)的基础上,将第二种死亡作为打破主体性神话的契机。正如列维纳斯所说,死亡不是确证,而是打破了我的孤独。

而自杀是死亡的一种极端形式,也是主体性膨胀的极致。在《作品与死亡的空间》这篇长文中,布朗肖以很大的篇幅描述与解构了自杀,指出了自杀的内在悖论及其必然失败的结局。之所以选择自杀作为批驳的标靶,是因为,当宗教的阴霾散去之后,当"永恒生命"成了真正的一纸空文,在由启蒙引入的现代情境中,人成为"必死者",而死亡因此也就是人的极限,自杀者试图把这种极限当成人的终极可能性,当成人的"权利的极端形式"[1]来把握,试图通过自杀来否定上帝,来获得自由。因为,在他们眼里,仅仅是"必死",这还不够,"必死"仍然有可能是被给予的,人必须将死亡当做自己的使命来完成,人必须创造自己的死亡,他必须"让自己成为必死者,并且,以这种方式,他给予自身以创造者的权能,给予所创造之物以意义和真理"。[2]将死亡也纳入自己的权利范围之内,布朗肖将这种无边的野心诊断为现代主义的疾病,以及现代主体主义神话膨胀的极致。而欲解构这个神话,首先必须面对的,就是自杀。

于是,尼采和陀思妥耶夫斯基《群魔》中的基里洛夫被布朗肖当成自杀论者的典范来讨论。尼采是一个狂热的自杀论的推崇者,他蔑视自然的死亡,认为自然的死亡是在最可鄙的情境之中的死亡,它不是太早就是太迟,总是该来的时候不来,不该来的时候又来了。人在这种死亡面前,是绝对被动的,这是懦弱者的死亡,因为其被动和无力,这也是最可鄙薄的死亡。人与死亡,是弱与强的绝对两极,而尼采却希望通过自杀,将这种两级之间的杠杆倒转过来。以自杀,这种自愿的,有意识的死亡,这种"我想要它来,它就来"的驯服的死亡,来制服自然死亡这头出没无定的咻咻怪兽,将死亡的主动权夺回,掌握在自己的手里。这样,自杀就成了近在手边的武器,随时护卫着生命的尊严。因此,"不自

---

① Maurice Blanchot, *The Space of Literature*, p.106.

② Maurice Blanchot, *The Space of Literature*, p.96.

杀,但可以自杀。这是一种伟大的力量。没有这种近在手边的空气补给,我们会窒息,无法生存,因为死亡正是那给我们提供空气,空间,自由和快乐的东西:它是可能性"。[1]

陀思妥耶夫斯基在《群魔》中借基里洛夫传达了这样一个信念,即以自杀来反抗上帝,以杀死自己来杀死上帝。因为在基里洛夫看来,不死是上帝的地盘,被动顺从的死亡由上帝所掌管。而自主的、自愿的死就是一种指控,一种挑战,一种想要置外界强权于死地的野心和激情。"如果他自由地死去,如果他在死亡中经验并且向自己证明了他的自由,以及死亡的自由,他将能达到绝对。他将成为绝对。他将是那个绝对的人,而且,在他之外,没有绝对可言。"[2]通过自杀来证明上帝不存在,通过自杀来实现自由的死,从而将自由引入生命,引入世界,这是基里洛夫设下的一个赌局,以一个人的死为筹码,目的是赢获全世界的自由。

其实,不管是尼采,还是陀思妥耶夫斯基,都是将死亡当成否定外在强力的工具,把自杀当成意志和行动的客体[3],当成自由生命的契机。也就是,把死亡看成有限的,通过自杀将这种有限性纳入生命的总体之中。死亡,仅仅是主体生命的更大的、更丰厚的能量储备,死亡随时都可以为主体所调遣,为主体所用。因此,自杀是"可能性"死亡,也即主体性的极致。而布朗肖认为,自杀这种"好战的无神论,只是一个疯狂的迷梦。……事实上,它的结局是必然的惨败"。[4]

二、自杀中隐含的两重悖论

为什么布朗肖会如此断言? 这是因为,在自杀者的英雄主义的言论中,含藏着他们自己无法察觉的悖论,而这种悖论,其实是由死亡的

---

[1] Maurice Blanchot, *The Space of Literature*, p.96.

[2] Maurice Blanchot, *The Space of Literature*, p.97.

[3] Martin Crowley, "Possible suicide: Blanchot and the ownership of death", *Paragraph*, 2003, p.194.

[4] Maurice Blanchot, *The Space of Literature*, p.101.

二重性所决定的。自杀论者执着于死亡的可见,可控的那一面,让死亡与人的自由、权利等等崇高词汇相连,但是这种死亡,却是由主体所拟想,所建构的。而第二重死亡,即永远晦暗的,不可知的死亡,不能作为意志与表象的对象的死亡,却被自杀论者有意或者无意的忽略了。这就必然造成在自杀观中存有两个无法解决的悖论。

首先,自杀,即"我杀死我自己",这种表述中包含着两个"我",即主格的我与宾格的我,也就是,作为行动的策划者与施行者的"我",和作为行动的承受者的"我",这两个"我"的一致,是自杀者完成行动的必然条件。但是,事实上,这两个"我"之间却存在着巨大的错位。

"我杀死我",起源于对死于自己的死亡的一种向往,就如里尔克在诗中所呼喊的"主啊,请给予每个人他自己的死";就像尼采所赞赏的"他死于他的死亡,自己完成此举的人,是胜利者";或者海德格尔所坚信的"任谁也不能从他人那里取走他的死……每一此在向来都必须自己接受自己的死。只要死亡'存在',它依其本质就向来是我自己的死亡"①。这种对死于自己的死的渴望和自信,在布朗肖看来,事实上,是有其"傲慢的,有害的,不慎的特征"②的。因为,这种死的初衷是害怕无名的死亡,害怕一种批量生产的,与所有人都无异的死亡,也就是海德格尔所说的常人的死亡,而希望死于一种忠实的,不背叛我自己的,独一无二的死亡,希望"死于一种个人的死亡,在最后一刻仍是自己,直到终点依然是个体,独一无二的,未分裂的:这个坚硬的,中心的核,它不愿意让自己被粉碎。人渴望死,但是要在自己的时间,以自己的方式死去"。③我杀死我,即我能够孕育、筹划、实施、经验我自己的死,在我的死亡中,我自始至终都是在场的,而死亡是被动的,顺从的,它整个地归属于我。但是,自杀以及这种主体主义的死亡观必须要面对的就是,在临终一刻,死去的,究竟还是不是我?

---

① 海德格尔:《存在与时间》,陈嘉映译,生活·读书·新知三联书店 2006 年版,第267 页。

② Maurice Blanchot, *The Writing of the Disaster*, p.70.

③ Maurice Blanchot, *The Space of Literature*, p.122.

因此,布朗肖不止一次地追问:"我能死吗?"德里达在《迷阵》中也有相似的疑问:"我的死亡,是可能的吗?"①这不是在怀疑人的必死性,而是质疑这种主体的"能"和"可能"的权利范围是否也能覆盖死亡。而布朗肖对此是持否定态度的,他认为"准确说来,我并不能说'我死了',因为——不管是死于一种暴力的死亡抑或是非暴力的死亡——在这一事件中,我只是部分的在场"。②部分的在场,就是说,作为意志的主体,权利的主体,我能够汲汲筹划、预设自己的死,但是,我的权能,我的力量,并不能延伸至死亡,而是在死亡发生的瞬间,就不起作用了。因为,作为主体的我已经不存在了,死亡是我的主体性的根本极限。就像列维纳斯所分析的:"对于死亡的逼近,重要的是在某一特定时刻,我们不再有能力能够做某事(be able to be able),就好像主体丧失了他作为主体的主宰。"③我的一切可能性都已经被抽空,我作为主体的"能力"也丧失殆尽,就是说,我已经不再是"我"。所以,在死亡中"我并不死,我被剥夺了死的权利。在死亡中,有人死"。④我不死,死的只是某人。这与海德格尔所认为的死亡是此在的最本己的可能性,死亡一定是我的死亡这种观点是完全相反的。在布朗肖看来,死亡一定不是我的死亡,因为在我与死亡之间存在着无法跨越的鸿沟,我不能经验自己的死亡。因此在我与死亡之间,所有格是失效的,不能以主格的方式将死亡划至我的名下。"我的死亡"这种说法是不成立的,⑤死亡不是我的,而是无

---

① Jacques Derrida, *Aporias*, p.21.

② Maurice Blanchot, *The Work of Fire*, p.252.

③ Emmanuel Levinas, *Time and The Other*, trans. Richard A. Cohen, Pittsburgh: Pennsylvania, Duquesne University Press, 1987, p.74.对于这种"不再有能力能够做某事",《时间与他者》英译者理查德·科恩(Richard A.Cohen)在同页有一个十分重要的注释:"动词 pouvoir 意味着'能够'、'可以',而名词 pouvior 则意味着'权利'、'力量'、'手段'。列维纳斯的思想似乎是在死亡的神秘性面前,主体不仅仅丧失了他的各种权利,他也丧失了能够拥有这些权利的能力,丧失了'我能'——也就是说,它作为存在者的自我建构。"

④ Maurice Blanchot, *The Space of Literature*, p.155.

⑤ 德里达在《迷阵》中也讨论过"我的死亡"这一说法的可靠性,他说"'我的死亡'加上引号是因为死亡并不一定是我自己的;它只是一种表述,任何人都能够使用。'我的死亡',它始终是个罕用语,只能使用一次。……引号不仅动摇了这种奇特的拥有(罕用的'我的'独一无二性),而且也意指'死亡'这个词的不确定性。基本上,不可能知道这个词(死亡)的意谓和所指。"见 Jacques Derrida, *Aporias*, pp.21—22。

名的（anonymous）、无人称的（impersonal），"就好像，死亡首先是无名的，然后才以某个人的名义确定地发生，或者，就好像，在我的死亡之前（一种个人行为，在其中我的位格有意地趋近一个终点），死亡应该是中性的（neutral）的，无人称的"。①布朗肖以"好像"、"应该"这种虚拟词将死亡与主体之间的归属关系彻底虚化，因为，真正的死亡，第二重死亡，永远不是"我"的死亡，"我的死亡"这种说法，只是主体作为生者的预测或者假设，是幸存者的语言，它没有真正的所指。"我的死亡"只是因为一种回溯性的张力而对生者有用。

"有人死"，而不是"我死"，也就是说，"我杀死我"这其中隐含着自杀的第一个悖论。即作为主格的我与作为宾格的我之间的错位。主格的我，作为行动的施与者，仍在世界之内，仍是权利和意志的主体，它所谋划的死亡仍属于第一重死亡，而第二个"我"，作为行动的承接者，却已经不再是我，已经在第二重死亡之中了。这种死亡，是与生，与世界，与我没有任何关系的，它是不可理解，不可把握的。所以，"我杀死我"这种行动中的两个"我"之间有着生死之隔，自杀因此是根本不能由主体去完成的。就像列维纳斯所说的，死亡从来不能被预谋，它只到来。死亡只是到来，因此在死亡面前，主体是完全被动的。主体计划着趋近，制服死亡，但是在死亡来临的一瞬间，它只是被死亡攫获而已。自杀的主体或许能够缩短生命，能够将死亡的"悬临"带至近前，但是无论如何，自杀者所能控制的，只是生的这一段，一旦与真正的死亡相遇，它旋即成为纯粹的消极性。而自杀者的傲慢和轻忽也在于此，它忽略了这种消极性，这种根本的颠倒，"通过这种颠倒，曾经是我的权利的极端形式的死亡，却不仅将我逐出开始甚至结束的权利之外，而且因此也让我松开了对自身的把握，更成了那种与我没有任何关系的……不确定的非现实性"。②因此，自杀者想要通过自杀来驯化死亡，将死亡变成人的自由出路的狂妄想法，是注定要失败的。

---

① Maurice Blanchot, *The Space of Literature*, p.112.

② Maurice Blanchot, *The Space of Literature*, p.106.

其次，自杀总是向未来筹划一个理念，这个理念，比如通过自杀而杀死上帝，或者通过自杀而获得绝对自由，作为理念的它在主体意识中日趋圆熟，完善，但又总是指向未来，只有在未来中自杀的理念才能被实现。"你等待着它，在从今之后的将来，你建构一个未来，让它最终得以可能——作为将会发生的，并且属于经验领域之事而可能。"①但是，自杀本身又包含着截断未来，将时间轴掐断，将未来消灭掉的意图。布朗肖这样说："在自杀中，有一种把未来当做死亡的神秘性而加以消灭的显著特征：在某种程度上，人试图以自杀来使未来失去神秘，使未来变得清晰易懂，而不再是不可译解的晦暗与缄默。这样看来，自杀不是欢迎死亡；而更多的是意图消灭作为未来的死亡，它把死亡从尚未来临的阴影中解救出来，而让它变得浮浅，变得没有实质性，也没有危险。"②自杀者感觉到了来自未来的威胁，因为死亡与未来有某种相似性，都是不确定的，都是神秘的不可破解之谜。未来的神秘性不仅仅来源于死亡的不定时，而更是从死亡所打开的黑暗深渊而来。

未—来，这一否定结构的构词从某种程度上来说，也标志着它不是过去、现在以及将来这种普遍的时间观中的一环，而是外在于这种时间轴的，不是通过筹划就可以趋近甚至到达的时间点，而是永远在主体意志的把握之外的，永远触及不到的领域。布朗肖对未来的理解，多少也受到了列维纳斯的影响。列维纳斯在《时间与他者》中将未来看成他者的同义词，未来就是绝对的它异性。他认为"未来是无论如何都不能被把握住的。正是由于未来是绝对令人惊讶的，因此未来的外在性与空间的外在性是截然不同的。对未来的预期和筹划，对从柏格森到萨特的所有的时间理论都至关重要。但却只是将未来现在化，而非本真的未来。未来是不能被把握的，是降临于我们并且控制住我们的。他者就是未来。与他者的关系就是与未来的关系"。③就如《时间与他者》的英文译者理查德·科恩（Richard A. Cohen）所说，对列维纳斯而言，未

---

① Maurice Blanchot, *The Writing of the Disaster*, p.65.

② Maurice Blanchot, *The Space of Literature*, p.104.

③ Emmanuel Levinas, *Time and The Other*, p.76.

来不是出自我的向死而生,也不是在我对未来的筹划之决断中,而是某种降临于我的,无法捕获的,外在于我的可能性的东西。

而"自杀欲把未来当作死亡的神秘性而消灭",即自杀试图把将来变成现在,因为唯有现在,才是主体能够把握的。列维纳斯认为:"现在是这样这一种事实,即我是主宰,是可能性的主宰,是能把握住可能性的主宰。"①主体与现在是紧密相关的,这也解释了过去—现在—将来这种以现在为基准的时间形式(即过去与将来都只作为非—现在而存在),其实是一种主体性的时间形式。但是,布朗肖不止一次地说,在死亡中,没有现在。"死亡的瞬间,永远不是现时的,它是对绝对将来的庆典。"②"永远不会到来的时刻,纯粹的,不可抵达的未来,永远过去了的时刻。"③死亡对我来说,是"绝对将来",对他人来说,是"已然过去",但是无论如何,"现在不存在"。因为,对于死亡,作为主体的我,只能无限地趋近,而不能实现最终的跨越。这也是布朗肖所谓的"不越出的步伐"(the step not beyond),是德里达的"迷阵"(aporia)所意指的,也是列维纳斯将死亡与绝对的它异性联系在一起的原因。在死去时,"我"已经不再是我了,作为主体的我,对现在,对死亡这一事件拥有权力的那个我,已经不存在了。因此,我不可能在死亡中经验现在。"死的时间不能给自己另一个岸。在死亡中,将来的视域已经被给出了,但是将来作为一个新的现在的允诺却被拒绝了。"④

所以,对死亡而言,现在永远不会到来,"过去并没有完成于现在,现在也并没有滑进过去,它持续地敞开,一个未完成的现在,就好像它并不是时间序列中的一部分"。⑤自杀论所考虑的未来,仍然在主体性时间观的范畴之内,未来仍然作为相续而来,相继而去的无穷现在的时间链上的一环而存在。但是事实上,在死亡中,未来不是尚未来临,或

① Emmanuel Levinas, *Time and The Other*, p.72.
② Maurice Blanchot, *The Space of Literature*, p.114.
③ Maurice Blanchot, *The Space of Literature*, p.116.
④ Emmanuel Levinas, *Collected Philosophical Papers*, trans. Alphonso Lingis, Dordrecht, Boston, Lancaster: Martinus Nijhoff Publishers, 1987, p.11.
⑤ Gerald L.Bruns, *Blanchot: The Refusal of Philosophy*, p.68.

者即将来临的现在,而是永远不会到来的,与我没有任何关系绝对的他者,而现在是"失事的,沉没的现在,是现在的深渊"。①现在与未来之间不存在任何越渡的可能性。因为与死亡相关的未来,和以主体性为标志的现在,是不在同一个时间境遇之中的。对死亡而言,未—来这种否定结构的时间形式依然不够彻底,未来不仅仅是未—来,或者将—来,而是不—来。不来的意思就是,不会作为现在而降临于主体。因此,自杀者所构想的将未来变成现在而加以消灭的企图,是无法实现的,未来不会变成现在,不会成为主体意志的囊中之物,"这种伎俩是徒劳的,最细微的防备,最全面的考虑,最精确地安排,对这一本质的不确定性(未来),都是无能为力的——事实是,死亡永远都与一种确定的时刻没有关系,它与我自身,也没有任何确定的关系"。②自杀者想截断时间的洪流,想在确定的时刻与未来同归于尽,想让未来绝对地终止于现在,想成为"我"、成为"现在"的伟大肯定者,这种想法是疯狂的,因为死亡与未来一样,都不属于主体性的线性时间之维,而作为主体的我却无法挣脱这一时间维度,主体所设想,所构筑的自杀,只是在线性时间的囚笼之中的挣扎,而无法将自己的权利之手伸向未来。这是自杀中所隐含的第二个悖论。

三、自杀——必然失败的赌局

其实,自杀中的悖论,在布朗肖看来,完全是出于主体的虚妄的自大。主体将所遭遇的一切都变成自己的客体,这种并吞八荒的暴力也在自杀,在主体性的死亡中体现出来,但是主体也有所不能,有所不及。死亡就像这么一个庞然怪物,阻碍在主体性的汹汹进程之前。主体的舞台是世界,而自杀欲否定世界,离开世界,将不是世界的那一面也掌握在手中,同时又试图把死亡变成一个哲学事件,变成一个艺术品,变成一场临终大剧,而搬到世界这个舞台来上演。但是事实上,死亡与世

---

①　Maurice Blanchot, *The Space of Literature*, p.114.

②　Maurice Blanchot, *The Space of Literature*, p.104.

界却属于完全不同的两个领域，两者之间没有任何重合之处。死亡不可能在世界之中发生，因此自杀者将死亡当成在世界舞台上的完美谢幕的想法是悖谬的。就如杰拉尔德·布伦斯所言，"英雄主义的死亡是在世界之中上演的死亡，通过世界，也是为世界，却是在死亡空间的外边：这种死亡，是为了被世界看到，而不是真正的死亡场景中的死亡：死亡不是作为一件艺术作品，而是艺术的目标，死亡是美丽之母。"①自杀者努力营求死亡的世界性的这一面，"艺术"、"美丽"等词汇都是世界性的词汇，在这些词汇的装点之下，真正的死亡却逃逸了。自杀将死亡篡改，简化成积极的那一面，呈现在世界面前，呈现在幸存者面前，而忽视了真正的死亡。因此布朗肖认为，"以一种意欲得胜的战斗性精神的力量去接近敌手，这是不够的，这样，很明显是从远处就阻止了死亡的临近。一种自由的，有用的，有意识的，对生者合意的死亡，在其中死去的人对他自己依然保持为真，这样一种死亡，它并没有遇见死亡本身"。②

自杀是一种自我表达的主体性行动，它宣称对死亡拥有权力，是对死亡的权力意志，是向死亡发出的指令和命令，是对死亡的不耐心。其结果必然是错失了真正的死亡。因为自杀所关注的，仍是世界，而不是死亡的空间，仍是生，而不是真正的死。因此，布朗肖不无嘲讽地说："自杀的弱点在于自杀者依然太强大，他显示了一种只对世界之中的公民才合适的力量。自杀者因此都能够继续活着：自杀者都是与希望相连的，希望结束一切，而这希望揭示了他想要开始的欲望，在终结处重新发现开端。"③自杀显示出一种站在生的立场上而想要掌控死亡的主体欲望，而对那不可见、不可知的真正死亡却毫无预感，毫无警觉。由此可见，自杀者只知生，不知死。自杀完全是出于生的考虑，而缺乏对死的敬意。这是自杀中暗藏着不可解决的两重悖论的原因，也是自杀必然失败的原因。

到这里，布朗肖在讨论死亡时所提出来的一长串的疑问——"我能够杀死我自己吗？我有权利去死吗？我在何种程度上能够自由地走进

① Gerald L.Bruns, *Blanchot: The Refusal of Philosophy*, p.67.
② Maurice Blanchot, *The Space of Literature*, p.101.
③ Maurice Blanchot, *The Space of Literature*, p.103.

死亡,能够完全控制我的自由? 即使,当我怀抱着理想的、英雄主义的决心向死亡走去时,难道不是死亡在向我走来? 当我认为我抓住了死亡时,难道不是死亡抓住了我? 不是它又放开我,将我交付给那不把握之物? 我能够以人的方式死去? 一种属于人的死亡,并且充满了人的意图与自由? 我自己能够死吗? 或者我只是作为那不同于我自己的某人而死去? 因此准确来说我并不死? 我能死吗? 我有权利去死吗?"①——便可以回答了,不能,不能,回答都是否定的。基里洛夫设下的赌局,注定是要输的。或者用列维纳斯的话概括来说,就是"自杀是一个悖谬的概念……哈姆雷特就是这种不可预谋的死亡的一个冗长的证词"。②主体的权威在死亡中至此已被彻底解构了。

因此,对海德格尔来说,死亡是"完完全全的此在之不可能的可能性"③,而对布朗肖来说,死亡则是"一切可能性的不可能"④。自杀的失败验证了死亡之不可能性,但是,更为根本的是,正是死亡的不可能性,才导致自杀的必然失败。因为死的并不是我,而只是无名的"某人";因为死亡并不发生在时间中,而是将来和过去的巨大裂隙;因为死亡是彻底的它异性,而主体对于死亡"这种它异性的临近本身并没有任何权能"⑤;所以,死亡并不是主体所能够掌控的"本真的可能性",而是对主体的能力、权能、本真性等等的彻底缴械,是"作为可能性的死亡突然颠倒而成的不可能性"。⑥因此,死亡是属于"外边"⑦的,是主体无法

---

① Maurice Blanchot, *The Space of Literature*, p.98.

② Emmanuel Levinas: *Time and The Other*, p.73.

③ 海德格尔:《存在与时间》,第288页。凯文·哈特甚至把海德格尔的死亡观,即死亡是此在最本真的可能性笑称为"我死,故我在"。见 Kevin Hart, *The Dark Gaze: Maurice Blanchot and The Sacred*, p.112。

④ Maurice Blanchot, *The Writing of the Disaster*, p.70.

⑤ Joseph Libertson, *Proximity: Levinas, Blanchot, Bataille and Communication*, the Hague, Boston, London: Martinus Nijhoff Publishers, 1982, p.71.

⑥ Leslie Hill: *Blanchot: Extreme contemporary*, London and New York: Routledge, 1997, p.113.

⑦ 外边(outside)是布朗肖思想的一个核心词汇,比如在《无尽的对话》中有"对外边的激情",而《文学空间》中则描述过"外边,黑夜"。福柯也将布朗肖思想总结为"外边思维",见 Michel Foucault, *Maurice Blanchot: The Thought from Outside*, trans, Brian Massumi, New York: Zone Books, 1989, p.21。

抵达,无法穿透,也无法理解的纯粹的"外边"。那么,如何才能死于一种既不背叛我,又不背叛真正的死亡的死? 如何才能言说死亡,既然一切哲学话语都是对死亡的扭曲和篡改? 布朗肖在哲学之外,找到了文学,他认为,文学与死亡立约,因为文学本身就是一种死亡的经验,一种极端的消极性,一种与"外边"的"没有关联的关联"(a relation without relation)。

第二节　死亡的"可能性"与"不可能性"

关于布朗肖与黑格尔之间的关系,严格说来,其实是两面的,其一是布朗肖对黑格尔思想的接受与承继,就如弗朗索瓦丝·科林所言,"布朗肖对黑格尔所欠下的思想债务",这种债务,不仅仅体现在布朗肖总是借黑格尔之力来批判别人(比如在《文学与死亡的权力》中借黑格尔的《精神现象学》中的"动物的精神王国"的观点而否定萨特的"文学介入"理论),更为根本的是,布朗肖从未否定过的"外边"之外的"世界"其实就是科耶夫阐释之下的黑格尔的"世界",也即行动的世界,辩证的,总体性的世界。其二,也就是布朗肖对黑格尔的质疑,布朗肖以动词的死(dying)在黑格尔思想疆域的边界处点燃战火,试图摧毁黑格尔整个理论帝国的思想根基,而这个根基,依据科耶夫的阐释,就是"死亡"。因此,不管是布朗肖对黑格尔的接受还是反动,其实中间都隔着科耶夫这层帷幕,科耶夫的黑格尔阐释对布朗肖来说,是一条通路,但同时也是蔽障,以下就先论述科耶夫阐释之下的黑格尔的死亡观。

一、科耶夫的黑格尔阐释——"死亡哲学"

在科耶夫的理解中,"黑格尔的'辩证的'或者人类学的哲学是一种死亡哲学"①,这一判断立即就让"死亡"成为诸多思想风暴的核心,成

---

　　① 科耶夫:《黑格尔导读》,第642页。

为试图以之撬动黑格尔思想地球的那一根杠杆，比如列维纳斯就认为死亡打开了通向它异性的大门，巴塔耶将死亡与献祭看作是由局域经济向普遍经济突破上出的契机，而"死亡"也成了布朗肖一生萦绕不去的关键词。那么，到底科耶夫所谓的"黑格尔哲学就是一种死亡哲学"是什么意思？源其究竟，其实不出三点。

第一，死亡和自由的一体两面。科耶夫将黑格尔的哲学解读为一种自由哲学，自由是对一切给定之物的现实的辩证否定，科耶夫认为，在黑格尔的语境中，自由＝行动＝否定性。然而自由的前提是死亡，也就是说，自由完全在于人终有一死这一事实。"死亡和自由只不过是一个唯一的和同样的事物的两个方面，因此，说'终有一死的'，就等于说'自由的'，反之亦然。"①这是因为，永恒或者不死，都预设了某种超出人的特定存在，这种存在，不管是理念②还是上帝，都让人陷入了一种被动的境地，从而人的存在也就是一种预先给定的或者从外部强加的"本质"，人因此失去了自由创造，也即辩证否定的力量之源，也就是说，源在上帝③，而不在人。只有人是必有一死的，只有死亡渗透进自我意识，只有人认识到唯有他的有限性和他的死亡能确保其绝对自由，不仅仅使之从给定的自然世界中解放出来，而且也使之从永恒和无限的给定物，从一切在"上帝"的名义下的外界权威中解放出来，惟有如此，人才是自由的。

这种由死亡所确证的自由，这种试图从上帝手中夺权的行动，就是使陀思妥耶夫斯基的《群魔》中的基里洛夫长久地徘徊于死亡的近处，谋划着以杀死自己的行动来杀死上帝的原因。也因此尼采在《偶像的

---

① 科耶夫：《黑格尔导读》，第 615 页。

② 柏拉图的"灵魂不死"，虽然柏拉图认为即使灵魂不死，人依然能够选择在时间之内经历特定的存在，但是，这种选择并不是自主的，"因为他是永恒的，所以他不是自由的"，科耶夫认为，加尔文有理由说，在柏拉图的假设中，角色的选择必然是由上帝决定的，而不是由表面上做出选择的人决定的。

③ 即使在神学语境之外，只要假设人是不死的，那么人就不能摆脱存在的给定整体所设定的严格规定性，科耶夫将这个存在的整体也称之为"上帝"，因此，上帝成了一种外部决定性力量的隐喻。

黄昏》中斥责"一次非自由的死,一次非适时的死,是一种懦夫的死亡"①,而宣称"处于对生命的爱,一个人应该要不一样的死,自由地,有意识地,非偶然的,不是突如其来的"死。但是,在黑格尔看来,虽然自杀确实能够"体现"人的自由,却并不能"实现"人的自由,因为自杀通向的是纯粹的虚无,而不是通向一种自由的生存,自由对黑格尔来说,更是一种在世的劳作。所以,自杀更多的是意味着人"能够死","有权利死",将死亡作为一种"可能性"而秘藏于生命深处,而不一定指向一种直接的行动。

第二,以死亡为代价的主奴辩证法与自我意识的确立。在《精神现象学》第四章黑格尔分析了自我意识,据科耶夫的分析,人在认知的,沉思的行为中不可能发现"我"这个词,沉思所揭示的只是客体,而"自我"以及"自我意识"只有在欲望中才显现,"正是在他的欲望中,通过他的欲望,更确切地说,作为他的欲望,人才成为人"。②欲望着静态同一之物,抑或欲望着给定存在,只等同于一种动物的欲望,只有对欲望的欲望,对价值的欲望,也就是对获得他人承认的欲望才可能产生自我意识。两个要求获得承认的主体的相遇,或者说,双重的自我意识的相遇,每一方都要求否定,扬弃对方的存在,"每一方都想要消灭对方,致对方于死命"③,那么,他们为了获得被承认的自我,必须参加这一场生死斗争,必须将生命作为赌注,"一个不曾把生命拿去拼了一场的个人,诚然也可以被承认为一个人,但是他没有达到他之所以被承认的真理性作为一个独立的自我意识"。④也就是说,那承受住了死亡的可怖的人获得了被承认的自我意识,成为主人,而在死亡的压力下退却的人,丧失了自己的独立性,成为了奴隶。黑格尔为说明自我意识的缘起而虚构的这一出主奴辩证法的戏码,在科耶夫的阐释中,一切都聚焦在"死亡"之下,"意识以另一个人的死亡为目的,但是,意识(也)以自己的

---

① 尼采:《偶像的黄昏》,卫茂平译,华东师范大学出版社 2007 年版,第 153 页。
② 科耶夫:《黑格尔导读》,第 4 页。
③④ 黑格尔:《精神现象学》,上卷,第 126 页。

死亡为目的；它是自杀，因为它暴露在死亡之中"。①因此，死亡成了自我意识产生的直接原因。如果没有死亡，如果没有死亡之下的恐惧与颤栗，那么就没有自我意识从动物式的直接同一性的蒙昧状态中挣脱出来，也就没有人的"自我"。

第三，死亡作为精神生命的起点。《精神现象学》导言中有这样一段被广为转引的话："死亡，如果我们愿意这样称呼那种非现实的话，它是最可怕的东西，而要保持住死亡了的东西，则需要极大的力量。……精神的生活不是害怕死亡而幸免于蹂躏的生活，而是敢于承担死亡并在死亡中得以自存的生活。精神只当它在绝对的支离破碎中能保全自身时才赢得它的真实性。"②科耶夫认为，黑格尔正是在死亡中抽取出了否定性的基本范畴，这种否定性是分离存在与存在的本质的能力，是思维的起点，是"纯粹自我的能力"，是辩证法运转的动力。或者，就如《精神现象学》法译者让·伊波利特（Jean Hippolyte）在《黑格尔精神现象学的起源与结构》一书中所说的，死亡与《精神现象学》的整体计划息息相关，"因为在自然中死亡是一种外在的否定，而精神却将死亡囊括进自身，并且赋予死亡积极的意义。整部《精神现象学》就是关于这种死亡的沉思，它为意识所推进，并且，这种死亡远远不是绝对否定的存在，也不是在抽象的虚无中的一个终点，相反，它是一种扬弃（Aufhebung），是一种上升"。③死亡并非绝对的否定，因为绝对的否定是纯粹的虚无，是没有内容，没有上升过程的毁灭，相反，死亡是一种辩证的否定，就如在语言中，物的死亡成全了精神的生命，物并不是单纯的毁灭，而是内化为精神而继续存活。因此，作为否定性的死亡是辩证法环环上升的最根本的动力因素，"黑格尔的伟大在于他将死亡引进了思想，并且让死亡成为真理的运动"④，这一评价也许并非不当，因为只有在

---

① 科耶夫：《黑格尔导读》，第 678 页。

② 黑格尔：《精神现象学》，上卷，第 21 页。

③ Jean Hippolyte, *Genesis and Structure of Hegel's Phenomenology of Spirit*, Evanston：Northwestern University Press，1974，p.18.

④ Anne-Lise Schulte Nordholt, *Maurice Blanchot：L'ecriture comme experience du dehors*, Gneva：Droz，1995，p.46.

这种生与死的辩证法中,自我意识才得以确立,精神的生命才得以产生,并且精神在与死亡的直面中获得了最重要的因素,就是否定性,只有否定性才能够保证人的自由和历史,只有通过否定性的层层上升,才能够到达最终的整全和同一。因此,死亡对黑格尔来说,既是起点,也是动力。没有死亡,就没有辩证法,就没有黑格尔的庞大的精神体系。

沿着这一思路,不知道科耶夫将黑格尔的哲学判定为死亡哲学,是否真的捕捉到了其精义所在。但是,后来深受科耶夫影响的继起者比如巴塔耶,反对黑格尔以及黑格尔的总体性哲学就以"死亡"为靶心,以为只要能命中"死亡",那么继之由死亡而生的"否定性"、"辩证法"、"总体性",还有"自我"等一系列在局域经济之内的同根概念也就都能够随之而瓦解了。但是,布朗肖与黑格尔的关系却并不是如此分明的,布朗肖在《灾难的书写》中很明确的指出,直接反对黑格尔的后果无疑就是不可避免地赞成黑格尔,他说:"阅读黑格尔,或者不读他——理解他,或是误解他,或是拒绝他——所有这一切要么在黑格尔的名义下,要么就不可能发生。"①因此,虽然目的也是要反对黑格尔,但是布朗肖的策略是更为暧昧模糊的。

二、死亡的可能性——布朗肖对黑格尔死亡观念的顺承

布朗肖并没有直接反对黑格尔,而是,正如莱斯利·希尔(Leslie Hill)所说:"第一眼看上去是在向黑格尔的文本逻辑致敬,再一看原来更像是对黑格尔的戏仿(parody),其结果就是,布朗肖的文本以一种伪—辩证法重写了黑格尔的辩证法,而后者看起来更像是一种逻辑的瘫痪,而非逻辑的发展。"②布朗肖总是跟随着黑格尔的逻辑轨迹,到一定程度,再将黑格尔推入其自身的僵局,至此,再提出自己破解那种迷阵似的僵局(aporetic impasse)的方法。比如在《文学与死亡的权力》讨

---

① Maurice Blanchot, *The Writing of the Disaster*, p.46.
② Leslie Hill: *Blanchot: Extreme contemporary*, p.109.

论语言时，布朗肖先是沿用黑格尔辩证法，即认为对在场之物的否定上升而形成普遍概念的生命，这就是语言，但是，布朗肖发现了黑格尔辩证法在看似无所不能的情况下，却存在着极大的疏漏，即物本身并不在概念之中，物并不是通过黑格尔的"扬弃"或者"辩证"就能够被涵括进概念之中的。在辩证法失效之处，布朗肖借用列维纳斯的 il y a 的概念来解除语言的这一困境，因为 il y a 试图命名的，是在总体的普遍性之先的，前概念的存在的独异性，这为在概念中遗失的物提供了一个栖所。

　　同样，布朗肖面对黑格尔的"死亡哲学"也是先尾随其后，再伺机反动。他在《文学空间》中讨论死亡的三个例子（卡夫卡、马拉美、里尔克）都采用了同样的策略。他把黑格尔式的死亡观称作是可能的死亡，即能够被人掌控，能够作为一种极端的终结而以自由的形式回溯至人的生命进程中的死亡。在讨论卡夫卡、马拉美和里尔克时，布朗肖都是从死亡的可能性（the possibility of death）[①]出发，顺沿黑格尔的逻辑的发展，继而将之引致逻辑的崩溃，再得出死亡的不可能性（the impossibility of death）这一结论。

　　比如，卡夫卡在日记里面写道，唯有能够满意地死去，写作才可能。布朗肖用黑格尔的方式将这种思想解释为，因为死亡是一种极限，谁能够将死亡囊括进他的掌控之中，谁就能高度地掌控自己，掌控一切他物，因此，在卡夫卡看来，写作就是对死亡这一至高时刻的把握。即"有能力在死亡中获得满足，有能力在极度的痛苦中获得极度的满足，并且能够在死去（dying）的瞬间维持住来自这种平衡的清醒目光。这种满足非常接近黑格尔的思想，如果后者在于让满足与自我意识一致，在于在最极端的否定性中——在成为可能性，筹划，以及时间的死亡之中——找到绝对积极的一面"。[②]这就是黑格尔对死亡的理解，即死亡被内化成一种生的能量，为主体所用。马拉美在《伊吉蒂尔》中所描述

---

① Maurice Blanchot, *The Space of Literature*, p.96.
② Maurice Blanchot, *The Space of Literature*. p.91.

的伊吉蒂尔试图以自杀来让死亡纯净化,消除死亡掷骰子般的偶然性。还有里尔克在早期的诗中所追求的:"主啊,请给予每个人他自己的死/那由生而来的死/在其中,他找到爱,意义与痛苦",这些,都只是黑格尔的"可能性"死亡的不同表述,之间并无本质差别。

但是,布朗肖在沿着黑格尔的思路辗转前进时,却发现了可能性的死亡根本是不可获致的,卡夫卡的满意的死亡,到后来成了《猎人》中格拉库斯(Gracchus)的死去的不可能性。伊吉蒂尔的自杀计划是子夜所代表的死亡的无名性(impersonality)的一种入侵。而里尔克最先所追求的"我的死亡",却在写完《马尔特手记》之后发现死亡是无从逃避而又不可抵达的,是确定而又不可把握的,死亡本质上是非—本真的,是非—本质的(inessential),概而言之,也就是死亡(death)的可能性变成了死(dying)的不可能性。这在上一节中已经有所讨论了。但是,究竟死亡的可能性与不可能性的根本差异在哪里呢。

布朗肖所谓的"可能性",并不是亚里士多德在《形而上学》中所讨论的"潜在性"(potentiality),也即"允许现实的可能",因为"一个现实的存在总是……从潜在的存在生出来"。①这种低于现实的"尚未现实"并不是布朗肖所谓的可能性。当然也不是康德在《纯粹理性批判》中所讨论的逻辑的"不矛盾律",即"如果概念不自相矛盾,它就总是可能的。这就是可能性的逻辑标志"。②在布朗肖的语境中,可能性并不意指不矛盾律的纯粹形式上的条件,可能性更重要的是一种存在的可能性,在这种意义下,可能性是高于现实性的,在《伟大的拒绝》中,布朗肖认为可能性"就是去存在,加上去存在的权能。可能性构筑现实,为现实奠基:一物只有拥有去存在的权能它才能是其所是。……人不仅仅拥有可能性,人就是他的可能性。我们从来就不是纯粹简单的,我们只有在可能的基础之上,并且只有与可能性相关时,我们才是我们所是:这是我们的一个本质维度。'可能的'这个词,当它与'权力'(power)相关

---

① 亚里士多德:《形而上学》,《亚里士多德全集》,第七卷,第213页。
② 康德《纯粹理性批判》,第474页。

时,首先在能力(capacity)的意义上,然后是在力量(force)或者权力(power)的意义上,它才变得明晰"。①这样,可能性就成为了"我"的一种权力和力量。②这种可能性,可以说是受了海德格尔的影响,海德格尔在《存在与时间》中所说的"此在总作为它的可能性来存在……此在本质上总是它的可能性"③,即此在就是"可能之在",这种可能性否却了诸如对人的"本质"等的现成规定,而包含了"去存在"的自由和本真的双重含义。布朗肖的"可能性"也是黑格尔的"否定性"运作的前提,是辩证法节节推进的动力,是总体性以及历史实现的保障,是真理的条件。

既然"去存在"是一种可能性,那么"决定不存在就是可能性:死亡的可能性"。④因此,死亡也是一种可能性,只不过是一种最极端的可能性,因此它"也是一种权力,一种能力。……死亡,因其属于我且只属于我,因为无人能替代我或在我的位置上经历我的死亡,所以死亡把这种不—可能性,这种属于我的未来的悬临,这种知道最后始终向我敞开的关系变成另外一种权力。在死去时,我依然能够死,这是我们作为人的标志。维持着一种与死亡的关系,我把死亡占用为一种权力:这是我的孤独决断的终极界限。并且,我们已经看到,死亡已经作为一种权力,作为思维的开端而被重新获取,死亡处于世界的中心,在这里,真理是劳作的真理"。⑤这里很明显,布朗肖顺承了黑格尔的思想,死亡确证了主体"我"的自由,确证了自我意识的强大力量,即将一切都"我化"的力量,更重要的,死亡所代表的否定性是"世界"之中一切真理的保证。"黑格尔早已看到,行动、语言、自由和死亡只不过是同一运动的不同方面,只有忠实地、坚定地靠近死亡的人才能够被赋予积极的虚无,而能

---

① ⑤　Maurice Blanchot, *The Infinite Conversation*, p.42.

②　德里达在《迷阵》中在讨论海德格尔的"可能性"时也说道:"这种可能的可能性调和了两种意义,一是潜在性(virtuality),或者即将到来之事,或者'能在任何下一瞬间发生之事'……另一种意义则是,能力(ability),作为'我能够'的可能性,作为我有力量(power),有能力(ability),或者有潜能(potentiality)的可能性。这两种可能性的意思都包含在可能性(die Möglichkeit)之中。"(Jacques Derrida, *Aporias*, p.62)

③　海德格尔:《存在与时间》,第50页。

④　Maurice Blanchot, *The Space of Literature*. p.96.

够否定和改变自然的现实性——才能够战斗、劳作、获取知识、成为历史。这是一种惊人的力量：它是否定的绝对权力，而否定成为世界之中真理的行动。它给现实性带来否定，为无形的东西赋予形式，让不确定的东西得以确定。……正是因为这种运动，西方历史上的人的本质才成为行动、价值、未来、劳作以及真理。如果肯定人是可能性，那么首先死亡本身必须是可能的：没有它人类必然不能形成'整体'的概念，或者是在'整体性'的视域中存在，死亡本身就是让那一切——让总体性——成为可能的东西。"①语言、劳作，或者其他一切人类行为，都是在死亡所体现的有限性中发现其真理的，因为死亡就是否定性的源泉，它让主体与给定的现实性相分离，这样劳作才得以可能，它让符号与物分离，这样语言才得以可能，人才得以可能。

因此由死亡而来的可能性确证了"我"在世界中的"权力"，布朗肖这样说："我们在世界之中的关系，还有我们与世界的关系，始终是一种权力的关系，因为权力是潜在于可能性之中的。"②当我劳作时，当我言说时，我始终都是在对给定现实，对物施展一种权力关系，这种权力是从由死亡而来的，是由否定性保证的。这样，"我"就将一切都纳入了以"我"为中心的权力网络，在这个不断衍生的网络中，对象只不过是一个个有待否定的网格。而这些，都源于死亡是可能的死亡。

可以说，布朗肖的"可能的死亡"就是科耶夫阐释之下的黑格尔死亡观的翻版，因此布朗肖后来在《灾难的书写》中戏谑地谈及这种死亡观："随着上帝死了之后到来的，是死亡就是上帝。"③因为死亡的权利无所不在，"世界"因此也是在"可能的死亡"的掌控之下的"世界"。但是就如列维纳斯在"同一"之外仍有"他者"，巴塔耶在"局域经济"之外仍有"普遍经济"一样，"世界"并非是布朗肖思想的全部，在"世界"之

---

① Maurice Blanchot, *The Space of Literature*, p.96.

② Maurice Blanchot, *The Infinite Conversation*, p.42.

③ Maurice Blanchot, *The Writing of the Disaster*, p.91.杰拉尔德·布伦斯在评价这种死亡观的同时，也说过类似的话，"想象一下将尼采颠倒过来，不是上帝死了，而是死亡就是上帝"。见 Gerald L.Bruns, *Blanchot: The Refusal of Philosophy*, p.45。

外,还有"外边"。也就是说,在"可能的死亡"之外,还有"不可能的死亡",这就是由自杀的悖论所引出的"死亡的不可能性",以及由这种不可能性所开敞的"外边"。那么,什么是"不可能性"呢。

三、死(dying)的不可能性——外边的激情

布朗肖肯定了死亡在"世界"之中的大行其道,"那理解自身,剥夺自身的死亡,那成为纯粹的褫夺性本质,成为纯粹的否定性的死亡:这种死亡……将自身肯定为一种存在的力量,并且通过它,一切都得以确定,一切都作为可能性而展开。也许这事实上就是真正的死亡,就是变成真理的运动的死亡"。①但是,这并非全部,布朗肖继续追问:"但是我们怎么能不意识到那真实的死亡,那与真理无关的死亡却彻底逃离了:那不能还原为真,还原为一切澄明的死亡,那从不揭露自身,也从不隐藏,从不显现的死亡却逃逸了?"②这种"与真理无关的死亡",也就是不能够为主体所把握的死亡,是导致自杀的计划失败的"第二重死亡",是不能够被减约为否定性③,不能够被吸收进黑格尔的辩证总体中去的死亡。

这就是"死亡的不可能性",这种"不可能",并非一种无法成为现实的潜在性,也并非逻辑的悖谬,也不是海德格尔所谓的"死亡是此在之不可能的可能性"④,海德格尔的意思是死亡只是作为一种可能性而悬临于此在之前,但是此在永远逾越不过死亡这种可能性,也就是说,死亡作为一种不可能性是此在的根本界限所在。布朗肖则认为,如果死

---

① ② Maurice Blanchot, *The Infinite Conversation*, p.36.

③ 巴塔耶在讨论黑格尔的历史终结时,用了"无法被征用的否定性"(unemployed negativity)这个术语,即在局域经济之内,当历史终结之时,当以否定性为动力的斗争、历史、哲学等都终结时,否定性本身并没有消失,正如艺术、献祭、宗教等属于普遍经济范畴的形式并没有消失,但是此时否定性成了一种"无法被征用的否定性",即失去了否定对象,无法被总体性吸收同化的否定性(Georges Bataille, *Euvres completes*, V, Paris: Gallimard, 1976, pp.289, 368—371, 526—533)。

④ 海德格尔:《存在与时间》,第 288 页。

亡是最极端的可能性,那么它也是最极端的不可能性,因为在死去时,没有本真的自我会在场,在死亡中"我"并不死,死去的是无人称的,无名的某人,因此,死亡是完全不可经验的,与死亡之间的任何关系都是不可能的,死亡是极端的他者。事实上,死亡并非发生于自我同一的主体身上的一个事件,而是一个无名的空间,在其中,死亡(death)的可能性颠倒而成死(dying)不可能性,与有限性的遭遇变成了向无限的敞开,主体的最本真的经验成了无名的某人的"非—经验"①,与界限的关系成为了一种不可测度的它异性的关系(或者非—关系)。主体"丧失了说'我'的权力"②,将死之人在死(dying)时放弃了一切可能性,或者本真性,或者权力等等,对布朗肖来说,死亡并不是人之本质的一个确证,它也并不是海德格尔在《存在与时间》中所宣称的"不可能的可能性",而是"一切可能性的不可能"。③

"不可能性"就是在主体的权力之外的,在"世界"与总体性之外的,不可能性因此也就是指向"外边"的。布朗肖在讨论死亡的"不可能性"之外,还经常使用另外一个例子来表述这种"不可能性",即痛苦,肉体的痛苦。如果痛苦仍在一定的限度之内,主体依然能够承受时,那么痛苦依然在人的掌控之中。但是一旦痛苦失去这一限度,人不能承受它,而又无法停止经受它时,痛苦才是痛苦。在这种痛苦中,现在没有尽头,现在与任何下一个现在都被无限地隔离开了,痛苦让人丧失了将来,丧失了时间,而被抛在永恒现在的深渊中。在痛苦中,"我们被抛给了另外一种时间——作为他者的时间,作为不在场和中性(neutral)的时间;也是不再能够挽救我们,不再构成任何救助的时间。没有事件,没有筹划,没有可能性的时间"。④除了丧失了时间之维外,更重要的

---

① 非—经验(non-experience)是来自巴塔耶的词汇,非—经验或者内在经验(inner experience)在巴塔耶的语境中意指某种在主体之外,在可能性与否定性之外的经验,即经验"是一种向可能之人的终结进发的航程"("I call experience a voyage to the end of the possible of man",见 Georges Bataille, *Inner Experience*, trans. Leslie Anne Boldt, Albany: State Univesity of New York Press, 1988, p.7)。

② Kevin Hart, *The Dark Gaze: Maurice Blanchot and The Sacred*, p.105.

③ Maurice Blanchot, *The Writing of the Disaster*, p.70.

④ Maurice Blanchot, *The Infinite Conversation*, p.44.

是,在痛苦中,已经不复有"我"的存在了,那敞露于痛苦之前的人,并非"我",因为我并不在场,而是如死亡一样,只是无名的某人,这种痛苦的经验,让"人作为陌生者甚至是绝对陌异性的经验而向自身呈现"①,也就是说,人已经成为自身的"他者"了。这种经验,布朗肖认为就是一种"不可能性的经验"。

因此,综观"死亡的不可能性"与"痛苦的不可能性",可以得出"不可能性"的三个特征,第一就是主体的丧失,主体不再有权利能够经受死亡或者痛苦,主体不再作为一个自我—同一的"自我"而在场,相反,主体被剥夺了他的权能而成为一个无名的,中性的"某人";第二,线性的时间被打断了,现在不再能够过渡到将来,时间改变了方向,现在就是现在的不在场,就是现在的无限消散(dispersion);第三,这种不可能性其实是向着绝对的"他者",绝对的"陌异性"(strangeness)的敞开,也就是主体不再能够说"是"之处,是主体的言说和思考都无从抵达之处。总而言之,就布朗肖的话来说,"不可能性,它逃离了一切否定性……不可能性就是与外边的关联,并且因为这种非关系的关系是一种激情……不可能性就是外边自身的激情"。②

这里,虽然标出了"不可能性"几个特征,但是并不是说我们能够"理解"它,因为一切的理解都是主体施展自己权力的手段,都是"可能性"在其中运作的空间,理解(comprehend)这个词从词源上就已经暗含着对对象的暴力(comprehend,拉丁词 comprehendere,而后者表示抓取和获得,to grasp),在其中,对象与我或者他者与我之间的距离被一种理解的力量取消。因此,理解也是可能性的基本模式之一,也是主体的一种把握(grasp),"它将多样性汇聚进一个整体之中,将差异同一化,并且通过辩证运动的还原将他者带回同一"。③也就是说,"理解"依然处于"可能性"的领域之内,而"不可能性"本身就是将我们从这种我们能在其中施展权力的空间中拽离的,它当然不能够被"可能性"的手段

① Maurice Blanchot, *The Infinite Conversation*, p.45.

② Maurice Blanchot, *The Infinite Conversation*, p.46.

③ Maurice Blanchot, *The Infinite Conversation*, p.43.

所获取。

对"不可能性"的言说是难的,就如布朗肖所说的:"当我们说着不可能性的时候,唯有可能性给它提供参照,可能性已经非常讽刺地将不可能性纳入它的规则之下了。"如果一切都在"可能性"的权力范围之内,那么,"不可能性"又应当怎样被思考呢,可以肯定的是,"不可能性"并非是"可能性"的反面,也并非思想的绝境,就像布朗肖所说:"不可能性在这里并不是为了让思想投降,而是为了让思想遵照一种不同于权力的标准来宣示自身。那么这另一种标准又是什么呢,也许就是他者的标准,是他者作为他者,而不是遵循改变他者以适应同一的明晰性这一准则。"

因此,"不可能性",如同"他者",如同"外边",是不可以用黑格尔式的概念以及辩证否定的方式来把握的,唯一与这种"不可能性",这种"非关系的关系"相应,而又不将其重新纳入主体的思维暴力之下,重新纳入整体性的版图之内的,就只有诗(或者布朗肖意义上的"文学")了。"与晦冥者(the obscure),与未知者(the unknown)之间的关系,是一种既非权力,又非理解,也非揭示的关系……诗在这里并不是为了言说不可能性:它只是回应它,在回应中言说。这是我们的本质的语言的隐秘的命运,以及隐秘的抉择:命名可能的,回应不可能的。"[1]

因为文学所追寻的,并不是把语言当成一种透明的工具,清晰地描绘世界的现实性;也不是通过词语摧毁物而获得概念的明晰性;也不是解除了意指义务,而专注于词的不及物的深沉回声。文学所追寻的,是某种更极端,更原初的东西,也就是在物被词语毁灭之前的前概念的独异性。就如布朗肖所说的:"某物曾在这里,然而却不在了。什么东西消失了。我怎样才能追回它,怎样才能回转身去,注视那先前曾在之物,如果我的力量只在于让它转变成存在之后的东西?文学语言就是对先于语言的这一刻的追寻。"[2]如果说概念语言在于利用否定性摧毁

---

① Maurice Blanchot, *The Infinite Conversation*, p.48.
② Maurice Blanchot, *The Work of Fire*, p.327.

物的在场,而获得一种精神的生命,而文学则是朝向概念对物实施暴力之前的那一刻的回望;如果说概念语言是"死亡的可能性"运作的结果,那么文学就是对"死亡之不可能性"的回应,因此,文学立于可能性与不可能性的分界之处,立于以非物质性的概念命名物的不在场的能力与回应前概念的存在之独异性的要求之间。用布朗肖自己的话来说,文学就是这种"双面魔鬼",一面向着可能性,一面向着不可能性。但是这两种互相抵触的要求,这种根本的模糊性(ambiguity),这种分歧和差异,是不能够被消除的,它们也并不构成黑格尔式的矛盾,因为它们不能够被任何辩证法所调和而上升至一个整体中去。

所以,文学的模糊性其实是与死亡的双重性不可分的,布朗肖的目的,用莱斯利·希尔的话来说,就是要证明黑格尔的论题"承受死亡并在死亡中自存"是可疑的,因为这取决于将死亡看成是一种胜利,还是溃败,是否定性劳作的典范,还是存在的断裂,[1]也就是说,是一种"可能性",还是"不可能性"。布朗肖认为,这种模糊性是不可解决的,因为模糊性始终就是它唯一的答案,死亡就是这种极端的模糊性,它是极度的可能性,但同时又是绝对的不可能性,而且,"不可能性"并不能被"可能性"所吸收中和,就如海德格尔那样。而是,"可能性"与"不可能性"始终是死亡的两个维度,就如"世界"与"外边"是存在的两个维度一样。

第三节 走出"自我之狱"

如果说笛卡尔的"我思,故我在"为思维提供了一个绝对的、退无可退的确定起点,那么毋庸置疑的是,自此以后,一个精致复杂的"自我之狱"便在"我思",在"自我"以及"主体"的名义下建造起来了。因为在"我思"的基础上所建构的主体,是在经验的我属性(mineness)以及自我同一性(self-identity)的双重保障之下运作的。也就是说,一切体验(包括思维与实践)都必然回涉一个体验主体,这个始终在场的纯粹"自

---

① Leslie Hill: *Blanchot*: *Extreme contemporary*, p.112.

我极"为体验提供了巨大的离心力以及向心力,一切都自"我"而出,一切又都折返于"我"。而自我同一的主体则汇聚多样的体验流,给予其一致性与连贯性,保障各种异质纷杂的体验能在相同主体的名义下发生。[①]

然而,换个角度看,这种同一的主体也将"我"困在"自我"这个其小无内,其大无外的监狱里,只能见我所见,经历我所经历。因为,正如列维纳斯所说,"我遇上的客体被我理解,并且,总的说来,是被我建构的"[②],一切非我之物都只能经过我的感觉、表象、认识、体验等等的篡改才能与我相遇,或者不如说,我始终只能遇到我自己。思想的起点终于成了"唯我论"的悲哀,几百年间,有无数人妄图打破这间铜墙铁壁,又无形无影的"自我之狱"。休谟就以为,自我只是出于虚构,自我最多是一种混杂的感觉束;尼采也说过,"自我只不过是一种抽象的综合"[③],"自我"与"非我"的虚假对立,在他看来,是一种实体主义的幻象,是一种形而上学的理论虚构,这是从根本上否定自我的存在。而20世纪,从胡塞尔,海德格尔,到梅洛-庞蒂,到列维纳斯,他们都以不同的方式,携带着各自的问题——或者意向性,或者在世存在,或者身体,或者他者——但无一例外的,都试图走出"主体"的僵固困局,解消我与非我、主体与客体、自我与他者之间的绝对隔碍。

布朗肖关于死亡、文学和他者的讨论,其中一个重要的论题,就是指出在这三种情况中,都面临着自我的丧失,自我失去了其自明性与同一性,而成为非我(I-less)、无人(no one)、某人(someone),或者谁?(who?),这也就是主体之死(dying)的境遇。在布朗肖的语境里,并非所有的体验都指向一个始终在场的"自我极",相反,更为根本的一种经验

---

① 海德格尔认为,"在'表达'、'体验'和'意识'的名称下规定着当代思想的指导观念",因为"体验失重意味着归溯关系,也即把生命和生命经验归溯与'我'(Ich),体验指的就是表示客体对于主体的归溯关系,就连人们常常讨论的我—你体验(Ich-Du Erlebnis),也在形而上学的主体性领域之内"。见海德格尔:《在通向语言的途中》,第106页。

② Emmanuel Levinas, *Time and The Other*, p.70.

③ 尼采:《权力意志》,孙周兴译,商务印书馆2007年版,上卷,第30页。

是自我缺席，主体死去的经验，也就是一种非—经验（non-experience）。布朗肖以这种无主体的经验否定主体的先验自明性，限制主体权能的无边大网，指出"自我"的虚妄和虚弱。最终让"'我'不仅承认自己为一种假设，甚至是一种虚构，而且还承认自己只不过是一种经典的缩写（a canonic abbreviation），体现着同一者的规则，而这一规则事先就有裂隙了"。①更重要的是，主体之死（dying）打开了闭锁的"自我之狱"，指向"外边"（outside）这个更加深阔的空间，在这里，主体失去了他的权能，也正因此，唯有在外边，自我与他者才能够如其本然地相遇。

一、"死（dying）比死亡（death）更强大"

布朗肖在《伟大的拒绝》里哀叹："我们已然错失了死亡。"②人终有一死，从世俗经验来说，死亡如今只意味着肉体生命的终结；而在现代性哲学的视角来看，死亡遵从的是时间流变中存在—虚无的辩证法，死亡所代表的无限、陌异以及未知被收编到主体的知，或者意志等生之潜能中来。"把死亡变成我的死亡，不再是使我自己保持在死亡之中，而是将自我伸展到死亡，是我自己向死亡敞开，不再是排斥死亡，而是包含死亡，将它看成是我的死亡，看成是我的秘密真理，是可畏的，在其认识到当我比自己更伟大，当我绝对是我自己或绝对伟大时，我是什么。"③布朗肖认为，现代哲学是站在生的立场来观照死亡，把死亡和无限压缩进自我之中，得到的是一个无所不包的现代主体。因此，死亡不过是主体扩张的进程中意欲攻占的另外一片疆域，在死亡这片陌生的疆土之上插上主体的大旗，消除其未定性，消除其不可知性，让第一人称自我拥有对死亡的绝对话语权，让生为死立法。

这与古代哲学中的站在死亡的视角来观照和审视生命刚好形成对

---

① Maurice Blanchot, *The Step Not Beyond*, trans. Lycette Nelson, New York: State University of New York Press, 1992, p.6.

② Maurice Blanchot, *The Infinite Conversation*, p.34.

③ Maurice Blanchot, *The Space of Literature*, pp.128—129.

立。在灵知主义、俄耳甫斯主义以及柏拉图哲学中,从惯常的生命视角出发的价值序列被颠覆了,生命是监禁,是被囚,被放逐,而死亡则是治愈疾病的良药,是渴望回归的家园,是光明和希望。生与死这组概念在扩大了的生命情境中实现了价值的倒转。因为以死亡为限期,为终点的生只是我们所能够体验到的生之一部分,现世的生并不是整全的生,在超验视角中的死亡体验使得生与死的对置失效,乃至颠倒。从某种意义上来说,生就是死,死则是生。①

在俄耳甫斯教,或者受其影响的柏拉图哲学的价值体系中,生依然是次要的、低等的,因为生意味着与肉体结合,是混杂不纯的,而死则是摆脱肉体的禁锢束缚,重回纯净无杂染的、不朽的状态。但是俄耳甫斯教的信徒,或者入迷者、祭仪歌者、被召唤者等等,以及柏拉图笔下的哲人,他们所努力的方向,就是在此生达到一种不朽灵魂与有死肉身相分离的死的状态。通过苦行、弃绝世俗的关注,通过秘仪、冥想,或者哲学沉思来达到灵魂净化的目的。因此,"真正的哲学家是'已死者',他'见到了神并知晓神的秘密',相对于无常的、变灭的、易朽的、无知的幻觉世界来说,他已然是死者。"②"死者"在这里并非肉体生命的终结,而是一种突破了生死界限,突破死对生的封闭和阻断,而向一种更大的生命整全开放。在此生生命中,也就是在死之前经验"死"(dying),这是一些特殊的秘仪入教者、受到神启的先知或者诗人,还有就是沉思永恒理念的哲学家所能够拥有的超验体验,而这种体验所带回的"神的消息",成为智慧的源泉。真正的智慧唯有在"死"中能够获得,这几乎是俄耳甫斯—毕达哥拉斯传统的共识。

对比而言,现代性的死亡观是纯粹经验视角中的死亡,以生的视角来关照死,与此不同,古代宗教和哲学则是以超验视角中的死亡来关照

---

① 在柏拉图的《高尔吉亚篇》中,苏格拉底对卡利克勒说:"你知道的,欧里庇得斯说过'有谁知道,死就是生,生就是死?'如果他说得对,那我也不会感到奇怪。"(柏拉图:《柏拉图全集》,第一卷,王晓朝译,人民出版社 2002 年版,第 380 页)

② Algis Uzdavinys, *Orpheus and the Roots of Platonism*, The Matheson Trust, 2011, p.43.

和净化生命。所以,当卡夫卡说出"认识开始产生的第一个标志是死亡的愿望"①,就如同诺瓦利斯作出"真正的哲学行动就是自杀"②的判断一样,二者都并非出自一种阴郁的反生命的视点,而是一个远古的传统在不同时期的遥远回声。布朗肖的死亡观显然受此影响,但是其无神论立场和智性诚实使得他不可能直接采取超验视角来关照死亡,相反,他谨守在经验的边缘域,在自我意识的边线上,在生与死的交界之处,在死亡悬临的一瞬间,布朗肖发现了主体结构的破裂。作为本真的、自我同一、自我在场的主体,作为权力和意志的主体,在死亡的悬临缩减到最小值时,将经历一种根本的颠倒。在此,主体不再能通过收编死亡而将自己的界限延伸到无限,而是被由死亡所代表的未知、陌异或是绝对的他性炸裂成碎片。

　　列维纳斯在《上帝、死亡和时间》中也考察了死亡与主体之间的关系。他认为死亡代表的是存在与无限的关系,"死亡不是毁灭,而是必要的疑问,以便与无限这一关系得以产生"。③死亡的未知、无法对象化、无意义等意味着绝对的他者,意味着无限,他者不能被纳入主体的意向性之中,相反,他者摇撼着主体一直到它内核的分裂。在《经验之外:笛卡尔的无限观念》这篇文章中,列维纳斯受到笛卡尔的第三沉思的启发,认为上帝作为一种绝对的他者完全超出了心灵(我思或者自我)的理智把握。"上帝逃避了我思—对象(cogito-cogitatum)的结构,并且意指不能被含括的东西。在此意义上,上帝的观念使得那种保持综观的思想,总是封闭于一种在场或进行再—在场(re-present)并且带回到在场的我思活动炸裂成碎片。"④通过作为无限的上帝,笛卡尔证明了我思或者主体的根本限度;通过绝对他者,列维纳斯证明了同一者的限度;同样,通过死亡,布朗肖发现了主体的根本限度。

────────────────

　　①　《卡夫卡全集》,第四卷,第4页。

　　②　诺瓦利斯:《夜颂中的革命和宗教——诺瓦利斯选集卷一》,刘小枫主编,林克等译,华夏出版社2008年版,第130页。

　　③　Emmanuel Levinas, *God*, *Death*, *and Time*, trans, Bettina Bergo, Stanford: Stanford University Press, p.19.

　　④　Emmanuel Levinas, *God*, *Death*, *and Time*, p.216.

布朗肖通过自杀的悖论解构了主体意欲将死亡纳入自身版图的企图,因为,正是在临终的瞬间,"死亡是一种极端颠倒的经验,当他死去时,却不能够死,死亡将他交付给死(dying)的不可能性"。[1]死之不可能性从一方面看,标志着主体性的死亡观的失败,因为,面对死亡,主体"丧失了说'我'的权力"[2],也丧失了将死亡纳入自我帝国之内的能力。但是,从另一方面看,布朗肖却以"不可能性"为主体标划出另外一个维度,即越出主体,出离自我的"某人"(someone)向死亡这种绝对的它异性敞开,向"外边"敞开。死亡并非是隶属于主体的事件,而是一个无名的空间,在其中,死亡(death)的可能性颠倒而成死(dying)的不可能性,与有限性的遭遇变成了向无限的敞开,主体的最本真的经验成了无名的某人的"非—经验",与界限的关系成为了一种不可测度的它异性的关系(或者非—关系)。只有在我成为非我,只有在主体之死(dying)中,才能够不将死亡篡夺为我的死亡,才能够与死亡本身相遇。这就是"死(dying)比死亡(death)更强大"的原因所在。因为主体性的死亡只是"自我之狱"的扩张与加固,而由死(dying)所开启的"不可能性"却指向"外边"。"外边"始终是布朗肖思想的核心[3],而"不可能性"正是"我"在主体的权力之外,在"世界"与总体性之外,与"外边"相连的唯一形式。

对布朗肖而言,最为典型的死(dying)之体验当然是艺术家和写作者的体验,"艺术家的体验是一种狂喜的体验(ecstatic experience),这种体验是死亡的体验……这并不意味着一切全沦为空无,相反,此时事物显示出我们的感官往往领会不到的那种极大丰富"。[4]死(dying)会将我们"从我们自身中解放出来"[5],也就是,从感官和意识对物之把握

---

① Maurice Blanchot, *The Space of Literature*, p.100.

② Ibid. p.27. 凯文·哈特在《黑暗的目光》一书中甚至以"丧失了说'我'的权力"作为其中一个章节的标题(Kevin Hart:*The Dark Gaze:Maurice Blanchot and The Sacred*, p.105)。

③ 福柯就将布朗肖的思想总结为"外边思维",见 Michel Foucault, *Maurice Blanchot:The Thought from Outside*。

④ Maurice Blanchot,*The Space of Literature*, p.151.

⑤ Maurice Blanchot,*The Space of Literature*, p.138.

的内循环中,从对知和确定性的追求中,从计算和欲望的倾向中解放出来。在死去之前死(dying),"只有这种死的提前迫近才能够在人身上消除存在之错误的确定性"①,解除了感官、意识、理性、欲望等对人的禁锢,溶解了自我意识场边缘的坚硬外壳,外部的事物便汹涌而至。这样,死亡就成了艺术和文学的出发点,"以死亡的深处为出发点,为的是转向物之隐秘,以不抓住自身,不能说'我',不是任何个人,即非个人的目光,来真正地'看到'物"。②死(dying)解除了存在之禁闭,处于死(dying)之中的非我之我,遭遇物的本然,以及物的极大丰富,这在布朗肖看来,是一切诗歌的起点。

还有另一种死(dying)的体验也经常被布朗肖提及,这就是痛苦,尤其是肉体的痛苦。如果痛苦仍在一定的限度之内,主体依然能够承受时,那么痛苦依然在人的掌控之中。但是一旦痛苦失去这一限度,人不能承受它,而又无法停止经受它时,痛苦才是真正的痛苦。在这种痛苦中,此刻没有尽头,此刻与任何下一个此刻都被无限地隔离开了,痛苦让人丧失了将来,丧失了时间,而被抛在永恒现在的深渊里。在痛苦中,"我们被抛给了另外一种时间——作为他者的时间,作为不在场和中性(neutral)的时间;也是不再能够挽救我们,不再构成任何救助的时间。没有事件,没有筹划,没有可能性的时间"。③除了丧失了时间之维外,更重要的是,在痛苦中,已经不复有"我"的存在了,那敞露于痛苦之前的人,并非"我",因为我并不在场,而如死亡一样,只是无名的某人,这种痛苦的经验,让"人作为陌生者甚至是绝对陌异性的经验而向自身呈现"④,也就是说,人已经成为自身的"他者"了。这种经验,就是一种"不可能性的经验",也就是主体之死(dying)的经验。在狭窄的自我内部建立藩篱的疏离感一旦破除,个人便向万物敞开,向无限敞开。

布朗肖在《文学空间》详细描述过这种由自我之死敞开的空间,"在

① Maurice Blanchot, *The Space of Literature*, p.156.
② Maurice Blanchot, *The Space of Literature*, p.154.
③ Maurice Blanchot, *The Infinite Conversation*, p.44.
④ Maurice Blanchot, *The Infinite Conversation*, p.45.

这个空间,所有一切都返回到深刻的存在,在那里两个领域之间无限相通,在那里一切都在死去,但是在那里死亡是生命的熟识伴侣,在那里恐惧是极大的愉悦,在那里欢庆在哀悼,而哀悼在赞颂,这空间本身正是'万物像奔向离自己最切近最真实的实在那样朝它极速奔去之处,即最大的循环和不停变化的那个空间,这诗歌的空间,是俄耳甫斯诗歌的空间,诗人当然无法进入其中,诗人只能以消亡的形式进入其中"。①这种死之体验与前述古代神秘主义和哲学的沉思、净化体验,与宗教迷狂体验何其相似。詹姆士在《宗教经验种种》中总结信仰状态就是"在狭窄的自我内部建立藩篱的疏离感一旦破除,个人便出现'万物合一'的境界。他过着宇宙的生活。他与人,他与自然,他与上帝,都是一体"。②不管是在哲学沉思当中,还是在宗教迷狂当中,或者是布朗肖所谓的文学空间之中,都有至关重要的一点,自我的沙砾消失殆尽,意识的阻隔破除,而外界的力量汹涌而至。

概而言之,布朗肖之所以反对主体性的死亡观,是因为这种将死亡变成"我的死亡"的企图,"使我置于愈加顽固的孤独之中"③,主体因执着于"我的死亡"反而更被囚禁与锁闭在"自我之狱"之内。相反,布朗肖提出的主体之死(dying)却打破了这种死亡观,指出自我并不能与死亡相遇,自我在死亡空间里变成无名的"某人",这里"某人"并非海德格尔的丧失了本真存在的"常人",而是自我的主体性消解之后,自我成为"非我"(I-less)之后,与"外边"相遇的本然形式。④从这个意义上来说,列维纳斯所谓的"我的孤独不是被死亡所确证,而是被死亡打破"⑤就可以理解了。另外,布朗肖虽然没有如古代宗教或哲学一样,在超验的视角中理解生死,但是布朗肖在论及由死(dying)之经验打开的文学空

---

① Maurice Blanchot,*The Space of Literature*,p.142.

② 威廉·詹姆士:《宗教经验种种》,尚新建译,商务印书馆 2017 年版,第 246 页。

③ Maurice Blanchot,*The Space of Literature*,p.128.

④ 海德格尔在《存在与时间》中以为常人(someone)是某种非本真的生存方式,而到了《形而上学是什么》这篇文章讨论"无"时,却认为处于畏中的"某人"(someone)正是向"无"敞开的状态。海德格尔用不定代词"它"(es, it)和"某人"(einem, someone)意指向本源之"无"的敞开。

⑤ Emmanuel Levinas,*Time and The Other*,p.74.

间时,对其状态的描述事实上与宗教迷狂体验和哲学沉思体验如出一辙。

二、文学写作——"谁？ 在写"

"文学是什么"这是萨特的问题,这也是我们一直都在问的问题,然而布朗肖却认为,对这个问题的所有回答都是无意义的,它甚至低估、贬低了文学。因为这种"是什么"的提问方式是一种认识论的方式,它本身就预设了提问对象的客观性与本质①,而文学并不是一个客观存在的客体,也没有内在的本质性,或者用布朗肖的话来说,文学的本质就在于它极端的非—本质(non-essentiality),所以这种哲学的认识论的提问方式,一旦运用到文学上,则被证明是一个伪问题。

所以布朗肖一开始就没有以这种方式接近文学,他问的是"文学如何可能?"而他的回答则是,文学因其不可能性而可能,不可能,从作品的角度来说,是因为作品并非一种自身在场的实体,它始终倾向于某种遮蔽之域、退藏之域,或者说,作品本身就有一种退却的态势,自同一性、确定性、自一切阐释之中退却而始终处于一种即显即隐,即隐即显的动态中,始终处于纷争和游戏之中。正是这种自行否定、自行隐匿退却的态势,正是因为作品从来就不是静止的、完成的,也从来就不具备那种在场的现实性,布朗肖将其称为"不可能",也就是作品的去作品化(worklessness)倾向。这是从作品的角度解释文学的"不可能性",而从作者的角度,则在于在写作时,作者失去了说"我"的权力,而从第一人称的"我"坠入第三人称的"它"(il)。

在《文学空间》中布朗肖讨论过死亡与艺术、与文学的关系,以及自杀者与艺术家之间的相似之处,他认为,正如自杀者以一种绝对的主体

---

① 就如海德格尔认为不能问"存在是什么""无是什么",或者德里达认为不能问"延异是什么"一样,因为"是什么"预设了一个提问的主体,以及提问对象的本质性,还有回答问题的理知途径,而这正是"存在"、"无"或者"延异",还有"文学"本身抵制并试图超越的。

意志去接近死亡,并试图制服死亡一样,艺术家或者作家也带着自己的主观意图,筹划着"创造"(无论"创造"用在文学上是一个多么成问题的词)作品。但是这二者都要经历一种根本的颠倒,即自杀者在接近死亡时,作家在写作时,都面临着自我的丧失,自我变成"没有自我的我,在无人(no one)与某人(someone)之间摇荡的非个人性的钟摆"。[①]因此,写作也就是进入死(dying)之空间,当然这里死亡并不是指一种具有事实性的事件,而是我之不再为我,我向"非我"越渡与敞开的空间。

作家成为文学的中心,对作品拥有所有权,并且成为文学阐释的焦点,这是浪漫主义的"大写主体"之后的事情,布朗肖在《文学空间》、《将来之书》以及《灾难的书写》中以很大的篇幅描述了卡夫卡、马拉美、普鲁斯特、贝克特等作家写作的状态,发现作家的自我在写作时,根本是属于被悬置、被驱逐的状态,作家根本就无法宣称对作品拥有绝对的主权,通过这种分析,布朗肖试图解构作家的主体性神话。

卡夫卡曾经说过,当他能以"他"代替"我"时,就进入了文学。布朗肖认为,这是正确的,但是这种转变应该是更深刻的。因为由"他"代替"我",并不是一种叙事策略的选择[②],而是作家处境的根本改变,也就是说,在写作时,"无论如何,他都不再是他自身;他也不是任何人。第三人称取代了'我':这就是因作品而降临作家的孤独。……第三人称,就是我自己成了无人,我的对话者成了陌生人;它就是我的'不再能够'"。[③]作家的主体性在写作时遭遇了极度的贬抑和挫伤,因为在写作的,根本就不再是日常世界中的"我","我"受一种写作的命令(the demand of writing)的召唤而进入作品中,而被写下的作品却将"我"置于一旁,将我解雇了,我没有权力作为主体去"使用"词语,去表达"我的"

---

①　Maurice Blanchot, *The Infinite Conversation*, p.71.

②　比如,在《叙事声音》这篇文章中,布朗肖指出了福楼拜与卡夫卡的不同,福楼拜推崇的是冷静、客观、不介入的写作方式,但是布朗肖以为,这依然是在作者主体严密监控之下的一种理性选择,是一种美学的无偏向性(disinterestedness)。这与卡夫卡在写作时面临的"由'我'到'他'"是不一样的,因为卡夫卡的境遇是,"我"在写作中被驱逐,卡夫卡的写作是"将中性(the neutral)带入游戏之中。由'中性'所控制的叙事保持在第三人称'他'的看管之下"。

③　Maurice Blanchot, *The Space of Literature*, p.58.

思想和情感，去安排叙事和结构，因为我处于一种"无名，丧失自我，丧失一切主权，也丧失一切依附；绝对的迁徙，流亡，在场的不可能，消散"①的状态中，这也是布朗肖所谓的死(dying)的状态，也就是主体的去中心(de-centered)、非聚焦(unfocused)以及含混(blurred)的状态，或者说，是自我被他者，被外边入侵，而失去自我同一和自我统一性，而成为非我的状态。所以，如果说作者在写作时受控于一种写作的命令而成为一种"失去了自我的我"，那么，他也是不可能成为创作的主体的。

布朗肖在《梦，书写》这篇文章中讨论了梦与写作的相似性，因为在梦中，也有同样的问题"谁在做梦？谁是梦中的'我'"？②布朗肖以为，在白日的我与做梦的我之间，存在着一种不可跨越的距离，"事实是，在梦中，我们是处于陌生人的位置上的，……我们是陌生人，因为做梦者的'我'并不具有真实的'我'的含义"。③当然，心理分析可以将梦的内容都汇集到我的名下，而进行分析阐释，但是，也许对于布朗肖来说，用来解释梦的无意识或者潜意识，并不在于自我隐蔽的内在深处，而在自我之外，在于自我与"外边"的交通融会。"做梦就是接受近乎无名存在，以及在自身之外存在的邀约，即在外边的魔力之下，以及在相似物④的谜一般的确保之下存在的邀约：一个没有自我的自我，无法认出自身，因为它不能成为自己的主体。谁敢转而给予做梦者……我思的特权并且让他满怀信心地说出：'我做梦，我存在'？"⑤同样的，写作的人也无法自信地说出："我写作，我存在。"——写作，正是我不存在。

如果作者之"我"不存在，那么，究竟是谁在写？这是一个让人焦灼并且恐慌的问题。在《此刻在何处？此刻是谁？》中，布朗肖分析了贝克

---

① Maurice Blanchot：*The Writing of the Disaster*，p.18.
② Maurice Blanchot，*Friendship*，p.141.
③ Maurice Blanchot，*Friendship*，p.144.
④ 相似(resemblance)并不是一个相似体与本体之间的相似，因为在布朗肖看来，根本就不存在着一个可以作为本源的自我同一的本体，而只有因无限差异造成的相似物的无穷辗转连环，比如，在《睡眠，夜》中，他认为"梦就是相似物的相似物"。或者，在《梦，书写》中，他认为，梅菲斯特在镜子里看到的，并不是一个实存的梅菲斯特的镜中影像，而是看到了相似的巨大力量。
⑤ Maurice Blanchot，*Friendship*，p.146.

89

特的写作状态,他借贝克特而问:"谁在这里言说？这个我究竟是什么？这个被咒无休无止言说的我,这个说着'我被迫言说,我将永不得安宁。永不'的人,这个我究竟是谁？"①出于一种让人安心的目的,作家署上自己的名字,因为至少作家是写作这种状态的劫后余生者,是幸存者。而我们也能在一个确定的名字下找到安全感,甚至找到阐释的源头,因为我们需要确定性。但是这种答案只是掩蔽,而非回答了问题,"谁在这里言说？是'作者'吗？但是这个头衔所意味着的,就是在写作的不再是贝克特,而是一种写作的命令,这种命令将他引出他自身之外,让他丧失自身,将他打发走,将他驱逐到外边,让他成为一个无名的存在者"。②在这里,布朗肖用"写作的命令"回答了"谁在写作"的问题,是写作命令驱逐写作者的主体和自我,盗用了作者的身份,借用了作者之手,即那"仿佛在时间之外的手,那只不再属于任何人的手"③,这是"我"与"写作的命令"之间的唯一联系。

但是,即使提出"写作的命令","谁在写"这一问题似乎依然没有平息,在这一问题之下,布朗肖之前有马拉美的语言的自足存在,即写作就是语言本身的运动和生成;与布朗肖几乎同时有布勒东的自动写作,即作家在半睡中将自我意识降至最低值,而契合那无尽低语(inexhaustible murmur);在布朗肖之后有罗兰·巴特的作者之死与文本之悦。这些创作实践或者文学理论,都是在"谁在写？"这一问题之下而衍生的,但是并没有以此终结和封闭问题,相反问题本身依然保持敞开。

布朗肖晚年,在一篇题名为《友谊》的悼念巴塔耶的文章中,提出只有在自我与他人之间的绝对距离中,或者更重要的,只有在我与自我之间的巨大罅隙中,即在我成为"谁？"(who?)时,真正的友谊才可能存在。那么,既然这种与自我本身的距离无法有一个确定的命名,既然

---

① Maurice Blanchot, *The Book to Come*, trans. Charlotte Mandell, Stanford, California: Stanford University Press, 2003, p.212.

② Maurice Blanchot, *The Book to Come*, p.213.

③ Maurice Blanchot, *The Book to Come*, p.208.

"谁在写?"的问题也无法拥有一个确定的答案,就以带问号的"谁?"(who?)来描述这种未定状态,"通过以'谁'之敞开性来替代一个锁闭的,独一的'我'。这并不意味着他只是问自己'我存在,这个我是什么?'而是更加根本的,毫不犹豫地在将其自身还复成某个'谁?',还复成某个未定的'谁?'之未知的,不可捉摸的存在,而不是将其还原成'我'。"①因为"谁?"打破了"我"的狭隘局促的主体性的存在方式,而向一个不定的,更加阔大的状态敞开。

如果说"谁在写?"这种提问方式开启了有关写作的阐释的无尽可能性(尽管这种说法依然有某种挥之不去的主体阴影在),那么"谁? 在写"则是这一问题的最好回答。"谁?"是主体从封闭的自我之狱中走出来,接受外边(outside)的召唤。由"我"到"谁?",这或许相应于庄子《齐物论》中的"吾丧我","我"是狭小的、封闭的、障隔的小我,而"吾"却是物我无碍、天人合一的大我,"丧"则是从小我的禁闭中走出来,与万物,与天地相通。"丧"与布朗肖的越渡(transgression),与"失去说'我'的权力"(losing the power to say I)有着相似之处。而布朗肖的"谁在写?"的问题,在庄子的《山木》中,也有类似的疑问:"人与天一也,夫今之歌者其谁乎?"成玄英将这句话疏解为:"夫大圣虚忘,物我兼丧。我既非我,歌是谁歌! 我乃无身,歌将安寄也!"在写作中的作者,正相应于庄子所说的歌者,或者还有布朗肖说过的舞者②,都处于一种忘我、丧我、无我的状态,这与浪漫主义所谓的灵感不同,因为它并不是指向一个大写的主体,而是指向主体无法通达的外边。

因此,写作对布朗肖来说,又是对主体之狱的一次冲决和突破。所以,写作与死亡有着共同之处,因为都要经历一种主体之"死"(dying),也就是自我成为无人(no one)和某人(someone),成为非我(I-less)而朝向外边,在某种意义上来说,也就是自我成为他者。

---

① Maurice Blanchot, *Friendship*, p.291.

② "某种奇特的外边,我们被抛入其中,被抛入我们自己的外边。舞蹈,也是如此。"Maurice Blanchot, *The Book to Come*, p.235.

三、与他者相遇——主体之死（dying）

尽管布朗肖"之前的写作事实上已经准备好了与他者相遇的空间"①，然而确实，直到《无尽的对话》，布朗肖才直接面对他者的问题。如果按照自我逻辑的发展，那么自我与他者之间的关系就将无可避免地处于紧张和暴力之中：或者是他者始终是我的认识和权力的客体，始终是对象性和工具性的存在；或者他者作为另一个"我"，作为"他我"而拥有其力量和自由，那么我必将沦为他者之他者。如此，自我与他者必然陷入一种暴力循环，这是自我逻辑和主体霸权在一切存在者身上复制的结果，也就是导致霍布斯的"一切人反对一切人"，或者萨特"他人即地狱"的症结所在。因为主体意志没有给他者之外在性、它异性或者陌生性留下任何空间，而相反却试图否弃和消灭一切外在性和异质性，将之纳入主体的认知或权力范畴之中，这也就是消除了他者之为他者的根本，而试图将他者带至同一者，带至总体的视域中。

在《无尽的对话》中，布朗肖重新考察了自我与他者之间的关系。为了避免这种关系陷入唯我论的暴力循环中，关键是认识到，自我与他者的关系并非直接的，而是断裂的、无限的。用布朗肖的话来说，"这种关系必须是一种'折曲'（curvature），A 与 B 的关系不是直接的、均衡的，或者可逆的，也不再形成一个整体，甚至将不会在相同的时间之中发生；他们既是非同时性的，也是不可通约的"。②从我到他人的距离与他人到我的距离并不是等值的。他人与我也从来不在"同时"彼此相遇，传统的机械时间并不足以衡量二者各自不同的时间状态。甚至，他们并不处于一种均一的，同质的空间之中，而是各自在一种分化的，非一同构的空间之中。因此，自我与他人的关系是一种双重的不均衡，

---

① Maurice Blanchot, *The Infinite Conversation*, p.xxv.
② Maurice Blanchot, *The Infinite Conversation*, p.6.

双重的非连续，双重的不对等，以及绝对不可逆的关系。所以，主体无法通过意向性，或者通过权力意志而将他者完全纳入我的掌控之中，他者之它异性是不可能被完全还原成彻底的同一性的。在自我与他者，或者说，在人与人之间，最重要的，或许就是这一"之间"（between）——"一个空的空间，却不同于绝对的虚无，一种无限的分离。"①认识到他人与自我的关系中必然存在着这种无法跨越和减约的距离，也就是意识到主体意志的虚骄和僭妄，这也是走出主体之狱的第一步。

更重要的是，在自我与他者直接相遇时，他者的面孔（face）打破了我的自我同一性，他者之眼开启了一种无限和超越的维度，而我的权力在他者的凝视之下成为极端的非权力（non-power），我之为我的主体性在他者的侵入之下而被放逐，在我（ego）与自我（self）之间，横亘着他者的绝对距离。布朗肖对他者之面孔的分析，受到了列维纳斯的影响，在列维纳斯的语境中，面孔作为他者之它异性的具体表现而出现在我面前，面孔具有绝对的外在性，因为，"面孔抵制占有，抵制我的权力"②，他者的面孔不再是某种可见之物，不再是我的经验对象，相反，由他者之面孔所打开的外在性和超越性的向度让"意识的唯我论的忧虑"③走向了终结，并且也终止了"同一者与自我的不可抗拒的帝国主义"。④

布朗肖《未知的知识》这篇文章中谈及自我与他者相遇时，"我看到，自'这些毫无防备的眼睛深处'，自这种虚弱，这种无力之中升起了一种把它自身极端地交付于我的权力之下的东西，而同时又绝对地拒绝这种权力，让我的至高权力成为不——可能。列维纳斯强调，在面孔之前，我不再能够（I am no longer able）"。⑤如前所述，在布朗肖的理解中，他者与我之间的关系，事实上存在着不均衡，不可逆的两个向度。第一，从我而言，即"在自我与他者的关系中（the relation of the self to the other），他者超出了我的理解。他者，逃离我的权力的不同者，至高

---

① Maurice Blanchot, *The Infinite Conversation*, p.68.

② Emmanuel Levinas, *Totality and Infinity*, p.191.

③④ Emmanuel Levinas, *Collected Philosophical Papers*, p.55.

⑤ Maurice Blanchot, *The Infinite Conversation*, p.54.

者——因此也是无力者;陌生者,无依者"。①这就是说,他者不再是我的权力的对象和客体,正因为他的无权力(powerlessness),他的穷乏,他的陌生性,让我的主体的权能成为不—可能,从而,他者无限地超出我的权力域,甚至超出整体性的终极视域。第二,自他而言,"在他者与我的关系中(the other relates to me),一切似乎都倒转了,遥远成为切近,而切近成为侵扰我的魔力,那加诸于我的,让我与我自身相分离的——就好像分裂在我自身之内起作用,让我非同一化,将我抛入消极性,使我失去一切主动权,并且,剥夺了我的在场"。②他人拒绝被同化,并且击溃隐含在"我"之中的权力,更重要的是,正如拉斯·伊耶(Lars Iyer)所说的,"他者的存在插入我的自足性的中心"③,让我之为我的同一性受到质疑和挑战。因此,与死亡和写作中自我面临的境况相似,自我在他人的面孔之前,丧失了第一人称特权,丧失了自我同一性,而陷入一种消极性中,也就是坠入一种死(dying)的状态之中。在这种情况下,"我也无异于他者:不可定义的,非我的(the 'I'-less),无名的,那无法企及者的在场"④,也就是说,"我就是远离自身的他者"。⑤

在列维纳斯的他者理论中,作为主体的自我也已经被他者入侵、内嵌而丧失了其确定的存在,因此作为他者的"人质",自我要担负起对他者的无限责任,这指向列维纳斯哲学的伦理维度。但是,对布朗肖而言,由主体之死(dying)所打开的,却是人这种存在者别样的生存空间,也许指向的,是一种生命维度。在与他者相遇时,消极性(passivity)、极端的消极性(radical passivity),摧毁了固若金汤的主体意志的高墙,摧毁了封闭的自我之狱,不仅让我丧失一切占有和征服他人的可能性,而且让我"失去说'我'的能力",让我成为非我(I-less),我既已是非我,已是自我之他者,无我故无彼,那么他者也就不再与我绝对隔阂,从而,

---

①② Maurice Blanchot, *The Writing of the Disaster*, p.19.

③ Lars Iyer, *Blanchot's Communism: Art, Philosophy and Political*, Houndmills, New York: Palgrave Macmillam, 2004, p.80.

④ Maurice Blanchot, *The Infinite Conversation*, p.70.

⑤ Maurice Blanchot, *The Writing of the Disaster*, p.23.

彼我，或者说他者与自我之间的区隔对待也就消失了。在彼我之间起作用的，唯有"之间"(between)的无限性。这种距离和无限，并不是指具有自我同一性的两个确定实体之间的隔阂，而是各自的内在性(interiority)已然被外在性和它异性侵蚀而失去了自身同一的存在之后的一种交融(communication)，即彼此之间无限遥远，又无限亲近的一种状态。如此，人与人(或者人与物，人与一切他者)之间的暴力根基就不复存在了。

在死亡、写作以及与他者的关系中，主体都面临着一种丧失自我，以及我(ego)与自身(self)之间无限分离的境况，布朗肖用死(dying)来描述这种状况。作为比死亡(death)更强大的死，一直都是布朗肖思想的关键词。在晚期《灾难的书写》中，布朗肖更是以消极性(passivity)，以及虚弱(weakness)或者非权力(powerlessness)来对主体之死的状况进行反复的阐述。这和布朗肖始终关注他者，关注他人之它异性，以及物的晦冥性有关，布朗肖一直在寻找一种不被主体意志侵袭和同化，不被概念和范畴等主体性工具带入日光之下①的与他者接近的方式。唯有在主体之死(dying)中，他者之它异性，物之晦冥性才能真正得到尊重和庇护，"死(dying)是看见不可见者，是言说不可言说者的一种方式"。②不可见，不可说是说主体意志无从抵达之处，是理性、认知等等触及不到的东西。只有在主体放弃"我"的权力，放弃以意志去征伐，以工具去量度，以理性去裁决，与他者的相遇，才不会沦为自我帝国扩张的一部分。因为"主体之死(dying)颠覆了存在的整个次序，让时间丧失秩序，让生命向消极性敞开，让其暴露于未知，以及陌异者之前"。③颠覆了存在的秩序，也就是自我不再是存在的中心，主体不再以理知等工具施展自己的强力和暴力，如此，不再是我看万物，万物也看我，在我

---

① 与列维纳斯，利奥塔一样，布朗肖思想中也有一种对光之暴力的批判，认为光以及视觉形而上学隐含了一种总体性的维度，而他们却致力于打破总体性(见 Martin Jay, *Downcast Eyes. The Denigration of Vision in Twentieth-Century French Thought*, Califonia: University of Califonia Press，1993，p.543)。

② Maurice Blanchot, *The Writing of the Disaster*, p.23.

③ Maurice Blanchot, *The Writing of the Disaster*, p.29.

与万物之间,存在着一种角色的互渗和颠倒,存在着一种根本的亲缘性。所以布朗肖说:"不受权力主宰之处……死(dying)就是生,死就是生命的消极性,是生命出离自身。"①这里消极性并非是积极的反面,而是一种更加本源与深层的存在方式,是进入"外边",与他人,与万物相遇而不将之纳入自我之狱的唯一方式。由此,布朗肖的主体之死(dying)与结构主义所宣称的主体之死(death)有着本质的差别,布朗肖的主体之死并非主体的泯没和消失,而是主体丧失一切权利,走出"自我之狱",抵达"外边"。是在"外边"这种更加本源和深阔的空间中,人与他者,与万物的交通无碍。是人这种存在者的一种非暴力,更自由的生存状态。从这个意义上来说,死之空间,也就是布朗肖的"文学空间"。

---

　　① Maurice Blanchot: *The Writing of the Disaster*, p.21.

第四章　布朗肖的他者观

第一节　有关"他性"(otherness)的几种形式

一、已知与未知——同一者与他者

在《未知的知识》一文中,布朗肖讨论了恐惧。他认为,在恐惧中,"我们离开自身,被抛向外边,我们在恐惧的掩饰下,经历了完全外在于我们,完全与我们相异的,外边本身"。[①]恐惧让我们丧失了自我同一性,而在一种非—经验的经验中,与外边相遇。那么,导致恐惧的根本原因,在布朗肖看来,就是一种与未知(the unknown)的突然遭遇。未知并非是纯粹的不可知者(pure unknowable),也不是尚未被认知之物(not yet known)。未知是不会进入主体的掌握之中的,也就是不能通过逻辑和概念还原为思想,不会落入知识的圈套之中的东西,或者说,未知者的未知性其实也就是他者[②]的他性。这样,未知与知识事实上

---

① Maurice Blanchot,*The Infinite Conversation*,p.49.

② "他者"在布朗肖的文本中是一个常见而复杂的词,它有几种意思,第一是指他人,第二是一种无法被概念化和主体化,无法被纳入同一者的整体之中的一种他性(otherness),第三,指非此非彼,始终处于滑动和游走之中的中性(neutrality),如布朗肖在《叙事声音》一文中所说:"有关他者,我们必须抑制住将它大写的倾向,因为那样一来,就必然会以一种庄严的实在性而将他者确定下来了,就仿佛他者具有某种实体性,某种独一无二的在场一样。他者绝不简单的就是他者。他者,既非此,也非彼。中性即意味着他者的逃离此或者彼,就如同他者逃离整体性,始终在属于、行动以及主体的外边形成自身。"(见 Maurice Blanchot,*The Infinite Conversation*,p.385)

是完全对立与异在的两端,因而,未知也就从根本上威胁到了思想。这种威胁到思想的未知,以及未知所带来的恐惧,则是思想家最隐蔽,最深刻的恐惧,因为"他恐惧的是那威胁到他思想的东西",也就是说,思想家恐惧的,就是恐惧本身。到这里,布朗肖以戏谑的口吻,将哲学家称之为"恐惧恐惧的人"①。

然而,事情还没完。正是因为对未知的恐惧,"对恐惧之中的暴力的恐惧,威胁着将他(哲学家)从一个恐惧的人变成暴力的人"。②出于对未知、他者、偶然性等的恐惧,哲学家以概念和范畴等知识形式构筑的安全稳固的空间,事实上正是实现了对前者的遮蔽、拒绝或者同化,用布朗肖的话来说,也就是对其施展暴力。并且,哲学家所施展的暴力比他在恐惧中所遭受的暴力要大得多,而概念、逻辑等知识形式就是哲学家所使用的暴力工具。"在知识中……存在着主体对客体,以及同一者对他者的篡夺,并最终将未知者还原为已知者。"③知识所依据的唯一的尺度就是已知,在已知的基础之上所进行的假设、推理、演绎、分析、综合等等的思维运作都是在同一者的标准之下实现的对未知与他者之他性的排除、篡改与掠夺。这种对知识暴力的认识,在巴塔耶和列维纳斯那里也有同样的警觉和批判,巴塔耶在《内在经验》中就曾提到过:"知意味着:与已知相关,将未知之物把握为另一种已知。"④而列维纳斯在《时间与他者》中也表示:"通过知识,无论人们是否希望如此,客体都会被吸收进主体,二元性消失了……所有这些关系导致的结果就是他者的消失。"⑤以及《整体与无限》中所说的:"将存在者中立化,进而理解或者攫获它。因此这不是与他者的关系,而是将他者还原成同一者。这就是定义的自由:保持自身以反对他者,尽管所有与他者的关系都是为了确保'我'的独裁统治。主题化与概念化……不是与他者和平共处而是对他者的压制和占有。因为占有而肯定他者,但却是对其

---

①② Maurice Blanchot, *The Infinite Conversation*, p.50.
③ Maurice Blanchot, *The Infinite Conversation*, p.51.
④ Georges Bataille, *Inner Experience*, p.108.
⑤ Emmanuel Levinas, *Time and The Other*, p.41.

独立自存性的否定。"①所以,哲学家的恐惧所导致的,就是以理解、定义等等为手段而施展的一种"知"的暴力,"那被知者——未知者——必须屈服于知。"②这样,"知"事实上就已经成为希腊神话中的普洛克路斯忒斯之床,一切未知都要在"知"的丈量之下,截断或拉长,以适应"知"的标准,而事实上,经过"知"这张普洛克路斯忒斯之床的测量,未知已经失去其本来面目,而被"知"扭曲与赋形,成为"知"的受害者了。

布朗肖努力的方向,就是揭露哲学家以"知"裁定未知,以同一者压制他者这种暴力的认知模式,而试图唤醒一种"以未知为尺度的知"。因为知其实就是布朗肖所谓的一种权力模式,也就是可能性,"强力威胁着我们,即使作为可能性的基本模式的理解,也是一种把握,它将多样性汇聚于整体,将差异同一化,并且通过一种辩证运动的还原,经过漫长的轨迹,而将他者带回同一者"。③如果说知识仍是同一者的权力运作的话,那么布朗肖最希望的,就是打破这种认知的暴力模式,打破"知"的独裁,而以未知为尺度来衡量未知,也就是还原未知的本来面目,寻求与未知的和解。如凯文·哈特在《黑暗的目光》中所提到的:"布朗肖对不可知者保持忠诚,而不像笛卡尔,让不可知者臣服于被知的必然性。"④对不可知,对未知保持忠诚,就是激活与未知之间存在着的一种"比知更亲密,也更重要的关系"。这并不是要让认知或者思想在未知面前投降,而是为了让思想遵照一种不同于同一者,也即不同于权力,不同于暴力的标准来宣示自身。这另一种标准,"也许正是他者的标准,是他者作为他者,而不是依照改变他者(之他性)而适应同一者的明晰性"⑤也就是说,不以知识为标准来压制和占有未知者或他者,而是在维持其陌生性、不可知性、相异性以及绝对的不可占有性时如其本然的与未知,与他者相遇。

那么,这种不能被还原为同一者的他者,这种不会落入知识的暴力圈套中的未知,在布朗肖那里,主要有几种存在形式:第一是当下即是

---

①　Emmanuel Levinas, *Totality and Infinity*, p.46.

②③⑤　Maurice Blanchot, *The Infinite Conversation*, p.43.

④　Kevin Hart, *The Dark Gaze: Maurice Blanchot and The Sacred*, p.106.

者(what "is", the immediate),或者说"此刻",也就是语言对其无能为力的直接的在场之物;第二就是不可知者(the unknowable),或者未知者(the unknown),也就是不能被纳入知识范畴中的一切;第三则是他人,带着存在于主体自我的权力领域之外的他人之陌生性与他性。以上几种存在,在布朗肖看来就是永恒的他者,是不能被语言、概念等思维工具纳入整体之中的,然而却又往往是知识这种同一逻辑的直接受害者。以下具体讨论这几种他者之他性,以及同一者的暴力模式对这种他性的篡改和压制。

二、作为"当下即是者"(the immediate)的他者

在《伟大的拒绝》一文中,布朗肖提及了法国诗人博纳富瓦(Yves Bonnefoy)对当下即是者(what "is")的迷恋与执着,进而思考了这种最熟悉、最习以为常的"此刻",或者转瞬即逝者(the immediate)在我们的语言与思维中究竟处于怎样的境地。布朗肖并不执着于物的实体存在,而是将物看成是一种移易的运动(slipping movement),"作为物的同一性崩溃了,而物之整体也在这种移易的运动中崩溃了。易变让物仿佛还是物,还是物之总体——不是作为庇护的安全秩序,甚至也不是必须与之抗争的敌对秩序,而是作为一种密移的运动"。[1]一切都在流动与变易之中,倏忽生灭,无间似续,所以作为时间之最小单位的"此刻"可以说是一种假设,因为并没有"此刻"的瞬间暂住。而当下即是者,即此刻的存在也是处于迁流不已的运动之中的,因此根本不能以语言与概念等方式将其捕捉。

所以,以语言为"现在"命名,当然是水中捞月,"只要我说'现在',说着这个独一无二的'现在'的时候,同时也就是以一种普遍形式以及永恒在场的形式说出了每一个'现在',而这个现在本身,这个独一无二的现在,却溜进了词语之中,带着消散于此的谜。围绕着它,我可以添

_____

[1] Maurice Blanchot, *The Infinite Conversation*, p.21.

加上多重限定,但是除了以一些一般特征来详细说明它,以及试图以将它固定化的方式来把握它的消逝,除了将它改变之外,什么也做不了"。①因为语言不是为了揭示那在当下即是者之中消失之物,而是为了显现那始终持存之物而设立的。语言以一种稳固的结构,命名的是普遍和一般。在语言中,动变成静,特殊成为普遍,差异被同一化,不确定被确定下来。在语言中,消逝(disappearing)被止住了,永不停歇的消逝运动因语言而凝固,并获得了形式,而意义、观念、一般概念等知识的稳固大厦就以此为地基而建立起来。名称是稳定的,并且也让它所命名之物稳固化,但是那时时刻刻顿转无穷的物,那已经消逝的独一无二的瞬间却自名称的指缝中逃逸了。实在(the real)是"趋变",而语言是"守常",在实在与语言之间,存在着永远也无法弥合的矛盾,而这一矛盾在"此刻"这个概念中达到前所未有的明显与紧张。

布朗肖仔细分析了当下即是者与语言之间存在着的这种紧张和错位,他说:"当我言说时,我很清楚地意识到,只有那当下即是者从名称之中逃离时,只有当下即是者与死亡迎头撞上而成为名称的现实性时,才能有言语;这种死亡的生命——事实上,最普通的言语也是最可敬的,因为它也是更高层级的概念言语,但事实仍然在于——而这也是我们因盲目而遗忘,因懦弱而接受的——那当下即是者事实上已经消逝了。什么东西曾在这里,而现在却不在了,我怎样才能找到它,我怎样才能在言语中,重新获得那我为了言说,为了言说它而不得不排斥的之前的在场之物?而这,将唤醒语言之痛,因为它渴望回到那始终错失之物。"②就像前面说到的,语言在布朗肖看来,事实上构成了对直接的在场之物的一种"谋杀",语言是在当下即是者的死亡之上建立起来的,这是语言的暴力方面。布朗肖甚至用非常极端的语言表述过语言的暴力因素:"在任何言辞被说出来之前,必定存在某种无边的大屠杀,一场远古的洪水,将一切造物都投入一个巨大的海洋。上帝创造了有生命

---

① Maurice Blanchot, *The Infinite Conversation*, p.34.
② Maurice Blanchot, *The Infinite Conversation*, p.36.

的存在物,但人类却不得不消灭它们。"①因为语言只能建立在物的死亡,也就是物的非存在之上,语言所命名的,只能是物之所"不是"。"概念(因此一切语言)是构建一个安全领域这个伟大事业的必要工具,我们不知疲倦地建造这个事业,为的是让那当下即'是'者的隐秘的瓦解力量与无所不在的腐蚀性被遗忘,从而获得一个概念与客体,关系与形式的清晰明确的统一体。"②当下即是者所指向的是一个充满变灭、无常、偶然、消逝、混乱的世界,这对人而言无疑是可怕的,是灾难性的,因此,建立一个稳固的、安全的、明晰的概念之永恒世界是生存的必要。但是一旦这个世界建立起来,则人又与真正的流变,与物之真实的晦暗性(obscurity)失之交臂了,"人类被诅咒了,除非通过他所创造的意义,他无法接近任何物,经验任何事。他看见自己被锁闭在日光之中,他知道白日没有终结,因为终结处依然是光,因为,正是在存在者死亡之处,它们的意义——就是存在——才会到来"。③因此,概念的暴力所导致的结果,是认知的虚假和孤独。

而另一方面,若从转瞬即逝者的真正的存在来说,则它始终是逃离了语言的捕获,也就是说,语言的所指维度所指向的,并不是确定的实在物,而是幻影。布朗肖甚至将这种直接的在场之物比喻为影子猎物,"我们环绕着,追踪着这一奇特的猎物,而一旦被俘获,它就成了影子"。④可以说当下即是者就是一种最虚渺的真实,虚渺是因为人所拥有的认知工具都太笨重,太缓滞,根本追踪不上它倏忽变化的步伐。因此布朗肖又将其称为"神圣者"(the Sacred),神圣者就是转瞬即逝的在场(the immediate presence),就是可感的在场之现实性。"在场,这就是神圣者——它不提供任何把握或立足点,当下即是者的可怖(terror)击溃了一切把握,它就是破坏性的混乱。"⑤或者,换句话说:"当下即是的在场是不能够被呈现的在场,是不可通达(non-accessible)的在场,是

①③　Maurice Blanchot, *The Work of Fire*, p.323.

②　Maurice Blanchot, *The Infinite Conversation*, p.33.

④　Maurice Blanchot, *The Infinite Conversation*, p.36.

⑤　Maurice Blanchot, *The Infinite Conversation*, p.37.

排斥或者超越任何呈现的在场。这等于是说：当下即是者，因其在场而无限地超越任何表现的可能性，也就是极端不在场之物的无限在场，在场者在其呈现中始终是无限的他者，是他者以其它异性的在场。"①当下即是者一旦被抓住，被呈现（present），被表象（representation），那么它就不再是它自身，它就成为了它自身的他者。因此，当下即是者以其变动，以其不确定，以其差异，以其独异性（singularity），而始终在概念系统的网罗之外，是无法被概念和预言压制进同一性的独裁领域之内的，因此，当下即是者，或者直接的在场之物，就是纯粹的他者。

三、作为"不可知者"（the unknowable）的他者

在《深层问题》一文中，布朗肖区分了一般问题（the general question）和深层问题（the profound question），他认为"一般问题是与同一者相关的，如果问题指向万物，那么它也是为了回到同一，并最终将一切都还原为同一者。而最深的问题，'一切'都与他者相关——并不满足于一切，而是意指那与一切不同的东西（绝对的他者，在总体中没有位置）并以此肯定那不再回到同一者的纯然的他者"。②简单来说，一般问题就是以同一为尺度，以理解与知识为手段而到达整体的完成，也就是世界运行的动力所在，它偏向于揭露，即偏向于明的一面。而深层问题则是以他者之它异性为尺度，在接近事物的熟悉性的同时，保留其陌异性，它偏向于守藏。

在同一篇文章中，布朗肖以俄狄浦斯和斯芬克斯相遇的场景来模拟一般问题与深层问题的相遇。俄狄浦斯站在斯芬克斯面前，其实就是人站在非人（non-human）面前，斯芬克斯向俄狄浦斯发问，"当斯芬克斯用一种属于它的明亮且危险的语言说话时，其实是最深的问题在说话。而当俄狄浦斯回答时，以一个合适的词充满确信的回答……这

① Maurice Blanchot, *The Infinite Conversation*, p.38.
② Maurice Blanchot, *The Infinite Conversation*, p.19.

是最深的问题与一般问题值得纪念的一次相遇"。斯芬克斯的存在,其实是人的危险的、非人的,也是神圣的、谜一般的存在,是人的不可知、不可见的晦暗因素。斯芬克斯的提问,其实也是就人的这一部分来问的,是不能够用"理解"这种抽象的方式来将问题终结的,是不能够以简单而确定的"人"而将谜底大白于天下的。但是俄狄浦斯是有着简单性与自我满足感的人,他以人的方式作出"人"的回答,以此驱散了人的未知与晦暗的部分。俄狄浦斯知道怎么去回答,他有着充分的属于人的自信,"但是这种知道却无异于是肯定他自己的无知,他能够回答也许仅仅是因为这种深刻的无知。俄狄浦斯知道人作为普遍的问题,因为他对人是无知的——并且对这种无知一无所知——对人作为最深刻的问题是无知的。一方面,他获得了思维的抽象的明晰性,但是另一方面,他却对他自己的深度有一种可怕的无知。后来,他挖出自己的眼睛,试图调和明晰与模糊,知识与无知,可见与不可见,也就是这一问题相对立的两个领域,然而这一切都太晚了"。①

在黑格尔那里,斯芬克斯这一狮身人面像是前希腊象征艺术的典型形象。此时,艺术的意义被禁闭在模糊的象征中,禁闭在神秘与幽暗中,精神在此时还无法从动物性中破土而出,它还未能获得自我意识,去认识自身,并因此驱逐黑暗与蒙昧。"人类精神试图从昏暗的动物力量中挣脱出来,将自身向前推进,但是却无法给出他本身的自由和动物性的形式以完美描述,因为他依然与外在于自身的东西紧密相连,并为之困扰。"②俄狄浦斯与斯芬克斯的相遇,俄狄浦斯以"人"这个谜底击溃斯芬克斯的晦暗力量,对黑格尔来说显然是精神的一次大事件,因为这是精神之光第一次完全照亮物质的蒙昧力量。"这个象征谜语的解释就在于显示一种自在自为的意义,在于向精神呼吁说:'认识你自

---

① Maurice Blanchot, *The Infinite Conversation*, p.18.

② Hegel, *Aesthetics: Lectures on Fine Art*, trans. T. M. Knox, Oxford: Clarendon Press, 1975, volume I, p.361.朱光潜译为:"人的精神仿佛努力从动物体的沉闷的气力中冲出,但是没有能完全表达出精神自己的自由和活动的形象,因为精神还和跟它不同质的东西牵连在一起。"见黑格尔:《美学》,朱光潜译,商务印书馆1997年版,第二卷,第77页。

己!'就像著名的希腊谚语向人呼吁的一样。意识的光辉就是这样一种明亮的光。"①这也是哲学的大事件,自此以后,精神不再屈服于物质的重压之下,不再被异质的东西所捆绑和囚禁,而是在一种长驱直入的意识之光的引导之下照亮一切黑暗,将一切异质、未知之物都还原成意识的同一和已知,这也是黑格尔的绝对精神的第一次重大胜利。

但是,布朗肖却在斯芬克斯的死亡和俄狄浦斯挖出自己双眼这一事件中勘察出更深层的涵义。"斯芬克斯死了,因为它的秘密显露了。但是,就如让-约瑟夫·古(Jean-Joseph Goux)所说,俄狄浦斯的聪明是一种不能不被惩罚的傲慢。古认为索福克勒斯的戏剧展示的是哲学家对斯芬克斯所施行的判决。然而像俄狄浦斯一样,哲学家随后也必将被惩罚。谜语以一种'我无解'的声音回荡在作品之内。"②——拉斯·伊耶对布朗肖的解读无疑是准确的,布朗肖对这出戏剧的重新编排的着眼点不在于俄狄浦斯对斯芬克斯的战胜,而在于俄狄浦斯挖出自己的眼睛,让由他自身的理性所开拓出来的可见与不可见,可知与不可知的严格界限变得无效而重新趋于混沌。俄狄浦斯所使用的是哲学的方式,也就是是驱逐晦暗,让一切都回到作为主体的人,并最终回到大写的一(One),在西方几千年的哲学语境中,"大写的一,同一者,仍然是最初与最后的词。为什么大写的一是最终与唯一? 在这一意义上,辩证法、本体论,还有一切对本体论的批判,事实上都基于相同的预设:这三者都将自己交付于大写的一:假设大写的一在一切事物中完成自身,假设将存在理解为聚集、光,以及存在者整体,或者,假设在存在之上或超越存在,它将自身肯定为绝对者"。③俄狄浦斯以主体的意识之光击溃了阻挡在大写的一前进道路上的斯芬克斯,宣判了它的死刑,从此将斯芬克斯的谜题以简单的"人"字为谜底而纳入大写的一的进程之中。但是,"斯芬克斯并非仅仅出了一个谜题,而是揭示了人类存在者中的非一人部分。它揭示了,事实上,它就是向某种'外边'的敞开,因为它打

---

① 黑格尔:《美学》,第二卷,第 77 页。

② Lars Iyer, *Blanchot's Communism*: *Art*, *Philosophy and Political*, p.48.

③ Maurice Blanchot, *The Infinite Conversation*, p.439.

破了我们对它的一切认识。以'人'这个词做出回答,也就是抵御由斯芬克斯的问题所开启的力量,并以此保护自身"。①俄狄浦斯以一种哲学的傲慢无知也宣判了一切晦暗和未知的死刑,人之非—人的、不可知的部分也随着斯芬克斯一起跌落山崖,消失在哲学的视野之中。在布朗肖看来,这场戏剧的悲惨结局,俄狄浦斯的失明,正是对哲学悲惨结局的一语成谶。哲学因遗忘了他者之它异性,遗忘了未知者之未知性,以"同一"为名,在人类历史上制造了诸多灾难。而 20 世纪哲学也面临着同一王朝的倾危,也许也面临着"挖出自己的双眼"的不得已的酷刑。

所以,布朗肖要回到斯芬克斯之前,他对意识之光的暴力保持着深刻的警醒,他关注未知者的未知性,关注始终在意识之光的晕圈之外的晦暗性。"我们怎样才能发现晦暗者而不让其暴露于目光之下? 这种关于晦暗者的经验,这种晦暗者在其中给出其晦暗性的经验,究竟是什么?"诸如此类的问题,是出于布朗肖对他者的深刻关切。不可知者并不是纯粹的认识论内部的问题,而是认识论的极限,类似于康德"物自体"(自在之物)的设定。在康德那里,"现象"是依存于主体的、可认知的对象,而"物自体"则永远是主体的认知能力所不及的,不依存于主体而独立自在的。但是"现象"与"物自体"并非天渊之隔的两个领域,而是一个钱币的两面。主体由于其具备先验的感性形式如时间和空间,以及由因果、本质、偶然、必然等范畴构成的先验逻辑这一层"摩耶之幕"的笼罩,而只能与"现象"相遇,却不及于"物自体"。黑格尔企图用概念辩证法来消灭外在的自在之物,以及思维与存在的根本区别,但是在康德看来,人的认识或思维,对物自体是毫无办法的。康德在知性论中设定"物自体"作为范畴的限制性概念,是从人类认识的有限性来立论的,这是康德对布朗肖的影响。但是,他们的不同在于,在康德止步的地方,布朗肖还要往前一探究竟。康德所做的,只是勘察测量知性的土地,划定它的疆界,规定它的位置,"这片土地是一个岛屿,它本身被大自然包围在不可改变的疆界中。这就是真理之乡,周围是一片广阔

① Lars Iyer, *Blanchot's Communism: Art, Philosophy and Political*, p.85.

而汹涌的海洋".①如果说康德严格的将思维控制于"现象"的小岛之内,那么布朗肖则有朝着"物自体"的汪洋大海,朝着"未知者"的海洋远航的渴望。

那么,如何才能够与未知者相遇,而不抹杀其未知性,哲学以及认知的方式自俄狄浦斯开始,就被证明是无法做到这一点的。"与未知者的关系不同于任何客观知识,它也不同于源于直觉或神秘融合的知识。作为中性的未知者设定了一种关系,它不同于一切同一性、整体性,甚至在场的要求。"②客观知识是设定对立的主客观,然后再以辩证的方式间接地实现同一化,而直觉或者交融的狂喜体验则是打破能所对立,直接与未知者交融,直接获得整全的感验,这两者都为布朗肖所批评。因为在这两种关系中,都设定了"整体"与"合一",简言之,其终极视域还是大写的"一",而在整体中,依然没有他者或者未知者的合法地位。所以布朗肖提出了"第三种关系"(the relation of the third kind),"它并不朝向整体,它不是由整体视角而来的,也不将整体当做目标,它不是一种总体化的关系。大写的'一'不是其终极视域,始终被当成连续性、聚集,或者存在者总体的存在也不是这种关系的最终视域".③这第三种关系是一种中性的(neutral)的关系,是一种断裂的关系,是一种外在于总体性,外在于光之领域的关系,因为光的在场还是意味着一种视觉形而上学,"即使当我们看时,权力也在积聚。因为,在看时,我们将立于面前的人或物维系在我们的视域中,在我们的视觉圈之内——也就是在可见—不可见的维度之中"。可见—不可见的维度的设立,就是知识本身在起作用,由于一切所见都包含了一种整体的视域,由于视觉经验就是全景式的连续性的经验,所以,在光的暴力中,未知者不仅臣服于知识和理解,也臣服于任何一种与整体视角相关的认识形式。④

① 康德:《纯粹理性批判》,第216页。

② Maurice Blanchot,*The Infinite Conversation*,p.300.

③ Maurice Blanchot,*The Infinite Conversation*,p.67.

④ 在法语中,"看"(voir)即意味着"拥有"(avoir),而且,看是一种意识和精神的占有,而同根词"认识"(savoir)则意味着认识论意义上的"能够"(pouvoir)。"认知"、"拥有"、"能够"在法语构词中都以"看"为词根而构成,这是视觉中心主义的深远影响。

中性的关系不是与整体相关的关系,不是在光的统治之下的关系,借用杰拉尔德·布伦斯的话说,"中(the neuter)并非关系中的一项,但它也并非什么都不是;它意味着一种别样的关系,一种非关系的关系"。①在这种非—关系的关系中,"未知者将得到肯定、显明甚至展示:揭露——以何种方式?——正是以一种将它继续保持为未知的方式。在这种关系中,未知将以一种仍处于遮蔽状态的方式被揭露"。②这种关系不同于光的经验,因此也不同于理解或者权力,这是一种言语(speech)的经验。布朗肖说:"在未知面前生存,与未知共在,就是承担起言语的责任,也就是不施展任何形式的权力而言说。"③概念语言显然是语言的一种权力形式,在布朗肖那里,非—权力的言语是对概念语言在哲学中的垄断的地位的打破,最典型的例子就是赫拉克利特的语言。

赫拉克利特所使用的词语,明智—物(the wise-thing),普通—物('the common-thing),这——一个(this-the-one)等等,在布朗肖看来"并不是亚里士多德或者黑格尔意义上的概念,它们也不是柏拉图意义上的理念,准确说来,它们不是任何意义上的概念。通过这种中性的命名(法语不能直接翻译这种命名),某物被给予我们去言说,而这是我们的抽象化和普遍化的模式所不能提出的"。布朗肖十分看重这种中性的言说,他甚至将中(the neuter)解释为:"一种超越意义的意义"。中的含义,从词源上来分析,是"既非此,也非彼",意义是意识对物的攫取和提炼,是一种消除他者之他性的行为,因此中性的言说要达到的,是一种超越意义的意义,也就是重新回到物,让未知者仍然处于一种未定与遮蔽的领域。"既非此,也非彼"是在思维与存在的两端,在言语与未知者之间,始终游移,始终不确定,因为一旦被确定,则语言又沦为权力的附庸。所以拉斯·伊耶评论布朗肖对赫拉克利特的观点时这样说:"亚里士多德也许会抱怨赫拉克利特违背了矛盾律的准则;黑格尔认为赫

---

① Gerald L. Bruns, *Blanchot*, *The Refusal of Philosophy*, p.155.

② Maurice Blanchot, *The Infinite Conversation*, p.300.

③ Maurice Blanchot, *The Infinite Conversation*, p.302.

拉克利特的每一个断章最终都会汇入一个体系中去。而对布朗肖来说，赫拉克利特既不是无逻辑的，也不是辩证法的，他的写作应该被理解为一种警醒（vigilance），被理解为对一种无法解决的紧张的保存……也作为一种对语言的不信任被保留下来。"[①]词与物之间的紧张，也就是二者之间的同一与差异在赫拉克利特的语言中被铭记下来，然而，无论如何，最源初的仍是差异，也就是不会来到词语的同一体系之中的物本身的未知性，词与物，思维与存在之间的差异以一种紧张的态势在"中性"的言说中被动态地保留了下来。

如果说赫拉克利特的断章是中性的言说的典范，那么可以这样来解释"中性"——语言就是对语言的不信任，"写作就是对写作绝对的不信任"。[②]这种不信任，并不是要推翻语言的命名力量，而是要在这种命名的权力之外，发现和保留不可知者，或者说自在之物的陌生性，也就是布朗肖所谓的激起一种"以'未知'为尺度的知，接近事物的熟悉性（familiarity），同时保留它们的陌异性"。[③]因为"中"本身就是一种剩余（excess）和他性（otherness）。就如莱斯利·希尔所说："布朗肖的'中'始终是语言中超出语言的剩余，始终是另外一种他性，因此，它不仅超出一切对他者的可能表象，而且也抹消一切对他者的可能命名。"[④]因此，列维纳斯得出结论说，布朗肖的中就是超越性的别名。列维纳斯在1971 年与安德烈·达尔马斯（Andre Dalmas）的访谈中说到布朗肖的'中'的问题时这样表示："中既非某人，也非某物。它是那被排斥的第三者（un tiers exclu），严格来说，甚至都不能说它'是'。然而，它却比任何彼岸世界更具超越性。"[⑤]其实，这样说来，布朗肖的"中"本身就是一种他者之他性了，所以，中性的言语就是他性本身的言说。

---

①　Lars Iyer, "Logos and Difference: Blanchot, Heidegger, Heraclitus", *Parallax*, 2005, vol.11, No.2, p.18.

②　Maurice Blanchot, *The Writing of the Disaster*, p.110.

③　Maurice Blanchot: *The Infinite Conversation*, p.6.

④　Leslie Hill, *Blanchot: Extreme Contemporary*, p.181.

⑤　Emmanuel Levinas, "On Maurice Blanchot", *Proper Names*, trans. Michael B. Smith, Stanford: Stanford University Press, 1996, p.155.

这种语言,或许就是诗的语言,是文学语言,因为诗就是悬置语言的概念性和抽象性,约束语言的暴力。就如海德格尔所提出的那样,诗是 Physis 和 Logos 之间动态的相互游戏。因此,诗,或者说中性的写作,并不是要去重新发现命名的力量,并不是要在物与词之间寻找出一种新的和谐(harmonia),而是要在语言中唤醒一种不信任与怀疑主义。"怀疑主义,对布朗肖来说,也许就是 Logos 作为差异的别名……布朗肖在赫拉克利特的断片中发现了一种'写作的高妙游戏',它不仅打开了此物和彼物的关系,而更是一种持存,一切物的重量和物质都在其中得以保存。"①物的重量、物质性,也就是以上所说的自在之物,未知者,也就是物之晦暗性,或者海德格尔所谓的始终趋于退隐的大地因素,在布朗肖看来,只有在中性的言说中,才能够得到显现,但却是一种有所遮蔽的显现。因此,这只能是一种中性的关系,"通过这种关系,存在着一种不可知者的在场;在这种'在场'中,不可知者显现,但始终是不可知的"。②言语提供了一个非暴力的空间,在这个空间中,思维与作为未知者的物之存在处于一种中性的关系之中。这种关系,并非思维对存在,即未知之物的单方面的暴力,也不是像康德所设定的,现象与物自体之间的彼此隔绝。而是作为未知者的物本身的存在向一种非知性的"思"显现。

所以,他者并不单纯指的就是他人,在布朗肖那里,他者之他性,或者其陌生性、它异性、晦暗性以及外在性才是其关注与论述的重点所在,而逃离一切语言概念或知性范畴的当下即是者与不可知者也具备他者之他性的一切特征。布朗肖的诗学或者文学观所要面对的主要问题,也就是如何与他者之他性相遇,而不是以概念和范畴的方式将其还原为与主体相关的同一性与整体性。但是无论如何,作为他人的他者,在列维纳斯的影响之下,在 20 世纪 60 年代之后,也逐渐占据布朗肖思想的核心地位。《无尽的对话》第一部分"复数的言语"中有三篇文章是

---

① Lars Iyer, "Logos and Difference: Blanchot, Heidegger, Heraclitus", *Parallax*, 2005, vol.11, No.2, p.22.

② Maurice Blanchot, *The Infinite Conversation*, p.300.

集中讨论作为他者的他人,分别是《说而非看》("Speaking is not See-ing")、《未知的知识》("Knowledge of the Unknown")以及《第三种关系:无视域的人》("The Relation of the Third Kind: Man Without Hori-zon")。在这几篇文章中,布朗肖集中讨论了他者——他人,以下他者专指他人。

第二节　他者与言语

一、自我与他者

虽然当下即是者与不可知者也具备他者之它异性的一切特征,但是在布朗肖的语境中,他人依旧占据着重要地位,就如列维纳斯的他者指的是不可被主题化与概念化的他人,指的是具备一种绝对的超越性的他人一样,在布朗肖这里,"人"也是关键。但是在布朗肖早期,"他人"的问题确实没有以一种明确的方式来到他思想的聚光灯之下,以至于列维纳斯认为布朗肖过分关注"中性的存在"而对其颇有微词,他在《整体与无限》中说:"布朗肖的批评花了很大的力气想要描述一种海德格尔式的作为一种无名的中性的存在者的存在。"[1]海德格尔唤醒了存在与存在者之间的本源差异,而列维纳斯则避开这种差异,为了一种比存在论更古老的伦理学,他更倾向于"强调存在者而淡化存在"[2]。因此,对于列维纳斯而言,人这种存在者才是他关注的重心,"只有人才能够与我绝对的陌生,只有人才能不被一切拓扑学,一切种属,一切性格学,一切分类所涵括和驾驭"[3]。列维纳斯对他人的关注,也极大的影响到了布朗肖,从《无尽的对话》开始,布朗肖直接谈论他者的话题,因为,作为他人的他者才是最具备它异性的。"对我来说,唯有人是绝对陌异的。他就是未知者,他就是他者,在这其中他在场:这就是人。每次我

---

① Emmanuel Levinas, *Totality and Infinity*, p.298.

② 列维纳斯:《从存在到存在者》,第 3 页。

③ Emmanuel Levinas, *Totality and Infinity*, p.73.

们将陌生性投向某种非人的存在者,或者让不可知的运动回到宇宙本身,我们就卸下了人的重担。"①言下之意就是,要把卸下的"人"之重担重新担负起来。

关于他者与自我,布朗肖描述了三种常见的关系模式:"在交互关系(interrelational)的空间之中,我能以下几种方式与他人交流:第一,将他看成是世界中的一种客观的可能性,遵循客观化的方式。第二,将他看成另外一个自我,也许二者之间是不同的,但其差异却能还原到最初的同一性,也就是两个都以第一人称言说的平等的存在者。第三,不再是一种以非个人性的知识或者个人的理解为中介的间接关系,而是试图获得一种直接关系,同一者与他者都丧失自身,遗忘或消除彼此之间的距离而达到一种浑融一体的状态。这三种关系都以'整体'为目标,或者将他人当成客体,或者当成一个他我,或者要达到两个灵魂的瞬间合一。"②第一种关系是以对待物的方式对待人,第二种关系认为存在者可以作为平等的"自我"而存在,这在布朗肖看来只是"得体的观念主义的天堂"(the paradise of decorous idealism),当然只是观念主义的一种理想和虚设。③第三种关系则因其具有宗教与神秘色彩而为布朗肖所不取。不仅如此,这三种关系都预设了"整体"为其终极视域,这是布朗肖反对它们的原因所在。

布朗肖在列维纳斯的影响之下,提出了超越"整体"的另外一种关

---

① Maurice Blanchot, *The Infinite Conversation*, p.60.

② Maurice Blanchot, *The Infinite Conversation*, p.76.

③ 关于"平等"(equality),布朗肖认为这只是利用观念主义(idealism)粉饰权力现实的一种手段,是一种伪善的神话,因为"我们知道,首先,在我们的社会中并不存在这样的平等。当对话建立在文化、境遇、权力以及命运的不平等上时,对话的平等性究竟意味着什么? ……一切语言都是命令、恐吓、引诱、仇恨、阿谀、挑衅,一切语言都是暴利——假装忽略这个而对话,则是在辩证的乐观主义之上再加上自由主义的虚伪,因为根据它,战争就是对话的另外一种形式。"(见 Maurice Blanchot, *The Infinite Conversation*, p.81)离开平等的虚构神话,而忠实于"不平等"的现实,离开"同一"的神话,而释放"差异"本身的力量。这应该是布朗肖讨论他者的思想旨趣所在。但是,就如乌尔里希·哈泽和威廉·拉奇在讨论布朗肖的特殊的"平等观"时所说的:"这并不是说社会关系需要不公正(unjust),而是说,我们需要另外一种公正的观念。"(见 Ullrich Haase and William Large, *Maurice Blanchot*, p.116)

系,在这种关系中,"起作用的是我们之间的陌生性。这并不是超出我们的相互理解之外的不为人知的部分,也不是自身立场的模糊性——单个自我的独异性……而是,我与他无限地分离——一种断裂、裂隙,或者间隔让他无限地外在于我,但是又要求我与它正是在这种断裂中建立关系,这就是存在的断裂"。①在这种与人的关系中,我经验到了一种绝对外在于我的东西,与绝对的外边的关系,他者也就是不能成为客体的真正的外在性,这样,他者属于外边的领域,是不能还原为我的客观对象"对象"的,就如列维纳斯所说:"无限、超越、他者不是概念,不能被把握,不是一个思考的对象。"②因而,与他者的关系,就自然不是整体之内的不同的两个项(terms)之间的关系,而是一种分离和断裂,以及由分离和断裂而成的一种非关系的关系。因此,他者的提出,打破了主体主义封闭的神话,事实上,在布朗肖那里,自我与他者之间的关系意味着"自我主义(solipsism)的反面,事实上,它是一种分离的哲学(a philosophy of separation)。我与他者无限地分离,他者本质上不同于我……通过这种分离,与他者的关系正是无限地超越我的"。③而这种关系的无限性与超越性在列维纳斯和布朗肖那里却有着不同的含义。

对于列维纳斯而言,他者的存在意味着一种无限的超越性,在与他人的关系之中,"他人"要高于我,先于我,因为他人"来自一个高的维度,一个超越的维度"④,而这个更高的维度也就是指向上帝,上帝在列维纳斯的语境中,指的是他者作为绝对的独异性和超越性,也即是"在思想中,上帝不能被主题化"⑤。因此,上帝并不是一个神学词汇,而是一种哲学的必然预设,基于这种预设,他者比我离上帝更近,也就是他者比我更高。因此,他人与我之间的关系具备一种"不均衡性"(asym-

---

① Maurice Blanchot, *The Infinite Conversation*, p.77.

② Emmanuel Levinas, *Totality and Infinity*, p.49.

③ Maurice Blanchot, *The Infinite Conversation*, p.52.

④ Emmanuel Levinas, *Totality and Infinity*, p.215.

⑤ Emmanuel Levinas, *Ethics and Infinity: Conversation with Philippe Nemo*, trans. Richard A.Cohen, Pittsburgh: Duquesne University Press, 1985, p.106.

metry）。布朗肖重新思考了他者所体现的超越性,不是按照人与上帝的关系模式,而是将他者与我放入一个两者"之间"的空间之内来考察,这个空间在胡塞尔和萨特那里,被描述成两个主体之间的关系,也就是主体际性。但是对布朗肖而言,我与他者之间的关系,却并非"一种主体间或者主体际的关系(a transsubjective or intersubjective relation)"。①因为,由这一"间"(inter)所开拓出来的之间(between)并不是两个主体②之间的均衡同质的关系,而是维系着两个存在者之间的双重的不均衡的一种空间的折曲(curvature of space)③,这种关系不能还原为任何辩证的对等性(dialectical reciprocity)与平等化(equalization),也不存在任何的连续性与等级制(hierarchy)。所以,从列维纳斯到布朗肖,一个非常重要的转变在于,在《整体与无限》中列维纳斯用以描述同一者与他者之间的"不均衡性"(asymmetry),到了布朗肖这里,则成为自我(self)与他者之间的双重的不均衡(double dissymmetry)。莱斯利·希尔敏锐地注意到这一点,他指出:"前缀'a'所意谓的是一种缺失,而前缀'dis'则意味着:两个,始终至少是成双的。"④也就是说,否定前缀"a"所意味着的"缺失"或者"丧失"依然是相对于某种源初状态来说的,"不均衡性"仍然只是"均衡"与"对称"的反面。但是"dis"则撑开了两者"之间"的无限距离,这种距离或者说分离(separation),被布朗肖描述成裂隙(hiatus)或者深渊(caesura)以言其"无限",但是"无限"并不是

---

① Maurice Blanchot, *The Infinite Conversation*, p.69.

② 布朗肖否认自我与他者的关系是两个"主体"之间的关系,他说:"不确定的是,在一个如此严格的与他者之间的关系概念中,是否可以用'主体性'这个共同的术语来表达自我与他者。不,不可以。如果他者与自我永远不会进入任何名称或者概念的同一性中的话,那么就不能说他们是相等的存在者,或者平等的人。"见 Maurice Blanchot, *The Infinite Conversation*, p.57。

③ 这种空间的折曲是布朗肖自 19 世纪数学家黎曼获得的启发,与欧几里得几何或者罗巴切夫斯基的非欧几何把空间作为"一个整体"来研究不同,黎曼数学的研究表明,把某一种几何或某一种空间看作是我们感知的唯一的空间模式,这是错误的,事实上存在着数目无限的空间。布朗肖在黎曼数学中获得的启示是,自我与他者并不处于一个相同的空间之内,二者之间的距离并非是同质的,可逆的,而是存在着一种无法还原的断裂。详见"Interruption: as on a Riemann surface", Maurice Blanchot, *The Infinite Conversation*, pp.75—79。

④ Leslie Hill, *Blanchot: Extreme Contemporary*, p.176.

指数量的无穷大,而是自我与他者"之间"是一种迂曲的、不可逆的、不平等的、不能被纳入一个整体之中的这样一种关系。而且始终重在"双重",也就是说,从自我到他者,与从他者到自我,这不是一种相等的,可逆的距离,而是两种完全不同的情况。"我与他者被一种深渊所分离,因此既不能构成二重性(duality),也不能形成整体。这种裂隙——这就是与他者的关系——我们冒险将它定义为存在的断裂。"[1]裂隙是因为我无法还原这种由"之间"(between)所打开的断裂,不能调和(reconcile)它,不能理解它,也不能将它看成是一种整体性关系的失败模式。

布朗肖一再强调自我与他者之间的"断裂"是基于一种双重性:"这种双重的不可逆性不能够被辩证法所取代,因为它无意于重建任何形式的平等性,而相反,它意味着一种双重的不均衡性,双重的非连续性,就好像我与他者之间的这一空的空间并非是同质的,而是分化的:就好像通过这个空间,建立了一个包含着双重折曲的非—同构(non-isomorphic)的领域,它是无限消极而同时又无限积极的。因此,可以称之为中性的,如果中性不被理解为消除或者使这种双重标志(double-signed)的无限无效化,而是以谜的方式包含着无限的话。"[2]布朗肖在《思维与非连续的紧迫性》中以古代东方学生与老师之间的关系来描绘这种双重的不均衡性,他认为教师所体现的是一个绝对它异性的空间和时间领域,因为教师的在场,在交流关系中就存在着一种不均衡。不均衡的意思就是,他所在的关系领域不再是统一一致的,而相反体现的是一种曲折(distortion),这种曲折排除了任何直接的关系,甚至排除了关系的可逆性,教师的在场反映的是交互空间中的一个独特结构,这使得从学生到老师的距离和从老师到学生的距离是不相同的——甚至,如果教师所占据的点为点 A,弟子所占据的为点 B 的话,那么在这两点之间,则存在着一种断裂,一种深渊。而这并不是由老师的神秘、威望

---

[1]　Maurice Blanchot, *The Infinite Conversation*, p.69.

[2]　Maurice Blanchot, *The Infinite Conversation*, pp.70—71.

或者博学而体现的"不可知"所决定的,而是由点 A 与点 B 的无限距离决定的。老师/学生之间的关系,就是自我与他者之间的最典型的关系模式,"这种关系包含着共同的衡量尺度的缺失,公分母的缺失。因此,在某种意义上,也就是项与项之间的关系的缺失:一种过度(exorbitant)的关系"。①

但是,这种他者与自我之间的无限分离怎样才能得到尊重和保留,也就是我怎样才能"将他者当成他者来接受,将陌生者当成陌生者来接受",怎样才能在他者无可还原的距离,在其无限的陌生性之中寻求他者。因为现实是,在世界之中,这种关系往往被忽视,被否定。"世界"(world)在布朗肖那里意味着"权力"、"可能性"(possibility)、"劳作"(work)、"完成"(accomplishment)等等。因此,在世界之上建立的人与人之间的关系也就逃离不了权力,布朗肖将世界之中的自我与他者的关系界定为"斗争与暴力的关系"。在其中,"辩证的完成在起作用,这是必然的。本质上,这种关系就是斗争与暴力的关系。在与否定相联的这个世界,我们知道怎样让否定成为可能性,就如同我们知道怎样让死亡成为权力"。②这是黑格尔式的总体世界,在这里,"否定"成为前进的动力,否定自在的同一性,否定外在性,而他者则是具备最根本的外在性与超越性。布朗肖以圣经中该隐和亚伯的故事来描述自我对他者的否定,"该隐杀害亚伯,就是自我反对他者的超越性(他者绝对超越于我,这在圣经历史中,通过神意所决定的无法理解的不平等性而得到了很好的体现)……该隐对亚伯说,你的维度是无限的,是绝对外在的,你因此而宣称超越我,那让你超出我所及——但是我将让你看到,我才是它的主人,作为一个拥有权力的人,我也是绝对的主人,并且,我将死亡变成我的可能性"。③因为惧怕他者所体现的绝对的外在性和超越性,因为惧怕自我与他者之间的深渊,所以以否定的方式试图将这种超越性纳入自己的权力范围之

①　Maurice Blanchot, *The Infinite Conversation*, p.7.
②　Maurice Blanchot, *The Infinite Conversation*, p.60.
③　Maurice Blanchot, *The Infinite Conversation*, p.61.

内,而极端的否定方式就是杀害。

对布朗肖而言,甚至"看"也是一种暴力,这在俄耳甫斯与欧律狄刻的神话中体现得很明显,当俄耳甫斯在冥府中歌唱时,他与身后的欧律狄刻保持着绝对的距离,正是这种距离庇护了欧律狄刻的不可见性(invisibility)与陌生性,而当俄耳甫斯违背冥王哈德斯的禁令而回头去看时,当他为了看而停止歌唱时,"他的目光则成为带来死亡的暴力,成为可怕的一击"。①由此,布朗肖得出结论说:"人与人相遇,除了言说,就是杀害,此外别无选择。"②因为,杀害是对人与人之间的分离和相异的否定和消除,而言语(speech)则肯定和维系自我与他者之间的这种无限的分离,这种"非关系的关系",因此言语是庇护他者之他性不被自我的暴力入侵的唯一方式。所以,布朗肖说:"他者的显现并不产生于任何形式的光之空间中,而是完全地属于言语的领域。他者表达自身,并且,在这种言语中将自己保持为他者。如果存在着一种关系,他者与同一者能够在关系中维系自身,然而又消散于其中,这种关系就是言语。"③因为"言语肯定了在'我自身'与'他者'之间存在的深渊,言语越过了那不可越过的(passes over the impassable),但是却并不取消或者还原它。甚至,没有这种无限的距离,没有这种深渊似的分离,就没有言说,因此,准确来说,一切真正的言语都通过它所说的而唤醒分离"。④如此说来,有分离,才有言语,言语架设在深渊的两岸,但是言语一方面是通道(passage),通道是打通与连结分离的方式,但是另一方面,通道本身就包含了否定词缀(pas-),pas-既意味着步伐(step),也意

---

① 因为即使是"目光",也隐含着布朗肖所批判的"光之暴力",布朗肖认为"他者在面容的经验中呈现自身,这种外边(外在性)本身的呈现,并非是以在光之中的形式出现的在场,或者在光的不在场的简单退隐"(见 Maurice Blanchot, *The Infinite Conversation*, p.55)。而布朗肖也因此对列维纳斯的"脸"(visage)的概念有所批判,他认为"脸"的经验还是以"光"为背景,如此一来,则列维纳斯的思想有重新落入他试图以"脸"来超越的表象逻辑中的危险(关于这一点,见 Leslie Hill, *Blanchot: Extreme Contemporary*, p.17,有比较详细的对比)。

② Maurice Blanchot, *The Infinite Conversation*, p.61.

③ Maurice Blanchot, *The Infinite Conversation*, p.55.

④ Maurice Blanchot, *The Infinite Conversation*, p.63.

味着否定(negation)①，也就是 passage 不可能在分离的两端实现任何形式的合一(unity)与整体，因为否定始终在其中起作用。这就是言语——基于自我与他者之间的无限距离，沟通这种分离，而又守护分离。那么，为什么言语能够肯定而庇护人与人之间的分离，这或许要从海德格尔的"人之说"与"语言之说"的区分谈起，因为布朗肖无疑是受到了海德格尔的"倾听"与"应合"的言语方式的影响；其次列维纳斯提出的"说"与"所说"的区分也对布朗肖思考他者与言语的关系有所启发；此外，布朗肖将"看"与"说"界定为两种完全不同的存在方式，认为"看"暗含着连续性与整体性，以及相应地潜藏着"主体"的认知暴力，而"说"则肯定断裂与分离，肯定他者的陌生性与它异性。

二、几种别样的"言语"思路

1. 海德格尔的"人之说"与"语言之说"

"唯语言才使人能够成为那样一个作为人而存在的生命体。作为说话者，人才是人。"——这种传统的语言观的根基就在于，"说"是"人"的表达活动，人与语言之间的关系就是言说主体"使用"语言，语言是一种处于上手状态的工具。"我们占有或者操纵语言为我们所用……通过语言，我们能够将表象结构化，将世界理论化，并且将世界减约为我们的命题。"②——这就是"人之说"，是语言的常见维度。然而，对海德格尔来说，这并不是语言的唯一或者根本的维度，语言并不在"意指活动中耗尽它自身"③，相反，海德格尔认为，作为"人言"的意指活动必须

---

① Maurice Blanchot, *The Writing of the Disaster*, p.16.布朗肖在这里分析了好几个以 pas-为词根的单词，消极性(passivity)、激情(passion)以及过去(past)，认为 pas-同时包含有否定和步伐的意思，是前进的踪迹或运动。安·斯莫克(Ann Smock)在《灾难的书写》译者前言里这样解释："重复出现的'不'(not, pas)本身就是步伐"。也就是"通道"，它是跨越边界的步伐，超越没有回归的点(见 Maurice Blanchot, *The Writing of the Disaster*, p.xiii)。

② Gerald L.Bruns, *Blanchot*, *The Refusal of Philosophy*, p.102.

③ Martin Heidegger, *Poetry*, *Language and Thought*, Trans. Albert Hofsadter, New York: Harper & Row, 1971, p.132.

去语言的原始维度中寻求其本源。也就是说,"对语言的深思便要求我们深入到语言之说中去,以便在语言那里,也即在语言之说而不是在我们人之说中,取得居留之所"。①

语言说(Die Sprache sprichit)②,也就是海德格尔后期所思的"道说"(Sage)。这是一种比"人之说"更加本源与广大的语言,如果说"人之说"是人作为言说主体的表达活动,那么"语言说"或者"道说"的本义则是"命名"与召唤,在命名中将万物聚集入天地人神四方的统一整体之中。海德格尔在《语言》一文中分析了特拉克尔的《冬夜》,认为诗本质上是一种"语言说"。"语言说"为万物命名,但是这种命名并非分贴标签,运用词语,而是一种召唤,将所召唤之物带至近处(Nahe)。"命名着的召唤令物进入到这种到达。这种令乃是邀请,它邀请物,使物之为物与人相关涉。"③也就是说,在"语言说"中,我们与物不再是认知的或者工具性的关系,而是一种切近的关系,一种近邻的关系,就如杰拉尔德·布伦斯所说,"切近是指与他人或者物面对面。在《语言的本质》中,海德格尔就说思与诗都是进入语言的切近性中的一种运动。也许语言就是他者与物——或者还有神的切近"。④而"切近"包含着两重意思,一是"面对面",二是"之间"。

海德格尔认为诗这种"语言之说"中包含了处于近邻状态的一切,这种"近邻"并不仅仅指人与人之间的"面对面",而且还包括了天地人神的互相敞开和彼此通达。"我们往往把'相互面对'单单设想为人与人之间的关系。……但'相互面对'有着深远的渊源,它源起于那种辽远之境,在那里,天、地、神、人彼此通达。歌德和莫里克喜欢用'相互面

---

① 海德格尔:《在通向语言的途中》,第 2 页。

② 关于"语言说",杰拉尔德·布伦斯认为,"语言说"并不意味着语言作为一种超主体(Supersubject)或者一种上帝般的声音而言说,不是作为言说者而言说。他认为这是英文翻译"language speaks"容易导致的误解,因此杰拉尔德·布伦斯建议,把 Die Sprache sprichit 翻译成 language language 也许更为合适(见 Gerald L.Bruns, *Blanchot: The Refusal of Philosophy*, p.104)。在中文中也会有类似的误解,认为"语言说"就意味着"语言"本身成为言说主体。

③ 海德格尔:《在通向语言的途中》,第 10 页。

④ Gerald L.Bruns, *Blanchot: The Refusal of Philosophy*, p.104.

对'这个短语,而且不光是对人,对世界之物也这般用。在运作着的'相互面对'中,一切东西都是彼此敞开的,都是在其自行遮蔽中敞开的;于是一方向另一方展开自身,一方把自身托与另一方,从而一切都保持其本身;一方胜过另一方而为后者的照管者、守护者,作为掩蔽者守护另一方。"①这种语言经验意味着主体性的断裂,在其中我们发现自己与一切都相互面对,不仅仅是与他人,而且与物也面对面。相互面对意味着对相遇者作出回应并负有责任②,也就是不以主体的权能和手段去侵犯他者,而与他者保持亲密而有距离的关系,这种关系的维持就是"之间"(between)在起作用。

海德格尔认为,在"语言之说"中,"世界与物相互贯通,于是两者横贯一个'中间'(Mitte)。在这个'中间'中两者才是一体的。因为一体,两者才是亲密的。两者之'中间'就是亲密性。……世界与物的亲密性绝不是融合。唯当亲密的东西,即世界与物,完全分离并且保持分离之际,才有亲密性起作用。在两者之'中间',在世界与物之间,在这个'之间'(inter)中,在这个'之间'中,有分离起作用"。③所以,"之间"是意味着分离的,唯当分离被保持,唯当距离不被消灭之时,才可能有真正的"亲密"与"切近"。所以,海德格尔的"语言之说"展开了天地人神既相互面对而亲近,又有"之间"的分离在其中维系着彼此之间的差异与张力的这样一幅全景图。

而且,"人之说"的根源在于"语言之说","人之说作为终有一死者的说并不是以自身为根本的,终有一死者的说植根于它与语言之说的关系"。④而连结这两种"说"的关键在于"倾听",人是因为倾听"语言之

---

① 海德格尔:《在通向语言的途中》,第178页。

② 有关"责任",杰拉尔德·布伦斯解释为"守护(guarding)和掩蔽(veiling)他者,护卫它不受哲学的侵害,不受概念性把握的知识的侵害"(见 Gerald L.Bruns, *Blanchot, The Refusal of Philosophy*, p.104)。而在布朗肖那里,回应(response)和责任(responsibility)是同根词,责任是对他者的无限要求的回应,并且,在回应中,我与我自身相分离,与作为主宰者与权力,作为自由的,言说主体的"我"分离(见 Maurice Blanchot, *The Writing of the Disaster*, pp.25—26)。

③ 海德格尔:《在通向语言的途中》,第13—14页。

④ 海德格尔:《在通向语言的途中》,第21页。

说"而获得"人之说"的。这种"听"比"说"更为根本的思想早在《存在与时间》就已经很明显了，"听"是一种生存论上的可能性，"此在作为共在对他人是敞开的，向某某东西听就是这种敞开之在"。[①]因此，"听"不仅仅对话语具有构成作用，而且是此在与他人"共在"的基本方式，也就是此在的根本的敞开状态。但是到海德格尔后期，"听"还不只是听"人言"，更为根本的是，听是听"语言之说"，因为"听"（Horen）而"归属"（Gehoren）于语言（在德语中，听与归属甚至有着词源上的亲缘性），归属于道言（Sage），归属于寂静之音，即无声的大音。所以，"终有一死的人……他们的说的方式乃是应合。人之说必须首先听到了指令。……人之说的任何词语都是从这种听而来并且作为这种听而说"。[②]所以，"倾听"模式所指向的就是，言说并非主体性的，我们也不再能够以言说主体自居。这种对语言的经验是一种颠倒，在其中，语言不再是在我们掌控之下的工具，而是我们必须倾听继而归属的"道言"。

因此，海德格尔后期的语言思路给了布朗肖很大的启示，其中之一就是言说不再是一种主体性的活动，而更为根本的是"倾听"和"归属"；其次就是在言语中，人与人，或者人与物处于一种切近的关系中，也就是一种既亲密又分离的状态。这为布朗肖论述自我与他者在言说（speech）中各成其是，既交流然而又保持各自的分离，保持各自的差异和陌生性提供了一种相对完美的理论图景。

2. 列维纳斯的"说"与"所说"

在《别于存在》一书中，列维纳斯提出了"说"（le Dire）与"所说"（le Dit）的区分。列维纳斯指出，传统哲学是建立在"所说"之上的，"所说"是陈述，是命题的内容，它侧重于将"说"的内容主题化与固定化。因此，"所说"涵括了一切有关世界、真理、存在、在场、本质等的陈述与命题，并在此基础之上构建其论证与体系。所以，一切哲学表述也都是

---

① 海德格尔：《存在与时间》，第 191 页。
② 海德格尔：《在通向语言的途中》，第 21 页。

"所说"之建构与扩张,列维纳斯也因此说:"进入存在和真理就是进入所说。"①在此意义上,"所说"就是传统哲学的栖居之所。但是,在"所说"的平静表层下,人们却遗忘了"说"的巨大力量。"说"作为活生生的情境与事件,是不能够被"所说"所覆盖的。在列维纳斯的伦理学中,"说"以一种前所未有的姿态从哲学的"所说"的地层中喷薄而出,以此激活了与一直处于阴影中的"他者"的相遇。

对列维纳斯而言,比"所说"更重要,更原始的维度是"说","说"相对于所说拥有绝对的优先性。用列维纳斯的术语来说,就是"说"是"前源始的"(pre-original)。这并不是"说"在时间意义上先于"所说",而在于"说"是构成"所说"的可能的条件。因为,"说"先于"说了什么",交流先于交流的内容,在一切"所说"中必然已经预设了在先的"说"。而"说"首先是一种动作,是"面向他者"的敞开。列维纳斯说:"说就是去接近邻人,'给出表意'。但这并没有在'意义给出'中耗尽······'说'是交流,它是一切交流的先决条件,因为它首先是坦露(exposure)。"②坦露,也就是与他人的相遇(encounter)和亲近(proximity),是对他人的回应,这就是"说"的意义所在,而这并不同于"所说"的具体所指,"这种对他人的意义发生于亲近中。亲近与任何一种别的关系都截然不同,它必须被看成是对他人的回应能力"。③因此,如果将"说"还原成"所说",这就遗漏了与他人相遇的具体情境,遗忘了对他人的直接回应(response),继而忘却了对他人应该承担的责任(responsibility)。

列维纳斯提出"说"与"所说"的差异,唤醒了被哲学的逻辑与命题等"所说"遮盖了的他者之"说",也打破了哲学的同一化趋势。从某种意义上来说,传统哲学将"说"简化成"所说"就是将"动词"还原成了"名词",这无异于一种"主题化与同一性的统治。根据这一规则,动词与名词被同一化,动词从活生生的经验中被撤离,而在名词的'已说'之上建

① Emmanuel Levinas, *Otherwise than Being or Beyond Essence*, trans. Alphonso Lingis, The Hague: Martinus Nijhoff, 1981, p.45.

② Emmanuel Levinas, *Otherwise than Being or Beyond Essence*, p.48.

③ Emmanuel Levinas, *Otherwise than Being or Beyond Essence*, p.46.

立自身；也就是，名词杀死了动词"。①名词杀死了动词，也就是消除了动词的差异化的势能，而将其还原成稳固的符号与概念系统。但事实是，"说"并不能还原为"所说"或者同一性的逻辑建构，而"名词"的稳固化趋向也涵盖不了"动词"的变异与情境化而生的张力。重视"说"，也就是激活"所说"中的"不说"和'未说'的潜能，"对'所说'的不断'不说'……一种从'所说'向'未说'的运动，在其中意义表明其自身，隐匿的同时也显明自身。在这一航程中，负载货物的要素同样也是使之淹水并威胁使之覆没的因素"。②也就是说，"所说"并不能安然地排除"说"的别异的力量，"说"时刻都在威胁着"所说"的同一与稳固，以至于列维纳斯将"说"与"所说"描述成这样一种"载之，亦能覆之"的关系。

列维纳斯甚至提出了一种"适合于'说'的表意"（la significance proper du Dire）③，不同于侧重"所说"之意指的"signification"，列维纳斯以"signifiance"来强调一种更加本源，也更加变动不居的意义发生过程，signifiance 是处在 signification 之前的，是使得 signification 成为可能的东西。而更为隐蔽也更重要的是，signifiance 是暗中动摇与破坏 signification 的自我同一性（self-identity）和自我一致性（self-coincidence）的因素。也就是说，"说"的永远"在场"的力量使得"所说"在不足与过度，在悬置与变化，在消除与增生（effacement and proliferation）之间摇摆不定。从而使得"所说"之意指与意义始终处于未定状态。列维纳斯打开了"说"这个尘封的魔瓶，释放出了不同于"所说"的"说"之差异力量，但是却对这种势能有一种收摄不住的惶恐与厌恶。因为列维纳斯还是试图以一种哲学的话语去把握被哲学排斥的"他者"形象，伦理学还是说着哲学的语言，就如科林·戴维斯所说："列维纳斯文本的极度大胆在于它试图把理论的局限理论化。"④也就是说，列维纳斯还是在驱迫"说"进入"所说"的领域，从而背叛了"说"。更为深层的是，在认识

---

① Gerald L.Bruns, *Blanchot*, *The Refusal of Philosophy*, p.113.

② Emmanuel Levinas, *Otherwise than Being or Beyond Essence*, p.181.

③ Emmanuel Levinas, *Otherwise than Being or Beyond Essence*, p.46.

④ 柯林·戴维斯：《列维纳斯》，李瑞华译，江苏人民出版社 2006 年版，第 82 页。　123

到"说"的未定潜能将会对哲学话语造成毁灭性的后果时,列维纳斯说,怀疑主义是令哲学苦恼不已的"私生子",因为,"哲学自诞生之日起便陷入了怀疑主义"。①所以列维纳斯反过来又对这种"怀疑主义"持否定态度,怀疑主义有一种天然的"野蛮性",它始终在对哲学话语的明晰性与稳定性起着侵扰与破坏的作用,因此,对列维纳斯来说,"哲学依赖语言是哲学的最大弱点"。②

在列维纳斯在由"说"所引发的"怀疑主义"面前却步,并退而重新寻求"所说"的保护时,布朗肖却肯定这种怀疑主义是面向他者的一种别样的真理,布朗肖承认:"如果不是通过使用一种特定的语言,不是通过与自身相悖,不是通过抵押自己的可能性,哲学又怎样才能够被谈论,被敞开,被表象呢? 难道哲学家不首先必须也是一个写作者(writer)?"③简而言之,由"说"所唤起的"怀疑主义"是传统的同一哲学的敌人,但是却是一种新的"他者"话语的机遇。因为哲学的交流模式,也就是"所说",必然不能忠实于自我与他者的关系,它是一种将明晰性与稳固性放在首位的语言。而对布朗肖来说,与他者的关系是一种无限的距离,是一种"不可能性与陌生性"的关系,这种关系只能由"说"来唤起。因为"说"始终处于差异与未定的风险之下。所以对列维纳斯来说令人头痛的怀疑主义,在布朗肖看来却是一种救赎,是自我与他者之"非关系的关系"的最可靠的看护者。

在《我们的秘密同伴》这篇回忆列维纳斯的文章中,布朗肖说:"他人或者他者不能被主题化,也就是说,我不能言说他者,或者说及他者,我只能对他者说,不是告知他或向他传递知识——这是一般语言的任务——而是呼唤他,通过一种说(Saying)的方式向他证明,言说不会消除这种无限的距离,而正是这种距离才让言语可能,无限的言语。"④布

---

① Emmanuel Levinas, *Otherwise than Being or Beyond Essence*, p.155.

② Gerald L.Bruns, *Blanchot, The Refusal of Philosophy*, p.115.

③ "Our Clandestine Companion", *Face to Face with Levinas*, p.45.

④ Maurice Blanchot, *Political Writings*, *1953—1993*, trans. Zakir Paul, New York: Fordham University Press, 2010, pp.147—148.

朗肖从列维纳斯的"说"获得灵感,首先"说"是向他人敞开,是对他人的回应;其次是"说"本身具有破坏一切同一性与稳定性话语的潜能,肯定"说"也就是肯定言说中的分离和断裂。"我们怎样才能维持主体间的不均衡以及空间的折曲?怎样才能保留无限言说中的无限? ……通过所说(the Said),我们属于秩序,属于世界(宇宙);我们出现在他者面前,我们将他者看成平等的人,同时代的人。通过说(Saying),我们与秩序分离,但并不是秩序无声地消失与无序中:(而是)与他者的不一致(non-coincidence),无法与他者处于单纯的同时性中。必须假定一种没有现在的时间,列维纳斯也许会将其称为'不可还原的异时性(diachrony)。"①"所说"是对"平等"的肯定,而"说"则肯定了自我与他者之间的差异与分离,这种分离,甚至使得自我与他者不在同一时间之内。

3. 布朗肖的"说而非看"

在布朗肖的思想中,对"看"的批判占据着十分重要的地位,但是,对视觉在哲学中地位的认识以及批判却不仅仅只是他一个人的问题,思考视觉在思想中所扮演的角色,这在战后法国思想界是一个中心议题。布朗肖、列维纳斯、利奥塔以及德里达都涉及这种对"视觉中心主义"的批判。视觉中心主义在西方哲学史上源远流长,早在柏拉图的《理想国》里就提出过"日喻",也就是将太阳比作善的儿子——"善在可见世界中所产生的儿子——那个很像它的东西——所指的就是太阳。太阳跟视觉和可见事物的关系,正好像可理知世界里面善本身跟理智和可理知事物的关系一样。"②太阳是视觉得以可能的原因,而理知则是一种"精神视觉",这种视觉通向理念,也就是柏拉图所说的"善",也就是一种"理智之光"。"精神视觉"以感官视觉为前提,也即是说,理念本身就已经是一种光的预设。万物都处于晦暗不明的状态中,唯有太阳之"光"才能使其被照亮,唯有理智之光才能使其被认识,来到与人的关系之中。

---

① Maurice Blanchot, *Political Writings*, 1953—1993, p.148.
② 柏拉图:《理想国》,郭斌和、张竹明译,商务印书馆 2002 年版,第 266 页。

　　但是,在布朗肖看来,这正是"光"的暴力的根源所在,光的暴力意味着事物必须被迫改变其本己的形态,而接受理性的澄明,也就是接受理性所提供的认知模式。"思考从此以后就是清楚地看,就是处于光的明证中,就是向让一切事物显现于形式整体中的白日之光投降:就是让世界在光的天空之下出现,而光则是形式的形式,让世界始终被太阳明照,被太阳判断。太阳是充溢的清晰之光,它给予生命……太阳就是光之整体的统治——它是好的,是至善,是大写的一。"①让事物向光投降,接受太阳的审判,就是对事物本身的晦暗性的剥夺,而驱迫事物成为"形式"和"意义"的存在,而形式和意义则是"光"与"理智"的合谋。因为,如列维纳斯所说:"形式是事物显露自身并给我们把握它的机会的途径,是事物身上被照亮的、可被领会的部分,是支持事物的载体。"②而"意义就意味着光亮"③。事物本身并没有光,这种光对它来说是外在的,光通过驱逐黑暗使事物呈现出与主体相关的形式和意义。在这个意义上来说,"光就是可理解性本身"④,也就是说,光是主体把握事物的前提条件,而理解与把握,就是作为主体的人对事物本身的一种褫夺性的对待方式。这是光之暴力的一方面。

　　而另一方面,"光的暴力"也意味着一切事物都称为"为我之物","由于光的存在,所有的客体才是一个世界,也就是说是属于我们的。所有权是世界得以构成的要素:由于光的存在,世界才被给予我们,才能够被领会"。⑤对布朗肖和列维纳斯来说,动词"看"(voir)、"能够"(pouvoir)、"拥有"(avoir)以及"认知"(savoir),在法语构词上都隐含着"看",不仅如此,后面几个词在哲学语境中都暗含着主体的权力,也就是列维纳斯所说的:"光——认识的因素——使我们遇到的一切都成为我们的。"⑥这种理性的认知结构本身导致的唯我论是光之暴力的又一

---

① 　Maurice Blanchot, *The Infinite Conversation*, p.60.

② 　列维纳斯:《从存在到存在者》,第 46 页。

③⑤ 　列维纳斯:《从存在到存在者》,第 47 页。

④ 　Emmanuel Levinas, *Totality and Infinity*, p.68.

⑥ 　Emmanuel Levinas, *Totality and Infinity*, p.299.

体现,就像德里达所说的,这意味着"理性的孤独和光的孤独",也就是丧失了面对和尊重他者的能力,而处处只能遇到自己,传统哲学也因此属于暴力哲学。这在布朗肖对现象学和存在论的批判中就可以看出:"现象学维持着主体的优先性:存在着一个起源,这个起源就是光。……现象学因此完成了思想的独特命运,根据这种思想,存在、知识,以及逻各斯只能以光的形式才能得到思考。可见者、证据、阐释、理想性、逻辑的优越之光——或者,通过简单的倒转,不可见者,非逻辑的或者沉默的沉淀物:这些都是外观(Appearance),或者现象的优先性的不同变种。"①布朗肖认为在胡塞尔现象学中存在的问题在于胡塞尔还是给予主体以首要地位,以及可见性相对于不可见性的优先性,就如柏拉图的理念之光作为意义与真理的起源一样,胡塞尔还是没有摆脱光之暴力的影响。②光把主体囚禁在自身之内,对列维纳斯和布朗肖来说,对光的批判也就是对西方哲学作为一种压制他者,实现"自我"主宰的话语的批判。布朗肖接受列维纳斯的观点,即自柏拉图以后,哲学就将自身建立在同一者的优先性上,他们从 20 世纪 40 年代到 60 年代的对话主要集中于怎样接近他者,以及怎样言说与他者的相遇这个问题。在《诗人的目光》这篇文章中,列维纳斯写道:"他者怎样才能出现,也就是在不丧失它异性与外在性的情况下,将自身呈现于视觉之中?"③列维纳斯思考的诗人的目光,认为在这种目光之下,他者能够呈现出一种非权力的外观(appearance without power),这种情况为他者作为他者的出场提供了一个契机。

但是布朗肖对"光"始终有着深刻的怀疑。他认为"看",不管是哪一种"看",都是以光为背景,在我们与物的间隔之中制造出连续性。"间隔并不阻碍,相反,它提供了一种直接的关系。……直接地,隔着距

---

① Maurice Blanchot, *The Infinite Conversation*, p.251.

② 布朗肖对现象学的阐释受到了列维纳斯 20 世纪 30 年代所作的博士论文《胡塞尔现象学中的直觉理论》的影响。布朗肖承认列维纳斯的影响,"因为列维纳斯,我才首次与胡塞尔相遇"(见 Maurice Blanchot, *The Blanchot Reader*, ed. Michael Holland, Oxford UK & Cambridge USA: Blacwell, 1995. p.244)。

③ Emmanuel Levinas, "On Maurice Blanchot", *Proper Names*, p.130.

离,通过距离,看也是利用分离,不是作为一种中介,而是一种直接、立即的方式。在这种意义上,看也就是经验连续性,歌颂太阳,也就是,超越太阳:歌颂大写的一。"①所以,看不具备维持间隔(interval)与分离(separation)的能力,它只是借助分离,利用分离,达到一种连续性。不仅如此,"看"还必定以"整体"为背景,"这就是视觉的智慧,我们从来不是看见一个事物,或者两个,或者几个,而是一个整体:一切视域都是一个整体视域"。②在视觉的整体性中,也就必定会丧失他者的他性之维,而将他者拉低到与自我平齐的这个整体之中。因此,光的连续性注定"看"无法忠实于自我与他者的分离关系,而光的整体性也使得他者的超越性与外在性被压制。如此说来,布朗肖对光之暴力的批判也就是对传统哲学中的同一性、主体性、连续性与整体性的批判,因为这些,他者在哲学话语中没有容身之处。

所以,布朗肖提出了一种异于光的,在光之外的"说"的经验。他认为:"言语的重心在于:言说离开一切可见与不可见之物。说与看不同,说让思想从视觉的统治中解放出来。而这种视觉优先性几千年来,在西方传统中征服了我们接近存在者的方式,并且诱使我们仅仅只在光的保障之下或在光不在场的威胁之下思考。"③"说"与"看"的不同在于,"说"失去了连续性与整体性的保障,"说"是肯定分离和断裂的,因为,"对视觉来说,言语就是战争与疯狂,可怕的词语越过了一切界限,甚至越过无界的整体……它侵越规则,偏离方向,它就是迷失(disorients)"。④言语意味着界限、规则、整体的打破,意味着一种对复数性与多重性的肯定,对分离和断裂的尊重。借用乌尔里希·哈泽和威廉·拉奇的话简单来说,就是"在视觉中,客体与观看者之间的距离被可见性取消了。而在言语中,自我与他者依然保持分离,即使还是处于某种关系之中。看是一种总体化或融合的关系,而说则是一种分离或差异的关系"。⑤所以,对布朗肖来说,"说"就是一种与视见决裂,与同一性

---

①②④　Maurice Blanchot, *The Infinite Conversation*, p.28.

③　Maurice Blanchot, *The Infinite Conversation*, p.57.

⑤　Ullrich Haase and William Large, *Maurice Blanchot*, p.75.

和整体性决裂,而面向他者的存在方式。

三、他者与复数的言语

　　布朗肖在对以上几种言语经验的思考中,提出了唯有言说,才能创造出一种维系自我与他者之分离关系的折曲空间。只有在言语中,我才能“将他者当成他者来接受,将陌生者当成陌生者来接受;在他者无可还原的距离,在其无限的陌生性、空的陌生性中寻求他者”。[①]这一方面是由于,正是因为一种原初的陌生性,并为了表达这种陌生性,才可能有对话,也就是,在任何对话发生之前,“分裂已经被预设,分裂不是被克服,而是被承认。如果我们彼此没有任何新的东西要说,如果在话语中没有任何陌生的东西,没有任何能给我教诲的东西,那么也就没有言说的问题存在”。[②]陌生与分裂是言语的前提,这种陌生与分离,包括对话者之间不可衡量的不对称性(immeasurable irregularity),以及不相应性(non-correspondence),还有他们之间的不平等性,对话者携带着各自的时间和空间,各自的“语言”,简而言之,也就是差异创造了对话的必要。

　　然而,另一方面,差异又使得在交流(communication)的名义下,在交流活动中,始终存在着一种非—交往(non-community)的关系。也就是说,自我与他者以言说彼此敞开,言说创造了一种“切近”的关系,“切近”意味着“亲近”,而同时也是绝对的分离。言语对布朗肖来说,“就是超越性的关系本身,它反映了交流空间本质上就是不均衡的,在这种空间里显然存在某种折曲,因此阻止了对等性,并且在交流项之间创造了绝对差异的层面”。[③]在这一点上,列维纳斯和布朗肖的观点是一致的,在列维纳斯那里,言语也是自我与他者之间的陌异性维持的场所,因为“语言的关系暗含着一种超越性,一种极端的分裂,以及对话者的陌异

[①]　Maurice Blanchot, *The Infinite Conversation*, p.82.

[②]　Maurice Blanchot, *The Infinite Conversation*, p.55.

[③]　Maurice Blanchot, *The Infinite Conversation*, p.56.

性,还有他者向我的显现。……话语就是一种绝对陌生的经验"。①只
有在这种言语中,我才能够进入与他者的关系之中,也就是他者处于他
的高度,他的维度,而与我相遇。"他者不会被还原为我对他的言说,不
会被减约为话语的主体或者对话的主体,他毋宁是始终外在于我并超
越我的,超出我并且在我呼唤时他会出现在我面前,作为未知者朝向
我,作为陌生者倾听我,在言语中,是外边在言说并且使言语发生,是外
边允许我言说。"②也就是说,言语必然在其无可还原的差异中维持住
一种陌生的真理,维持他者的超越性存在,这样,陌生者在他的言语中,
也就是陌生性本身的在场。

但是,这种言语却又并非任意一种言语,因为这种言说侧重于海德
格尔的"语言之说",侧重于列维纳斯"说",以及布朗肖所谓的"非看"的
"说",而不是指由主体性所主宰"人言"、致力于同一化的"所说",或者
倾向于整体性的"看"之说。布朗肖将后一种言说经验称作"辩证语
言"。他者与我处于一种不平等的关系之中,也唯有通过这种不平等的
间隔,他者才会向我显现。但是辩证语言的特征却是一种致力于平等
化(equalization)的语言,也就是拒绝这种不平等性,而是试图将不平等
性拉平,将差异同一化,将他人当做另外一个"自我"来认识。而事实
上,这言语是一种权力的言语,是竞争、对抗与否定的言语,为了将一切
对立项还原,为了否定他者的无限距离。然而,在这种对话中,"某种关
键的东西丧失了,这就是差异本身,一种无法简化,也无法使之平等化
的差异。这种差异神秘地让两种不同的言语发生,将他们保持在分离
中,然而又因分离而维持在一种关系中"。③

非辩证的言语,也就是一种复数的言语(plural speech),这种言语
"不再基于平等或不平等,主宰(predominance)与从属,也不再基于对
等的二重性之上,而是建立在非均衡以及不可逆之上的言语,这样,在
言语的两项之间,关系的无限性作为意指活动自身被涵括在内"。④这

---

①　Emmanuel Levinas, *Totality and Infinity*, p.173.

②　Maurice Blanchot, *The Infinite Conversation*, p.55.

③　Maurice Blanchot, *The Infinite Conversation*, p.81.

④　Maurice Blanchot, *The Infinite Conversation*, p.8.

种复数的言语正是自我与他者之间的断裂、不平等、不均衡的关系的最好表达，因为这种语言的断裂本身正是对自我与他者之间的间隙（hiatus），以及陌生性与无限距离的回应，这是语言的一次转变。在布朗肖看来，这种改变是一种语言的形式与结构的根本改变，"这种改变堪比于欧几里得几何向黎曼数学的转变。这种改变让言语不再以总体性为其视域，而是让词语之间的关系成为不连续所控制的非均衡的领域"。①

所以，言语是守护着自我与他者的绝对距离，布朗肖说："对某人言说，就是不要将其引入已知之物或存在者的系统之中，而是将他者当做未知者去认识，当做陌生者去接待，而不要强迫其放弃差异。言语，在这个意义上，就是应允之地（promised land）。在这里，流亡就是安居，因为它始终是在外边，始终在运动中，陌异者先出自身，但是却无需弃绝自身。言说，就是去寻找以 ex- 为前缀的单词的本源意义：放逐（exile）、流亡（exodus）、外在性（exteriority）、间离（estrangement），这些词在不同的经验模式中展开：ex- 这个前缀对我们来说，意味着作为一切'正面价值'（positive value）之起源的距离与分离。"②这是布朗肖从犹太哲学中发现的一种崭新的言语经验，也就是在言语中肯定他者的无限距离。言语与放逐，在犹太哲学中，意味着与外在性的一种积极的关系，它让我们放弃以自我为中心的一切，即布朗肖所说的，"以我的力量去同化一切，将一切同一化，将一切都带回到我们的'我'（I）"。③也就是消除差异，让一切都回到"我"之同一的辩证语言。复数的语言始终是向他者的敞开，始终是朝向外边的。

① Maurice Blanchot, *The Infinite Conversation*, p.77.
② Maurice Blanchot, *The Infinite Conversation*, p.128.
③ Maurice Blanchot, *The Infinite Conversation*, p.127.

第五章　布朗肖的文学观

第一节　文学如何可能？

　　文学可以说是布朗肖思想不枯竭的泉眼,也是他各路错杂密布的思想潜流汇集之处,最后,更是有关死亡、他者、犹太主义、共通体等一切思想涌流奔向的大海。文学对布朗肖而言的重要性,在他的墓志铭上就可见一斑,"布朗肖,生于 1905 年,他的一生都献给了文学以及属于文学的沉默。"与其说是布朗肖的墓碑,不如说是文学的路碑。布朗肖以其一生的思考,使文学的路径在思想领域实现了逆转。文学与哲学之间延续千年的古老战争,在布朗肖立下的文学路碑的指引下,由德里达、福柯、德勒兹等遍传烽火,使文学针对西方形而上学的战事在 20世纪势如破竹。布朗肖从文学思考中生发出来的"中"辗转到德里达那里,就成了"延异";布朗肖以文学之名发起对一切形式的"权力"的质询和讨伐,也被福柯很好地接替过来;布朗肖在文学作品中发现的"去作品化"(worklessness)以及作品向作品之起源的"永恒回归",成为德勒兹"差异与重复"的灵感之源。总之,布朗肖对文学的思考,最终成了撬动形而上学地球的那一根杠杆。

　　但是以文学的名义反对形而上学,这并不是布朗肖思想的最终指向,也不是一种可以归于后现代的激进姿态。可以肯定的是,对布朗肖而言,形而上学并不是一个虚幻的敌对者,以文学的名义所面对的,并不是一个无物之阵。但是,重要的并不是文学对形而上学的战胜和瓦解,而是对形而上学的理解和越过。这就涉及"人"的问题,涉及在将人从一个更深广的境遇中敉平到一个只有人的平面上,然后再将这种已经窄化的"人"继续压缩成"主体",压缩成"我"。布朗肖在"文学"的背后,所考虑的、所要解决的问题,其实是如何从这种其实只是一种假设、一种虚构,甚至一种"经典的缩写"①的"我"(其实也就是作为小我的"主体")逆向而行,重新返回更加丰富和全面的"人"的经验,返回更加深阔、与"外边"融通无碍的状态。因此,被形而上学压缩和简化的"人"的经验,文学再将其丰富;被形而上学斩断的与"外边"的关联,文学重新将它接通。在这个意义上说布朗肖借用了文学反形而上学之力,应该是不至于是误解。但是,因为布朗肖语言中的密集的悖论,无处不在的断裂和跳跃,以及有时候难免激进的论调,很容易让人误解他就是通常意义上(往往是被误读的)碎片化、无序化以及平面化的后现代主义阵营中的一员。

前面说到过,在布朗肖的论域中,以传统认识论的方式追问"文学是什么"而获得的一切答案,都只是对文学的贬低和背叛,因为"是什么"已经预设了提问对象的本质和在场性,而文学恰恰是对这种形而上学式的本质与在场的质疑和颠覆。在布朗肖看来,文学的本质就在于它没有本质,"文学的本质就在于它逃离一切本质性的特征,逃离一切能将它固定甚至实现的断言:它从来不是已经在这里的"。②也就是说,文学根本上是非本质的,是反本质的,文学也从来都不具备那种充分自足的在场性。所以,沿着认识论的路径寻索文学,已经是与文学相背而行,注定只能离文学越来越远。布朗肖发现了这种追问方式在面临文学这个无物之阵时的尴尬处境,"谁肯定文学,也就是什么都没有肯定;谁寻求文学,所找到的,就是那已经逃离的;谁发现文学,发现的仅仅只是文学所不是,或甚至更糟,是超越文学的。这也就是为什么,到最末,每本书当成本质去爱,去渴望,并充满激情去探索的,其实是非—文学"。③

---

① Maurice Blanchot, *The Step Not Beyond*, p.6.

② Maurice Blanchot, *The Blanchot Reader*, ed. Michael Holland, p.141.

③ Michael Holland(ed.), *The Blanchot Reader*, Oxford UK & Cambridge USA: Blackwell Publishers Ltd, 1995, p.142.

因此,布朗肖跨过"文学是什么"这个伪问题,而直接问"文学如何可能?"在《文学与死亡的权力》开篇,布朗肖指出:"文学只有在文学成为问题的那一刻才开始。"①也就是说,文学的可能性建立在文学"成问题"的基础之上,然而这里的"成问题",并不意味着文学面临着外界的责难和攻击而失去了其立足点与合法性。相反,这是文学的自我问题化,它来源于文学中一种根本的、不息的差异之力,文学打破了知识论上的同,而激发出美学的异,也就是文学以自我怀疑与自我否定为代价,或者如布朗肖所说的,文学以"自我毁灭"(self-destruction)与自我牺牲为筹码,来为文学自身的可能性下注。所以,文学的可能性事实上是以其不可能性为赌注而展开的一种高风险投资,只有在这种风险之中,文学才能成就自身,"文学牺牲自己,而这种牺牲却不会让文学消失,相反却成为新的力量来丰富它……当毁灭并不是摧毁,而是建造时,又怎能毁灭呢"?②——文学的本质在于其反本质,文学的在场在于其幽灵般的逃逸和不在场,文学的可能性源于不可能性,文学的存在建立在自我毁灭的基础之上,这一系列悖论并不指向逻辑悖反的死胡同,也并不形成黑格尔式的矛盾的辩证调和与解决,相反,由悖论而生的紧张与不息之力正是文学发生的必然境遇。那么,这种相悖的冲突与咬合之力是如何发生的呢,这要从文学的"开端"(beginning)与"起源"(origin)谈起。

第二节　作品的开端和起源

作品的"开端"与一般的"大写的书"有关,也就是与作品的可能性、意义或者世界性有关。在《文学与死亡的权力》中,布朗肖将作品的开端称为文学的第一个斜面,开端建立在概念语言的否定性劳作之基础上,将物的不在场转化成精神的生命,也就是观念的在场,继而形成透

① Maurice Blanchot, *The Work of Fire*, p.300.
② Maurice Blanchot, *The Work of Fire*, p.26.

明的意义整体。布朗肖意识到,大多数文学都是在亚里士多德的名义下进行的,也就是诗要经过哲学的裁决而获得其合法性(亚里士多德的诗学试图在诗与哲学之争中进行斡旋,但结果却是简单地将诗置入哲学系统的坐标内部来衡量,也就是以哲学的方式确定诗的规则、逻辑以及范畴体系)。这种文学也就是"一种否定的运动,通过它,物与自身分离,并且被摧毁,只是为了让自己被认知,被征服,被交流"。①这是寄居于工具论之中的文学,它是理性的一个种属,理性将语言的概念化力量纳入自己的统治之下。在这个斜面上,文学就是"有意义的散文,它的目的就是以一种指称事物的语言来表达物。这也是日常言说的方式,很多人就是以说话的方式来写作"。②这是哲学能够接受的文学,在这种文学中,思想优先于语言,而语言又优先于文字,它的最大企图就是文字能够在传达思想时完美地消失,而不至于成为障碍,这种文学服务于德里达后来所批判的逻各斯中心主义或者书本中心主义。文学的这一个向度就是作品的第一个斜面,也就是作品的"开端",它在世界之中展开,成为文化、历史的一部分,为真理而言说,给出意义,交流思想,形成一种"有用的在场"。但是,这毕竟只是文学的一个斜面,是文学被哲学挟持进理性或者真理的理想国中,但是另一方面,也更为根本的是,作品总是使文学的这一面陷入危机,作品总是开端,自这种有用的在场撤退,而向其起源回归。

　　与海德格尔相似,布朗肖更关注艺术作品的起源,在《文学空间》中,起源甚至成了贯穿始终的关键词——"作品从未停止与其起源相关联"③;"作品就是对其起源的不断经验,这种经验是作品存在的条件"④;"作品通过艺术家,成为对作品起源的关切与无尽寻求"⑤,如此等等反复强调,可见艺术作品对布朗肖而言,确实命悬于"起源",那么,起源究竟意味着什么? 可以确定的是,起源并非一个从无到有的确定

---

①　Maurice Blanchot, *The Work of Fire*, p.330.

②　Maurice Blanchot, *The Work of Fire*, p.324.

③④　Maurice Blanchot, *The Space of Literature*, p.204.

⑤　Maurice Blanchot, *The Space of Literature*, p.44.

起点,也不是一种可以无限追溯与返归的纯粹在场。就好像海德格尔的"无之无化"并非相对于在先的存在之"有"而发生的,而是无之无化敞开了存在者之存在。再比如德里达的"延异"也并非针对一个作为先验所指的形而上学在场而发生的延搁与差异,因为"延异比存在本身更为古老",延异正是取消和颠覆一切在场的差异力量。与之相似,布朗肖的"起源"也不仅仅是作品得以可能的条件,也是先于开端,先于在场的一种去作品化(worklessness)的力量,它取消作品,摧毁作品的可能性,"它让作品成为不可能,因为它是作品永远也不能抵达的,是先于作品的,它是这样一个点,在这里,无物被创造,无物被完成,是存在的去作品化的幽深的隐蔽处"。①因此,作品的起源就在去作品化中,向着起源的永恒回归使得作品无法到达任何确定的在场状态,而始终处于一种持续的自我背叛与自我毁灭中。

作为起源的去作品化力量在布朗肖早期的作品中被表述为文学的第二个斜面,也就是意义向着晦暗之"物"的隐匿与退遁,这是与语言的特性相关的。在《卡夫卡与文学》这篇文章中,布朗肖说道:"如果语言,尤其是文学语言,不迫切地投向自己的死亡,那么它也就不可能,因为这种朝向其自身的不可能性正是它的本质,也是它的基础,它就是这样一种运动,预见到自己的虚无,它的潜能就在于成为这种虚无,然而却并不实现它。换句话说,语言之所以是真实的,在于它朝向非—语言(non-language)而展开自身。"②非—语言,就是被语言所谋杀的物,这也可以说是语言的起源,是使语言得以可能和必要的东西,但它同时也侵扰和瓦解语言的可能性。语言在否定物,在形成自身,获得精神的生命的同时,却始终试图向着作为起源的物回归,相对于意义的生命来说,向着晦冥之物的回归事实上就是无休止地投入死亡。因此布朗肖不止一次地说道,"词语必然尝试自杀,这种自杀的倾向始终萦绕着它但从未获得成功","语言的残忍在于它无休止地唤起它自己的死亡,但

---

① Maurice Blanchot, *The Space of Literature*, p.46.
② Maurice Blanchot, *The Work of Fire*, p.19.

又无法真正地死去"。①一方面,语言限定、划界、确立意义,而另一方面,由于向着物这种原初的无名状态的回归,语言又悬置、消除、替换意义。语言正是在这两种相悖的态势中成就自身,而这两种向度的纷争始终处于胶着僵持的状态,没有一方能完全消除另一方。值得注意的是,正如莱斯利·希尔所指出的,这种物作为一种原初的无名状态,它在话语中的功能并不是一种哑默的,自我同一的先在状态,而更像是一个可疑的原初性的幽灵,它的目的是挑战而非肯定词语的自足性。②物作为起源在扰乱词语的自我同一性时使意义增殖、消散而趋于混沌(ambiguity),这才是布朗肖意义上的文学语言。

同样,作品之起源也可以循语言的思路去把握。将作品的起源,即作品的瓦解与退藏看成是作品之所以成为作品的原因,看成是更根本的,这很明显受到海德格尔的影响,海德格尔将遮蔽看成是本有(Ereignis)运作的更本源的一面,他认为:"遮蔽并不是一个空洞的附加,也不是仿佛阴影属于光明。相反,遮蔽乃是作为无蔽的心脏而属于无蔽……而且在在场性之澄明的这一自身遮蔽中……甚至还有一种庇护和保藏由之而来,无蔽才能被允诺,从而在场者的在场者才能显现出来……(因此)澄明就不会是在场性的单独澄明。"③所以,无蔽从遮蔽而来,最终仍归于遮蔽,在遮蔽中获得庇护与守藏。海德格尔对希腊的真理概念 Aletheia(去蔽)进行阐释,Aletheia 是 Physis(自然)的基本特征,它的双重结构在大地与世界的关系中被给出,也就是必须被理解为遮蔽与解蔽的双重运动。就像世界在 physis 的运动中必须伴随着大地,真理也伴随着非真理(untruth)的运动,非真理不是谬误,而是隐藏,或者遮蔽。当赫拉克利特说 physis 喜欢隐藏时,当他说"战争是万物之物,万物之王",他必然也是预见到了世界与大地之间本质的"纷争"。因此,遮蔽不是派生的、第二性的,而是相较于解蔽更为本源的。

---

① Maurice Blanchot, *The Work of Fire*, p.22.

② Leslie Hill, *Blanchot: Extreme contemporary*, pp.131—132.

③ 海德格尔:《面向思的事情》,陈小文、孙周兴译,商务印书馆 1999 年版,第 72—74 页。

与之相似,在布朗肖这里,由作品之"开端"所打开的明晰的意义世界,也并不是一劳永逸,不是确定与绝对的,相反,它始终在向着作为物之晦冥性的"起源"回望,"作品不停地从开端的明晰性返回到起源的晦暗"。①但是,正如前面所说到的,起源作为一种去作品化的力量又消解一切作品,使得作品在生成同时又被不断瓦解。作品的意义整体正是从起源而来,然而由意义的明晰性所体现的同一与在场的逻辑,从一开始就受到起源的去作品化力量的侵蚀。

布朗肖多次用俄耳甫斯的神话来阐释作品向起源的回归。俄尔甫斯要将妻子欧律狄刻带出冥府,使其复活,重新来到日光之下,某种意义上来说,欧律狄刻就是他的作品。但是要完成这一作品,就必须遵循冥王哈德斯的禁令,即不能回头看欧律狄刻。也就是说,对艺术作品而言,有一种遮蔽的律令,这在海德格尔那里就是大地,是艺术作品黑暗的物质层,这也是布朗肖所谓的艺术作品的起源,只有让起源保持在遮蔽中,作品才能完成。但是俄耳甫斯却违犯了这一禁令,他回头看了黑暗中的欧律狄刻,他想看到"那不可见者是如何的不可见",俄耳甫斯渴望的,并不是将被带入之光之下,重获生命的,可见的欧律狄刻,而是——就像布朗肖在《文学与死亡的权力》中提及的在坟墓中死去的、发臭的拉撒路——另外一个属于黑夜的,永远不可见的欧律狄刻,因此,欧律狄刻在俄耳甫斯的目光中永远死去了。历来对这个神话的解释多重在指责俄耳甫斯的不耐心。但是布朗肖却认为,俄耳甫斯之所以回头,是源于对另一种更加紧迫的要求的回应,也就是对起源以及去作品化的律令的回应,对这一律令而言,根本的不是作品,而是作为起源的黑暗,没有它,就不会有作品。"作品对俄耳甫斯来说就是全部了,"布朗肖写道,"除了那使得作品在其中毁灭的目光,结果就是在那一瞥中,作品超越了它自身,而与其起源相连,并且在它的不可能性中被圣化了。"②为了回归起源,作品甚至被牺牲,但也正是在这种牺牲

---

① Maurice Blanchot, *The Space of Literature*, p.204.
② Maurice Blanchot, *The Space of Literature*, p.174.

138

中,才有艺术的可能性。因此,"在艺术的领域中,有一种与死亡,与重复,以及与失败签订的契约"。①这种失败,正是艺术的不可能向白日之光完全敞开自身,也是艺术不能被还原为纯粹精神的明晰性,艺术作品始终向着其起源,也就是物的遮蔽回归,从而使得作品中生发出的一切真理和意义都归于混沌而无效化。

第三节 文学的谬误与非真

基于此,布朗肖非常肯定地说:"一旦人们以为自己将真理带入白日之光中,并成为白日的生命与作品,那么作品就必然封闭自身,成为相异于真理,没有任何意义的东西,这不仅在于作品不同于任何已有的,可靠的真理,不仅是作品作为可怕的,非真的丑闻,而是作品始终拒绝为真:不管这'真'是什么,即使它源出于作品自身,作品也会颠覆它,收回它,埋葬它,隐藏它。"②在海德格尔的艺术理论里,艺术是真理自行设置入作品,尽管真理是一种遮蔽与揭蔽的不断争执。但是在布朗肖这里,艺术却始终是一种"非—真",也就是说,艺术作品体现着绝对的谬误(error),这种谬误并非违反逻辑规则的形式悖谬,而是意味着"非—真"对一切形式的真理的干扰和颠覆,是一种无止境的不确定性,根据布朗肖的意思,唯一可确定的就是不确定性。也正是在这种意义上,布朗肖《站在尼采这一边》才是可理解的。布朗肖认为,尼采的"上帝已死"并不只是针对基督教神学发起的无神论宣言,如果只是在神学语境中宣判上帝已死,那么作为一种确定事实的"上帝已死"本身就成为了"上帝",而无神论也只是乔装改扮的另一种神学。相反,上帝本身意味着一种永恒真理,而上帝已死指的是一切确定真理的丧失,因此,上帝之死就不是一个已经完成的事实,而是一种需要无止境去奋斗的任务。③而文学艺术对布朗肖而言,正承载着不断向"非真",向不确定

---

① Maurice Blanchot, *The Space of Literature*, p.243.

② Maurice Blanchot, *The Space of Literature*, p.228.

③ Maurice Blanchot, *The Work of Fire*, pp.287—299.

性迸发,不断地宣判"上帝已死"的任务。布朗肖这样说:"艺术是对绝对谬误的模仿。艺术预示着某种非真的东西,但是这一'非'并不是一种界限的关键特征,而是充盈的、无尽的不确定性。真与这种不确定性无法交流,也没有能力战胜它,并且在面对不确定性时,真只有变成否定的暴力才能确定自身。"①因为文学中的不确定的力量对任何形式的"真"都是一种瓦解和腐蚀,也是一种挑战。而"真"无法完全消除这种不确定性,除非是以否定的暴力来压制它,或者以辩证的方式将不确定性纳入"真"的轨迹之中,而借此扩充与丰富"真"的内涵。但是布朗肖发现了真理在面对不确定性时的无能和虚张声势,并在文学中找到了"非—真"和不确定性对这种伪强权的真理的致命反击。

"非—真"除了意味着对一切形式的真理的颠覆和干扰之外。更重要的,"非—真"是对起源,对物的晦冥性的尊重和庇护。这又得从海德格尔说起,在《论真理的本质》中海德格尔讨论了真理与非真理之间的关系。如果说真理是揭蔽,是柏拉图的从洞穴阴影上升至洞穴外对太阳的直接注视,那么,非—真理就是从显现者退回到未被揭露者。因为如果说光是一种揭蔽,是一种无蔽,那么光本身对黑暗就构成了遮蔽。同样,真理的无蔽也对"密"(das Geheimnis)②构成一种持续的遮蔽。因此,非真理与真理不一样,它不是有关"密"的揭示,也不是将某种被隐藏的东西带入光亮之中,而完成人类知识的稳固进程中的最后一步,

① Maurice Blanchot, *The Space of Literature*, p.243.

② 对海德格尔来说,密(das Geheimnis)并不能被解释成一种神秘的经验或者某种有破译的谜。而是,必须在家(heim)的基础上来理解密(das Geheimnis)。这两个同根词或许能够表明,密是人类存在的家园。或者可以这样说,生存,就是没有为什么的去存在——但同时这就是最深的遮蔽。"人,在其存在被遮蔽的最深处,就是他像玫瑰一样的存在着——没有为什么。"(Heidegger, *The Principle of reason*, trans. Reginald Lilly, Bloomington and Indianapolis: Indiana University press, p.38)因此,人一方面,是真理的看护者,而另一方面,人的命运以及尊严,事实上也在于他是密的守护者。对海德格尔而言,人类真正的命运指向比"人"更深的,不仅仅是"人类"的某种东西。人的存在(此在与存在的关系)不是"人类学"的(John D. Caputo, *The Mystical Element in Heidegger's Thought*, New York: Fordham University press, 1986, pp.155—157),也就是说,此在的尊严就在于承认此在没有力量处置存在,在于承认此在依赖于存在的馈赠和庇护。非—真可以说就是"密"的庇护,因此,这也是非—真比真更加源初的原因所在。

相反,非真理是向着"密"的敞开,非真的思是"由于谬误(error)而对密的偶然一瞥"。非真理不是对"密"的揭示,而是将"密"保持在密中。与海德格尔相似,布朗肖一直对被"光"、被"真"所遮盖和谋杀了的物之晦冥性充满了乡愁,而文学则以其"非真"对这种谋杀进行着对抗和弥补。因为,对布朗肖而言,文学作品自身根本上就是一种遮蔽(concealment),一种掩藏(dissimulation),"作品的深度(depths)从来不会直接给出自身,而只有通过在作品中隐藏自己才能显现自己"。①文学作品的出场方式与"密",与物之晦冥性有其相似之处,文学以其有所掩藏的显现,以其"非真"的方式,庇护着另外一种更加本源的"真",因此,与海德格尔的断言"非真理就是真理最适切的本质"相似,布朗肖也说,"非真就是本真性的本质形式"。②

在《文学空间》中,布朗肖改写了埃斯库罗斯的《欧墨尼得斯》一剧,其实就是在唤起文学艺术的非—真理的晦暗起源。在希腊神话中,厄里尼厄斯(Erinyes)和愤怒女神(Furies)是复仇的精灵。它们是尼克斯(Nyx),即黑夜之神的女儿。俄瑞斯忒斯因犯下弑母大罪而被厄里尼厄斯追逐和迫害,俄瑞斯忒斯向阿波罗和雅典娜求救,雅典娜通过雅典的陪审团宣判俄瑞斯忒斯无罪。厄里尼厄斯和愤怒女神要劫掠雅典娜,但是却被雅典娜制服,并赐予她们圣地与宗教仪式。这样,体现着古老的血仇秩序的厄里尼厄斯,变成了欧墨尼得斯,即"和善者"。但是这个新的名字却不能够阻止她们重回被布朗肖称作"夜之神庙"的黑暗之中。"之后,她们作为黑暗力量的象征而言说,为了正义与文化,这种黑暗力量必须被压制——这对我们来说都是太熟悉了的。最终有一天,她们也会以这种方式言说,即在言说中语言始终是源初的,在其中它就是语言的源头。这对我们依然是不可知的,但却不是陌生的。"③也即是说,不可避免的,欧墨尼得斯将重新变回厄里尼厄斯,并激烈地反对将她们束缚于其中的一切习俗、行为以及规则。她们与邪恶力量

① Maurice Blanchot, *The Space of Literature*, p.171.
② Maurice Blanchot, *The Space of Literature*, p.247.
③ Maurice Blanchot, *The Space of Literature*, pp.206—207.

交谈,诱引不信神者走向死亡和毁灭,但是没有任何驱魔者能够驱逐她们。重要的是,她们扮演了另外一种更加鲜为人知的角色,即在艺术作品中肯定她们的无法约束的力量。

对这一神话的重写体现了布朗肖对文学和艺术所寄予的厚望,即文学以一种"非—真理"的形式实现着对黑暗的物质力量,或者说对"密",对晦冥性的记忆和尊重。这是与黑格尔不断上升的辩证运动完全相反的另一维,即不是精神对物质的节节战胜,而是精神向物质的不断回望和沉降。因此,在黑格尔那里,是"艺术已死",因为艺术不再是真理的最高表现形式。说到底,还是和真理有关,也就是海德格尔所说的:"黑格尔的判词尚未获得裁决,因为在黑格尔的判词背后,潜伏着自古希腊以降的西方思想,这种思想相应于一种已经发生了的存在者之真理。如果要对黑格尔的判词做出裁决,那么,这种裁决乃是出于这种存在者之真理并且对这种真理做出裁决。"[1]在黑格尔的体系中,真理与精神对物质的战胜有关。比如西方艺术的三阶段,从象征艺术到古典艺术,在从古典艺术到现代艺术,体现的是精神对物质的不断战胜。在这个过程中,由物质压制精神的埃及象征艺术,到物质与精神平衡的古典艺术,再到精神性超出物质性的现代艺术,精神逐步进犯和吞噬物质领域。但是这依然不够,只有在哲学中,精神才能完全战胜物质,只有在哲学中,才不会有物质世界的残留。因此,作为真理的体现形式,艺术必然要让位于哲学,这也就是在艺术繁荣、歌德还没死的 19 世纪,黑格尔依然做出这种判决的原因所在。

但是,对黑格尔来说,是"艺术已死",而对布朗肖而言,艺术的生命与出路则正在于艺术之死(dying)。因为,艺术在布朗肖那里,不是真理的承载者,不是精神对物质的单向战胜,而是由非—真理所体现的物质对精神的反噬力量。如果说从古希腊到黑格尔,到海德格尔之前,艺术理论一直在"知白"的道路上行进,那么从海德格尔之后,到布朗肖,甚至到德里达,则意识到了"守黑"的重要性。这并不是悖逆的两个维

---

　　　① 海德格尔:《林中路》,第 69 页。

度的互相冲突,而是,一方面是人类精神本然的向光性在逐日般地追求明晰与敞亮,而另一方面又有朝向黑暗深邃的地层不断延伸和扎根的致命需要。布朗肖的文学和艺术理论则是在 20 世纪,在人类精神被"比千百个太阳还亮"①的单纯光明灼伤的处境下,开始有意识的寻求大地和黑暗的庇护。也就是说,以文学之名,在"非—真理"的大旗下,物质性开始了对精神的倒戈。因此,布朗肖的"艺术之死"和黑格尔的"艺术已死"看起来向着完全相反的方向生长,但是从深层来看,却是在根底处血脉相连的。"艺术已死",艺术死于精神的向光性,死于精神试图摆脱物质的牵累和染污,死于精神向着纯粹和光明盘升。但是布朗肖的"艺术之死"却正是为了保护艺术的生命而唤醒物质性,以物质性抗击精神长驱直入的进犯,以物质性保护精神不被过度的光亮所灼伤。因此,这二者对艺术的认识都是同源的,即艺术是精神与物质性,是光明与黑暗的交汇和激战,并且永不停止。

在布朗肖那里,艺术正是以"死去"(dying)的方式活着,"死去"意味着它从来没有真正地在场过,从来不能被完全地现实化(actualisable),也就是说,艺术从来都是伴随着一种退隐与消逝的运动才能够显现。或者,从某种意义上来说,艺术甚至从来没有真正地活过,也就是没有真正地在场过。因为,文学或者艺术中的物质性就像一种无处不在的幽灵,它时时扰乱和悬搁意义的生成,让其无法确定,无法止息。"死"无时无刻不在扰乱辩证同一的稳固和确定性,就像拉斯·伊耶所评论的:"对布朗肖来说,死(dying)就是一种位错(dislocation)或者非同一化(disidentification)命名的方式——并不是外在于死亡和否定的跃出,而是一种生成(becoming),在其中辩证法被悬置了。"②也就是说,文学中所暗含的强大且危险的"死"之力量同时保证了意义的生成与瓦解。布朗肖这样说:"诗创造意义,但从另一方面来说,它又取消这种意义。它离间词语,如果它给予我们词语,也是隔着距离给出的。它将言说的可

---

① 海德格尔:《同一与差异》,孙周兴等译,商务印书馆 2011 年版,第 132 页。
② Lars Iyer, *Blanchot's Communism*：*Art*，*Philosophy and Political*，p.59.

能性与成为它的条件的不可能性充满危险的联结起来。"①"诗,通过其所创造的分离,通过其所产生的难以承受的紧张,只能导致语言的毁灭;但是这种毁灭却是它实现的唯一机会。"②文学的特殊也许就是在这里,因为其挥之不去的物质性,因为始终动荡不安的物质与意义之间的斗争,决定了它只能以瓦解的方式生成,只能以毁灭的方式实现,或者,只能以不断死去的方式活着。

第四节 作品与其"自身"之间的距离

既然文学始终是作品和去作品化,是世界与大地,是真与非真之间的争执,那么文学作品就永远没有一个确定的所谓"自身",因为作品的去作品化所要打破的,正是"自身"背后所隐含着的同一性、自我确定性以及稳固性。③换句话说,作品之所"不是"正是其所"是"的前提,只有"不是"才能成就文学的"是",而这两者之间所打开的无限距离正是作品与其自身的极深的距离,因为这种距离,作品始终都在逃离它之所是。因此,作品从来就不是平静的、确定的,从来就不是真理的守护者,或者意义的沉淀,它始终是未完成的、不确定的、在变化和生成过程之中的。

这种作品与其自身之间的永恒距离可以说成"作品完成于未完成性"中,或者用布朗肖的话来说:"作品——艺术作品,文学作品——既

---

① Maurice Blanchot, *The Work of Fire*, p.71.

② Maurice Blanchot, *The Work of Fire*, p.53.

③ 在布朗肖的语境中,"我"始终被他者(Autrui)侵扰而成为非—我(I-less),而这才是我之为我的前提。那么,与此相似,作品也始终与自身分离,作品在与自身的差异中成就自身。在《极端的消极性:列维纳斯、布朗肖以及阿甘本》这本书中,托马斯·卡尔·沃尔(Thomas Carl Wall)有这样一个判断:"那始终在逃避的——他者——就是我(moi)自身所是的它异性……我们认为列维纳斯的《别样于存在或者超越本质》——替换——就是清空了同一性、稳固性,以及自我—确定性的自我与他者的极端同一。"(见 *Radical Passivity: Levinas, Blanchot, and Agamben*, Albany: State University of New York Press, 1999, p.4)同样的思路,文学作品也是清楚了由"自身"所体现的同一性和确定性,而向它异性和未定性敞开自身,也就是说,文学的没有一个所谓自身,因为"自身"正意味着叛离自身,逃避自身。

非完成,也非未完成:它存在。它所说的仅是:它存在——此外没别的了。"①"存在"这个词在布朗肖的文章中是非常值得警惕的,"存在"其实是"开端"与"起源",是"虚无"与"存在"的一体两面,是它们之间的一种互相生发,互相掩藏的动态游戏。②从作品来说,作品的存在就意味着,一方面,作品向精神,向意义,向阐释敞开自己;但是另一方面,还涵括了一种从意义的光亮,从阐释的明晰性中自行隐匿和退却的态势。因此,这就使得作品始终处于未完成之中,始终处于与自身的无法弥合的深刻距离之中。"……作品的特征。它源于作品相对于自身的深刻距离,由于这种距离,作品总是逃离它之所是——似乎确实无疑已经完成,然而却又始终未完成;就好像在它逃离一切掌握时,进入了与生成(becoming)的无尽变化的合谋之中。这种距离让作品超越了我们所及,也超越了时间。"③

超越我们所及,也就是超越我们的一切主题化的把握和阐释。一千个读者就有一千个哈姆雷特,这并非是由读者的差异造成的,而是作品本身就是这一千幅面孔的幻化,然而哪一张面孔却又都不是作品本身,只是作品在阐释之力下被迫给出的假面。无数相异的假面只能证明作品本身的无本然面目,意义和阐释的无限只能证明作品与其自身之间存在的空白(void)和间隔(interval)。《文学空间》的英译者安·斯莫克(Ann Smock)就这样说过:"(作品中)存在着一种空白或者虚空(void or vacuum),它让自己被自身所不是者填满。比如,被有用的意义所填充,它随着历史进程而繁殖或者改变。或者这种虚空能化妆成让人敬畏的光晕(aura)环绕着永恒的杰作。……这种种不同的误解或遗忘作品的方式,却也是维系作品的方式;他们守护着作品的本质,也即是消

---

① Maurice Blanchot, *The Space of Literature*, p.22.

② 布朗肖的"虚无"与萨特《存在与虚无》中的"虚无"相近,都意味着一种积极的力量,即黑格尔的辩证运动的"否定性",也就是前面所说及的"死亡"。虚无是开端从起源中升起的必要的势能,是世界和历史得以运转的基本力量。但是布朗肖的存在(Being),则还包括了作为起源的一种锁闭和藏匿,是一种隐退的消极性(这种消极性并非与积极对立的消极,而是积极之所由出,并复归于此的消极,是作为积极的源头与归宿的消极)。

③ Maurice Blanchot, *The Space of Literature*, p.205.

失。它们为作品提供了'空间',然而却不是其处所(location)。"①空间包含着消失(disappearing)和退隐(withdrawal),包含着距离和分裂,以及空白和空虚,而处所则是确定的,是稳固的。作品的空间就是作品的不断迁延和退却(displacement or removal),也就是作品没有确定的"自身",它始终游离在"自身"之外。即使被阐释之箭射中而被迫给出一个"本真"的面目,即使这种由阐释的强力驱迫而生的所谓作品的本来面目在种种外在条件的变迁中,比如意识形态的影响下,而被不断地强化和加固,或者不断的挤压变形,这都与作品"本身"没有关系,都是作品在以逃逸和隐遁的方式成就"无自身的自身"。

这种作品与其自身之间的深刻而距离,在《文学空间》中也被布朗肖称作"作品的孤独",这里孤独并不是一种主体的,人类处境的孤独,不是"小我"(I)的向内专注凝聚,也不是个体主义刻意寻求和营造的疏离感。布朗肖是这样描述作品的孤独的:"作品是孤独的:这并不意味着它不可交流,它没有读者。而是,阅读作品的人都进入对作品孤独的肯定中,就好像写作的人也属于这种孤独的风险一样。"②这是一种根本的孤独,这种孤独就意味着一种幽灵般的"无自身",意味着一切想要确定作品的本身或者本质的努力都必然归于失败。就像保罗·戴维斯(Paul Davis)在《作品与作品的不在场》这篇文章中所评论的,这种孤独并不是一种定义作品的手段,相反,它意味着一切试图为作品提供标准或者规定其同一性和本质的企图不可避免的失败。如哲学或批评那样,谈论作品就是试图将作品拉近,将它主题化,并言说什么是它所是。对布朗肖来说,这种积极的归类(ascription)总归会被"作品"中的某种关键的东西暗中破坏瓦解。对布朗肖而言,作品唯一的积极面就是它的距离,它对一切主题化的逃离。作品打开了一个空间,即使作品在那个空间中始终是缺场的。③这种孤独正是由作品的去作品化趋向而来,正是由作品"无自身"的宿命而来,这种孤独就像幽灵的孤独。

---

① Maurice Blanchot, *The Space of Literature*, p.11.

② Maurice Blanchot, *The Space of Literature*, p.22.

③ Carolyn Bailey Gill, ed., *Maurice Blanchot: The Demanding of Writing*, p.92.

在《文学空间》中布朗肖是以"作品与其自身之间的距离",是以"作品的孤独"来表述文学作品的这种始终被"去作品化"因素缠绕而没有所谓确定自身的特点,但是到了《无尽的对话》,布朗肖则以"作品的不在场"或者"书的不在场"来深化作品的这种特征。比如,布朗肖在《书的不在场》这篇文章中这样说道:"从马拉美开始,作品开始意识到自身,并且认识到作品是与作品的不在场一致的,后者意味着(一旦与自身同一,那么就必然偏离,并且使其成为不可能)偏离作品的自身同一,使其成为不可能。一种迂回的运动,通过它,作品消失在作品的不在场中。"①

这里关系到布朗肖对"书"与"作品"这两种不同的书写模式的理解。在布朗肖那里,书有两层含义,一种是经验的书,作为知识的传播媒介,知识的贮藏处,书接收并汇聚种种特定的知识形式。还有一种是绝对的书,是大写的书,这在黑格尔那里等同于绝对意识的完成,也就是绝对意识在一切形象、语言中外化、认识并回归自身。不管这两种书有何种相异之处,可以确定的是,它们都是某种在场的知识形式,都是与同一性或整体性有关的。布朗肖以《圣经》模式来比喻这种在场的书,"《圣经》为书提供了卓异的模式,一个无与伦比的范本,它涵括了所有的书,无论书与圣经式的启示、知识、诗、预言以及箴言多么不同,它却拥有书的精神……圣经,同一性,与总体的关系,大写的律法,整体性的规则,不能违犯……所以,书本质上是神学的。"②这意味着,书就是将某种精神或者理念的在场形式固定下来,铭刻自身,留下标记、踪迹或者沉积物而让人去追索,并将其重新恢复成某种观念的在场,在意味着某种缺失的符号的基础之上,重新恢复符号所代表的充分、完整的在场。也就是说,先在观念的在场是第一位的,而书承荷着保存、追踪和还原这种代表着在场、同一性以及整体性的观念和精神的任务。从这个意义上来说,书本质上是神学的,书的上帝,书的不可违犯的圣意,就

① Maurice Blanchot, *The Infinite Conversation*, p.424.
② Maurice Blanchot, *The Infinite Conversation*, p.429.

是观念的在场。

但是作品却和书不同,作品是"书的不在场:书的先在退化,书与写于其中的空间之间的异见游戏(dissident play);书的预先死去"。①或者这样说,作品依然包含着两个相异的向量,一方面,通过书,写作的不安和能量试图获得止息并且聚集成作品,但是作品的不在场,作品之死(dying)从一开始就召唤作品,回应外边,以及外在性的迂回而强烈的吸引。因此,作品的不在场并不是与"在场"相对的完全的不在,布朗肖后期将"在场"写成"'在场'",也就是给"在场"加上引号,加引号的"在场"意味着取消了"在场"和"不在场"的截然两分,而意指一种同时是在场,而又不同于在场,或者是在场本身的一种持续的消逝,一种总是已然消逝又即将消逝,总是被阻抑和消散的态势。在场总是被转变成一种差异的可能性,因为它始终在悬置、推迟在场,始终将让在场与自身相分离。

作品的不在场所体现的,正是这种加引号的在场。也就是在场的预先毁灭,在场的行将消逝,因此布朗肖说:"作品,绝对的声音和写作,即使在即将完成之前,它也会瓦解自己;在完成自身之前,它会毁掉一切完成的可能性。"也就是说,作品永远在生成之中,始终在自身之外,或者换句话说,"只有走出自身之外('going' outside of itself),文学才能达到自身,才能到达其本质之所是"。②也是在这个意义上,布朗肖才会断言:"作品不像书一样与成功(完成)相关,而是与灾难相关;即使灾难是对绝对的另一种肯定。"③

灾难是布朗肖晚年思想的一个关键词,它很明显打上了二战的血腥烙印。布朗肖与其同时代的人,比如列维纳斯,针对二战的沉痛反思基本上集中于对同一性神话的批判。列维纳斯的他者哲学显然与此有关,而布朗肖在文学中发现的不确定性以及它异性也成了与同一性神话相抗争的潜在却巨大的力量。布朗肖以"灾难"为这种它异性命名,

---

① Maurice Blanchot, *The Infinite Conversation*, p.427.

② Maurice Blanchot, *The Book to Come*, p.201.

③ Maurice Blanchot, *The Infinite Conversation*, p.429.

作为二战这场悲剧的亲历者与见证者，"灾难"在布朗肖眼里，早就成了人类精神的红字，成了人类灵魂的紧箍咒。因此，与死（dying）是为了更真实的活一样，灾难所意味着的失败也正是为了警惕真正灾难的发生。布朗肖后来甚至以"灾难的书写"来作为书名，这也是因为书写所释放出来的差异力量能够打破同一与整体的神话，这一气脉后来在德里达那里被承接上了。在《无尽的对话》中，布朗肖将书写称为"疯狂的游戏"，因为"书写，书写的紧迫性：书写不再是为言语或者观念性的思想服务，而是通过其自身缓慢的解放性力量（随机的不在场的力量），让自己致力于某种非同一性的东西，并且，一点一点的，催生出某种完全异样的可能性：一种无名的、分散的、延迟的、消散的存在方式，因为它，一切都要被打上问号——首先是上帝的观念，自我，主体的观念，其次是真理和大写的一，最后是书与作品的观念——因此，这种书写（在其谜一般的严密性上来理解），远远不是将书作为它的目标，也不是以传达信息为目的：一种可以说是在话语之外，在语言之外的书写"。[①]就像前面说到的，书的概念还是和整体性，和同一性，和形而上学的神话有关，但是书写却致力于打破这个神话。如果说"灾难"这个词语是对那场真正发生过的灾难的铭记，那么"书写"则是布朗肖为预防这种灾难而开出的一剂药方。

第五节　文学与外边

从文学的非本质的本质，到作品的去作品化，到作品的无自身，作品与其自身之间的距离，甚至到"灾难的书写"，布朗肖赋予文学的深意，从表层来看，是为了对抗西方形而上学背后的在场和同一的强权，但是从深层来看，也许可以把它理解为试图从以"人"为中心和重心的狭小圈子中走出来。在西方哲学史上，自从亚里士多德将形而上学确定为第一哲学，之后哲学一直在"绝地天通"的道路上行进。这种思想

---

① 　Maurice Blanchot, *The Infinite Conversation*, p.xii.

斩断了人类精神的彻上彻下,而将中心固着于"人"之上。而本质、自身、在场、同一等对人的存在来说,是最迫切,也是最必须的预设,这是绕不过去的。就好像尼采那样极端的反形而上学者也承认在某种程度上,是形而上学保存了、成全了人。再比如海德格尔也说过:"形而上学是此在内心的基本现象。形而上学就是此在本身。"①因此他在批判科学与技术摆置、促逼现实时,也认为,科学是人必须领受的天命。但是成于此,也毁于此,以人为中心、为起止的形而上学,发展到近代,遇上了主体哲学这块无法消化的硬骨头,这是势所必然。而 20 世纪的哲学,粗略地说,也许可以看成是对主客两分这道魔咒的种种不同的解咒办法。

陈春文把以人为中心的这种思想称作"关于人的思想",他认为在这种思想中,"人既是起点又是终点,起于人的假设,止于人的假设。在这种思想中,人本身就是个假设物,假设到了一个其上只有人的平面上"。②而这其实窄化了人的生存维度,人在这个密不透风的假设之核里越来越膨胀,也越来越枯竭。布朗肖意识到了人类给自己打造的这个铁牢笼,也就是前面说到过的"自我之狱"对人的禁闭和拘迫,所以他那么迫切地要打破人的"自我"这条虚构却异常顽固的封锁线,那么执着的证明"外边"的无处不在,而死亡、他者、文学则是他一次又一次的构想如何与"外边"接通,如何接收到"外边"的频率的不同方式。尤其是对文学,布朗肖倾注了最大的期望,这也许是因为,在西方语境中,文学是形而上学的对立物,"形而上学聚集着概念,文学打开概念;被形而上学简化掉的人的经验,文学再把它拾回来"。③形而上学斩断了人与"外边"的脐连,将中心固着在人本身之上,而文学则打通这种断裂与蔽塞,将重心还给人之外的"外边"。因此,即使以一种笨拙甚至太过惨烈(惨烈是因为以失败为筹码)的方式,布朗肖也毫不迟疑地信奉文学,和

---

① 海德格尔:《形而上学是什么?》,熊伟译,载《海德格尔选集》,上海三联书店 1996 年版,第 152 页。

② 陈春文:《回到思的事情》,武汉大学出版社 2007 年版,第 1 页。

③ 陈春文:《回到思的事情》,第 212 页。

后现代哲学家一样拜起了文学教,祭出文学这个法器来为形而上学驱魔解咒。前面所说到的文学的非本质、不在场、无自身,文学向晦冥之物回归和沉降,文学的谬误和非一真,文学所体现的物质对精神的反噬力量,以及书写所意味着的抗争、偶然、游戏等等,其实都有一个明确的指向,就是把审判权由"人"的手里交出。人以各种方式做了几千年的上帝,在这条路上已经积压了太多的血腥和灾难,尤其是奥斯威辛之后,因此到了不得不反思这条不得已的歧路的时候,到了必须警惕这种以人本身为法度的审判的时候。不管文学是否能够承担这个重任,还是文学又将只是一个虚弱的新偶像,但是通过文学,毕竟照进了"外边"的一线光亮。以文学为契机,不是要走向碎片化、无序和平面的所谓后现代图景(这可以说是对那些有着担当和良知的思想家的误解甚至污蔑),不是要以自暴自弃的虚无来对抗形而上学的暴力,而是要打通阻断了几千年的"人"与"外边"的交流,将重心重新还回人之外,而人承担的责任则是作为这种更深更广的力量的倾听者、领受者和传达者。这不是在证明"人算什么",而是,就如海德格尔所认为的,人类真正的命运指向比"人"更深的,不仅仅是"人类"的某种东西,这正是人的尊严所在。在这个意义上,布朗肖的"文学"正体现了人的天命与尊严。

第六章 世界与外边:峭壁与激流之间

维特根斯坦在《哲学研究》中论及自己从事哲学的目的时,用了一个比喻,"给捕蝇瓶中的苍蝇指明飞出去的途径"①。粗泛地讲,"上帝死了"之后的西方精神,就是飞进玻璃瓶中的苍蝇,或是苍蝇感觉不到透明玻璃瓶的囚困而以为拥有整个天地,这包括一切人本主义、无神论、经验主义和实证主义等等;或是意识到玻璃瓶的狭窄,而努力却无望地向着外面挣扎和冲撞,这里就有荷尔德林、里尔克、勒内·夏尔这样的诗人,有海德格尔,有福柯,当然,还有布朗肖。

布朗肖是对这种无形的囚禁有着深刻体验的人,在《极限体验》中他这样描绘当代人的处境:"至高者的名字所表达的全部涵义再一次被人的行动所占据,并随着明亮的火焰在行动和话语之火中燃烧。在我们已抵达的这个点上,'在时间终结之际',人某种意义上已重归于欧米伽点。这意味着不再有除人之外的任何他者,并且,在人之外,不再有任何的外部,因为当人用他的存在来肯定一切的时候,他就包含了一切,正如他把自己包含于知识的封闭圆环。"②人以主体、以自我的方式,以意识、以语言为自己构造了这个封闭的玻璃瓶,布朗肖以书写、文学、"不思之思"的名义所做的所有努力,就是要从这个令人窒息的玻璃瓶中突围而出。而以各种方式回应布朗肖的,在 20 世纪的法国思想

---

① 维特根斯坦:《哲学研究》,李步楼译,商务印书馆 1996 年版,第 154—155 页。

② Maurice Blanchot, *The Infinite Conversation*, pp.206—207.

界，就有德勒兹、福柯，以及罗兰·巴特等人。

第一节　思想——"域外"的入侵

布朗肖在讨论笛卡尔的"我思"时，一方面，认为"我思"以自我中心论式的确定性而成为现代认识论的起点。"我思"是一个坚实的，不可动摇的开端之词，"一个真正的最初之词"，"'我思'一词凭借其突然而专横的开端之力，使以光辉和决断的方式聚集起来的一切都被完好无损地保留了下来。简言之，当开端言说之时，我们看到它仍被'我思'之光所照耀"。①这样，"我思"所体现的实体性、同一性让主体作为思考的核心被确立下来。但是另一方面，在布朗肖的语境里，比起开端，更为重要的是"起源"（或者"非起源"），是在"我思"之前的一个更为初始的漫长的前叙事，这个漫长而蒙昧的前叙事（也是思想的未来），这个被我思的逻辑安全性所排斥的另一种思的经验，正是布朗肖的"非思之思"意图回溯的。

这里涉及布朗肖思想极为吊诡的一点，在他那里，思想的核心处即是其盲点，是思想的黑洞，是思想的不可能，是"非思想"。"思想越趋向于深入表达自己，它就必须在自身之内的某处维持一种保留，那地方就如一种无人居留且不可居留的非思想（non-thought），一种不允许自身被思考的思想"。②——这样，笛卡尔的"我思"作为主体，作为思想的阿基米德点所拥有的确定性和明晰性就被从中心辐射出的暗影所笼罩了。启动思想的不再是作为主体的自我，不再是逻辑、思辨、认知、想象等，而是外在于一切知性能力的不可思考者，是外边本身。

在《反思虚无主义》这篇文章中，布朗肖讨论了尼采的思想，他认为尼采对世界的沉思并非以我思之主体去把握外在的世界内容，相反，是为了让思想摆脱存在的观念，摆脱全体、意义以及善的观念，而最终"让思想摆脱思想，不是为了逼迫思想退弃，而是为了逼迫思想超出其所能来思考，思考某种对它而言不可能的东西"。③这种对思想而言不可能

---

① Maurice Blanchot，*The Infinite Conversation*，pp.176—177.
② Maurice Blanchot，*The Infinite Conversation*，p.119.
③ Maurice Blanchot，*The Infinite Conversation*，p.163.

的东西就是外边。真正的思想与主体的知性能力和理性能力的运作毫无关系，与概念、逻辑、思辨毫无关系，与认识世界、形成系统观念也毫无关系。真正的思是"外边的一种使人窒息的入侵"①，只有在与外边的入侵短兵相接时，思考才能真正启动，才能超出其所能来思考，才能思考那对它而言不可能的东西。

德勒兹在《差异与重复》曾中多次致敬布朗肖。在德勒兹那里，思考同样与主体、理性、逻辑无关，而是源于一场充满偶然和暴力的"域外入侵"。德勒兹否定思想就是概念和逻辑的启动，对他而言，概念和逻辑缺少"一只利爪，一只绝对必然性的利爪，亦即一种施加在思想之上的原初暴力，一种奇特性、一种敌意——只有这种东西才能使思想摆脱自身那种本性上的昏沉或永恒的可能性：思想越是不由自主地在思想中被强制激起，它就越是绝对必然地要通过非法侵入而从世界中的偶然之物那里诞生。在思想中处于首要地位的正是非法侵入、暴力、敌人"。②思考源于一场充满偶然和暴力的相遇，正是域外的非法入侵结束了思想本性的永恒昏沉和禁闭，激起了一阵抽象的思想风暴，而将超验场域中的"不可能"、"非逻辑"、"非理性"引入了思想之中。

在外边的突然闯入时，自我作为思考主体的权能被废黜了，真正的思考伴随的是类似于自我之死的一种状态。布朗肖在谈到思考时，所使用的类比往往是死亡，或者疯狂③一类的意象。"就像死去一样思

---

① Maurice Blanchot，*The Infinite Conversation*，p.46.

② 吉尔·德勒兹：《差异与重复》，安靖、张子岳译，华东师范大学出版社 2019 年版，第 243 页。

③ 布朗肖在探讨福柯的《古典时代疯狂史》时，曾经质疑："若不经过疯狂，若不在经过疯狂时陷入疯狂，思想是否有可能难以抵达那或许是终极的维度？"（Maurice Blanchot，*The Infinite Conversation*，p.388）——思想的终极维度途经疯狂，正是在戈雅、萨德、荷尔德林、奈瓦尔、阿尔托这些让人着迷的艺术家们那里，人们得以倾听疯狂的声音，从而能够质疑笛卡尔所打开的现代世界之本质的那个问题，即理性驱逐疯狂，排斥作为不可能性本身的疯狂。在布朗肖、福柯以及德勒兹那里，当思想作为一种外边的突然入侵，作为一种主体崩溃时的无力之强力时，与疯狂是相通的。布朗肖在《灾难的书写》中提到谢林关于"灵魂是人之中非人称的神圣性"的判断时，也进一步论证了思想和疯狂之间的关系："某种意义上，人的理智与灵魂相关，就如同与某种非存在——与某种不能理解的东西相关——其最深的本质就是疯狂。理解是受控的疯狂。没有疯狂在其中的人，他的理解是空洞贫乏的。"

考:没有目的,没有权能,没有一致性,准确地说,没有'道路',一旦思考,所有的构想全都消退——一旦思考,也就同时在思与死(of thinking and of dying)的这一边,在不均衡中,在意义的过剩中。一旦思考,即是离开:出走,外边。"①思考与死亡的这种类同主要在于,不管是思考还是死亡,自我都不是这种体验的主体,"我"在这里只是一种伪装的虚假符号而已。"'自我不会抵达它,同样不会抵达的还有个体,以及我所是的这一粒尘埃,被认为代表了绝对的自我意识的所有人的自我,亦同样不会抵达。抵达它的只有死去之我所化身成的无知;在那里,死去的它绝不会以第一人称的'我'死去。"②思考也绝不会是一个第一人称的自我在思考,在这种经验中,我们不能说我们经历过它,不能说是"我死",或者"我思",这是一种不被"我"所经历的死亡或者思考。

正如德勒兹所言:"思想被迫思考的东西亦是思想自身的中枢的崩溃、断裂、本性上的'无能力'。"③主体作为思维中枢在这种域外的入侵之下崩溃了,自我成了"非我",理解和思维的能力(power)成了无能力(powerless)。但是德勒兹非常敏锐地看到,布朗肖的主体之死所导致的"无力"却孕生着思维的最大强力。——"我最大的无力,但它们同样也意味着布朗肖不断谈到的那个点,那个盲目的、无头的、失语的原初随机点,这个点意指着'思维思想之所是的不可能性',以及那在作品中展开为问题的东西,而且,'无力'在这个随机点处转化为强力。……无力当然可以安于无力,但它同样也可以被提升至最高的强力。"④正是主体之死,主体的崩溃、断裂,或者主体的无力(powerless)所形成的虚空,形成布朗肖所谓的无处(non-place),为外边的突然来临提供了一种非场域的场域。所以,布朗肖断言:"在思与死之间,存在着一种下降的上升(downward ascendance):我们越是在思不在场的情况下思考,就

---

①　Maurice Blanchot, *The Writing of the Disaster*, p.39.
②　Maurice Blanchot, *The Infinite Conversation*, pp.209—210.
③　吉尔·德勒兹:《差异与重复》,第 256 页。
④　吉尔·德勒兹:《差异与重复》,第 339 页。

越是上升。"①由此,思考并非自我的一种权能,并非主体知性能力的启动,不是概念、范畴、逻辑等的运用。相反,在思考中,只有由自我之死所造成的主体的中性状态(或者被动状态)才能够承接外边的突然闯入,才能够与本质上作为一种无权力的权力,一种非思想的思想相契合。②

这种关涉人之存在的终极维度的"非思之思",其发生不能预设,不可筹划,只能是偶然的,就如同马拉美的"骰子一掷",永远以游戏的方式处于不确定和偶然之中。布朗肖是这样来描述的:"它似乎游戏于多样性的一面,游戏于乔治·巴塔耶所谓的机运(chance),仿佛为了让它游戏起来,一个人不仅要试着把思想交给偶然性(一件已然困难的礼物),还要把自己交给一个唯一的思想,那个思想在一个原则上已获得统一、丧失了一切偶然的世界里,将再次掷出一把骰子,因为它以唯一肯定的方式来思考。"③偶然并非与必然相对的小概率事件,而是在世界与外边(outside),在自我与非我,在可能性和不可能性之间打开的那个"可怕的之间(between)",正如布朗肖所言"无限的外在性,在场的统一性所给出的东西之非同时性(non-contemporaneity),就是偶然的奥秘,其启示的元素"。④偶然是外边的无限与世界的统一相交汇之处,正如启示是超验之物闯入经验之中。但是这种交汇却意味着一种断裂,因为二者并非处于同一时间结构之中,并非处于同一维度。偶然意味

---

① Maurice Blanchot, *The Writing of the Disaster*, p.39.

② 布朗肖在讨论西蒙娜·薇依的思想时,也提到了这种非思之思,并以"专注"这种状态与之相应:"如果我们唤起了这种不允许自身被人思考的思想,这种总在思想内部被思想持留为一种非思想的思想;如果我们称之为神秘,那么,我们会说,这种神秘的本质就是:它总在专注的这一边。"(Maurice Blanchot, *The Infinite Conversation*, p.233)专注不是个人中心的集中注意力,而是"我从我自己当中分离出来"。在薇依的《在期待之中》这样描述专注与思考之间的关系:"专注在于暂时停止思考,在于让思想呈现出空白状态并且让物渗透进去,在于把必须利用的各种已有知识置于思想的边缘,但又处于较低的层次上同思想脱离接触……尤其,思想应当是空白的,它等待着,什么也不寻找。"因此,思考在于清空自己,在于等待,而不是主动筹划和找寻(《在期待之中》,杜小真、顾嘉琛译,华夏出版社2019年版,第60页)。

③ Maurice Blanchot, *The Infinite Conversation*, p.209.

④ Maurice Blanchot, *The Infinite Conversation*, p.415.

着永远向未知和无限敞开，意味着游戏，意味着绝对的肯定，而无法将之纳入否定性的进程，纳入理解和概念的天罗地网中。这就是思的绝对外在性，因为"骰子每一次都通过时间之裂隙被掷出。一边只有被这一空形式割裂的我，另一边只有始终在这一空形式中消解的被动自我"。①

另一方面，这种非思之思也意味着另外一种时间，一种"时间不在场的时间"②，一个"没有未来的当下……一个当下的深渊"③，在这种时间中，线性的时间模式被打破了，时间不再是一条连续的直线，也不再是同质的空洞的无限绵延，在这种时间中，今天不再通向明天，这一刻也不再通往下一刻，时间出现了一个裂隙，一个无法逾越的深渊。布朗肖显然是在犹太弥赛亚主义的时间观中获得了启示，在弥赛亚时间观中，超越性突然闪现在时间当中，线性的时间本身因之而崩溃，当下出现断裂而进入永恒。罗森茨维格区别了两种"今天"："有一种今天，它只不过是通向明天的桥梁，有另外一种今天，它是通往永恒的跳板。"④前一种今天即处在编年时间之内的普通的"今天"，而后一种"今天"则意味着流俗时间的突然打断，时间在一个现在点上向内爆开，进入永恒。因此，时间并非一条连续和同质的直线，而是每个时刻都承担着"微弱的弥赛亚负荷"，"每分每秒都可能是弥赛亚侧身步入的那道窄门"。⑤与弥赛亚的时间观不同，布朗肖的"时间不在场的时间"虽然也是线性时间的打断，却并不指向永恒和救赎，而只意味着断裂和无限的差异。在非思之思，在书写，甚至在受难（affiliation）中，布朗肖都捕捉到了这种时间的经验。

在这种"域外入侵"的思想风暴中，无限遥远的外边变得极为迫近

① 吉尔·德勒兹：《差异与重复》，第 470 页。

② Maurice Blanchot, *The Space of Literature*, p.30.

③ Maurice Blanchot, *The Infinite Conversation*, p.120.

④ 斯台凡·摩西：《历史的天使：罗森茨维格、本雅明、肖勒姆》，梁展译，华东师范大学出版社 2017 年版，第 22 页。

⑤ 本雅明：《写作与救赎——本雅明文选》，李茂增、苏仲乐译，东方出版中心 2017年版，第 54 页。

(intimity)，我成为"非我"，关系成为一种"非一关系"(non-relation)，场域成为一种"非场域"，时间意味着时间的解体而成为"当下的深渊"，这种思的经验因而也是一种"非一经验"(non-experience)。但正是在这种中性的状态中，才真正抵达了人的终极维度——"不可能性"(impossibility)。这种中性的经验，无法被那个遇到它的人以第一人称主体来承担，它逃避一切辩证的可能性，也拒绝落入任何一种有关权力的把控（在一切理解的把控，概念的落网之外）。在这种思的经验里，间接者和直接者、主体和客体、自我和他者、认知和直观之间的种种对立纷争，都被悬置，甚至被颠倒了。而布朗肖却正是在思之"不可能当中认出我们对直接的人类生活最人性的归属"①，并以此确认思之不可能性才是"我们的终极维度"。

德勒兹在谈到布朗肖和福柯之间的关系时，非常明确地指出："如果观看与述说都是外在形式，思考则指向不具形式的域外。……这是福柯与布朗肖的第二次交会：就域外'抽象风暴'闯入观看与述说的缝隙而言，思考属于域外。对域外的召唤是福柯一再重现的主体，而且这意味着思考并非一种天生能力的运作，而是必须闯进思想中的。思考并不取决于一种能结合可视与可述的优美内在性，而是产生于一种能凸显出间隙于逼迫、肢解内在性的域外入侵。……事实上，这是掷骰子，因为思考就是掷一把骰子。"②对这几位法国思想家而言，哲学思考不在于以自我为中心实现对外在客观世界的认识，也不在于对内在意识的自省，而是始于一种充满偶然的域外入侵，正是这种域外入侵瓦解了主体的内在性，实现了思想的生成。③

布朗肖曾经以"塞壬之歌"来类比这种域外入侵的偶然性、其极致

---

① Maurice Blanchot, *The Infinite Conversation*, p.47.

② 吉尔·德勒兹：《德勒兹论福柯》，杨凯麟译，江苏教育出版社 2006 年版，第89 页。

③ 福柯在《性经验史》第二卷《快感的享用》导论部分谈到思想的激情正是在于一种"摆脱自我的好奇"，在于一种"另类思考于现在所思，另类知觉于现在所看"的域外迫近。因此，在福柯那里，非思也成为思想的核心，知性的自发性或者我思的明晰性则让位给语言的自发性。

的吸引力，以及对人的摧毁。"塞壬之歌的本质到底是什么？……这是一种非人类之歌，或许是自然之音（还有其他可能吗？），但是在自然边缘，以一种人类完全陌生的方式发出，极低，在沉沦中唤起人类在生命常态下无法满足的极致快感……这是一种近乎狂喜的绝望。……这歌，是深渊之歌，一旦被听到，每个词都会敞开一道深渊，诱使听到的人消逝于其中。……迷狂，通过一种谜一样的承诺，让人无法忠于自己、人类的歌唱乃至歌的本质，通过唤起对美好的超越世界的希望与欲望，这一超越之处却又是荒漠，就像音乐的起源地是一个完全没有音乐的地方……"[①]外边就如同塞壬的歌唱一样，从遥远而陌生的地方突然来临，带着一种令人狂喜的、绝望的诱惑力，吸引人离开自己、毁灭自己而投入敞开的深渊。但是，正如奥德修斯以其缜密的心思、足够的狡诈和冷静的自控力战胜了塞壬，"我思"的明晰和确定的光辉也扫除了域外入侵导致的"非思之思"的阴影。

但是对于布朗肖而言，奥德修斯以计谋和自制击退了塞壬，却正是意味着希腊精神的衰败。自此，希腊不再有向神秘和非真实敞开的激情和勇气，而是以算计、以理性、以属人的智谋控制了晦暗迷人的神性之物。奥德修斯"顽固、审慎，他的诡计让他享受塞壬之歌而不冒任何风险、不必承受任何后果；他是如此懦弱、平庸、有着平静的享乐，完全符合希腊的堕落时代，再也不是《伊利亚特》中的英雄"。[②]奥德修斯没有冒毁灭自己之险，他将塞壬的歌唱纳入了自己听觉之中，却并未自我毁灭，这是理性的重大胜利，正如"我思"驱逐了域外，驱逐了"非思之思"。当这种根本它异的、强大的力量席卷而来时，出于安全感，理性的人死死地守住"自我"这块礁石，等着这股神秘力量的自我退潮，人性命无虞，但是也错失了这种域外的强力所带来的根本转变和提升。

布朗肖赞赏的是梅尔维尔《白鲸》里亚哈和白鲸之间进行追逐和斗争，他将之称为"形而上的斗争"。奥德修斯固守自己的界限，拒绝越过

---

①　Maurice Blanchot, *The Book to Come*, pp.3—4.

②　Maurice Blanchot, *The Book to Come*, p.4.

塞壬诱惑他跨越的间隔,但是亚哈却深入暗无天日的灾难之中,在对白鲸的追逐之中自我迷失。一个拒绝横越,另一个则消失于变化之中。"磨难之后,奥德修斯仍一如从前,世界或许更加贫瘠,但也更加坚固、确定。而亚哈再也找不回自己了,对梅尔维尔自身而言,世界不断地向没有世界的空间沉陷,唯一的象诱惑着他,趋向这没有世界的空间。"①奥德修斯的世界安全但是贫瘠,而梅尔维尔则向这个没有世界的域外敞开,危险始终存在,但是力量也在。

德勒兹将域外入侵的这条线称作"梅尔维尔之线",这是一条非常危险的线,自我在其中有被卷走之险,但这也是一条力量之线,甚至是一条"生命之线"。"力量总是来自域外,来自比所有外在形式更加遥远的域外。……这是一条搅乱一切图式、位于风暴本身上方的可怖之线;这是两端都不受约束,将所有小艇包缠于其复杂曲折之中的梅尔维尔之线,时刻一到,它便投入可怕的曲扭之中,且当它奔脱之际,人总是有被卷走之险。……然而,无论此线如何可怖,这是一条不再由力量关系所量度的生命之线,而且它将人类带离恐惧之外。因为在裂痕所在之处,此线构成了一个环圈,一个'旋风中心,这是可生养之处,也是绝佳的生命'。"②这是可怖的激流与风暴地带,但也是生养生命之处,甚至是生命的最高可能。只是不再以力量关系来度量,而是以自我的消失、以无力(powerless)、不可能性(impossibility)、消极性(passivity)或者中性(neuter)来衡量。

总之,思想在布朗肖那里,或者在德勒兹和福柯那里,都不是由主体的思维能力所启动,而是域外的突然入侵,在他们那里,任何把思想当作是"我思"所开掘出来的领地的想法,都是遗忘了外边,遗忘了超验③的纯粹人类学幻象。这种"外边思维"与西方哲学反思的内在性和

---

① Maurice Blanchot, *The Book to Come*, p.8.

② 吉尔·德勒兹:《德勒兹论福柯》,第128页。

③ 当然,布朗肖和福柯可能会拒绝使用"超验"这个词,布朗肖曾经明言过要警惕一切超验的神学遗产,福柯在《知识考古学》里也说过:"当务之急是要把思想史从对超验的屈从中解放出来",而德勒兹显然并不拒斥"超验"这个词,他认为思考无法被思之物,就是思之超验性的运用。

知识的实证性完全相反，它与主体性无关，相反意味着主体的消失；它与实证性无关，是一种无法被纳入经验领域中的"非经验"；它与概念性的语言无关，任何概念性的语言都会有把这种非思之思的外界经验引入内在性维度的风险。那么，如何表达这种由域外入侵而导致的"非思之思"？这是一个难题，或许，通过怀疑和反思西方近代的工具论语言观，通过引入一种近乎神秘的语言本体论，才能够在某种意义上回应这种"非思之思"。

第二节　从语言怀疑论到语言本体论

在现代概念怀疑论以及语言本体论的氛围中，布朗肖无疑是提供了一份重要的文献。在笛卡尔、洛克等开创的理性主义时代，语言的原初目标是表象观念、传达思想，因此，思想才是语言的肋骨，语言没有自己独立的存在维度，只是附着于主体思想的一种工具。然而，表象论和工具论的语言观在 20 世纪遭到了彻底的质疑，语言的物性之维被发现，语言本身的原初力量得到强调，而一直在语言中占据核心地位的主体思想则遭到了彻底的颠覆。

里尔克在《杜伊诺哀歌》中写道："机灵的动物已经察觉，在这个被人阐释的世界，我们的栖居，不太可靠。"诗人求助语言，然而对语言有一种根本的不信任。布朗肖对语言的思考也是从对概念语言的反思和怀疑开始的。他认为，首先，概念语言永远无法触及实存之物，语言之网弥纶天地，却永远无法捕获"是"者。在《文学与死亡的权力》一文中，布朗肖对语言的运作方式就有很深的质疑："一个词也许会给予我它的意义，但首先它压制物。因为，假如我有能力说'这个女人'，我必然在某种程度上夺走了她的血肉现实，让它不在场，毁灭她。词语将存在者给予我，但却是将被剥夺了其存在的存在者给予我，将丧失了其存在之后所残剩下来的东西给予我。"[1]词语的命名行为是压制物，毁灭物，甚

---

① 　Maurice Blanchot, *The Work of Fire*, p.322.

至"谋杀物"的结果,语言的生命是建立在这种否定行为之上的一种观念现实,这种观念现实与物本身,与"是"永远都是失之交臂的。"给猫命名,就是把猫变成非一猫。"进入语言的是猫的非存在,是猫的理念,而不是具体的猫本身。这样,虽然"名字是稳固的并且它使物稳固,但是它允许那个已然消逝的独一无二的瞬间失去;如同词语,总是普遍,总是已错失它所命名之物"。①语言所命名的"这一个"是其无法抵达之物,当语言试图言说感性现实,言说在场者的在场,言说一个偶然的转瞬即逝的存在,则不可避免地会遭遇失败。就连普普通通的"现在"这个词,也印证着词语对于实在的背叛。"我刚一说出现在,在这个独一的词中,我一次并且同时说出每一个处于其普遍形式和永恒在场之中的'现在',而这个现在本身,这个独一无二的现在,则在词语中溜走了,带着消解于词中之物的本然之谜。"②所以,概念和语言本身就意味着失败、意味着对实存之物的背叛和谎言。③这就无异于承认,在语言的彼岸,存在着无法参透的秘密,布朗肖当然不愿就此止步,而是想要突入物本身的黑暗地带。

其次,这种表象性的语言只不过是"工具世界的一种工具",语言只是一种符号,是表达思想的媒介。而居于核心地位的,却依然是主体的意识和思想。"言说的权力,语言的权利,首先属于(天上的和尘世的)至尊者——言词(the Verb)总是来自高处,这是因为,只有自高处而来的言语才是第一位的,第一人称的;换言之,因为一切日常言语都在自身当中保留了一种更加本源的先在记忆,因为我可以通过这种先在性,在言说——也就是,思考——之前言说。就如这个至高的、超验的、绝对本源的自我(Self),总在我之前,在我之上言说,这个高贵的、太阳般的自我(Self),词语的主宰者宙斯,给我留下了这一界限,给了我在言

---

① ②　Maurice Blanchot, *The Infinite Conversation*, p.34.

③　对语言的这种致命缺憾的强调当然不是自布朗肖才开始,而可以说是一个古老的问题,中世纪唯名论的哲学传统就提出过具体的个体不可言喻的议题。唯名论者认为具体的事物有其具体的时空存在,是不可重复的独一无二者,这就是事物的"此性",而概念始终是普遍性的,无法抵达真正具体事物的"此性"。布朗肖的语言观显然也处于唯名论的语言和概念怀疑论的逻辑中。

说之前思考的时间，因此我向一种非言说的思想敞开：就这一点而言，一种在我身上的纯粹意识才是最为根本的。"①语言臣服于思想，主体的思想和意识才是第一位的，才是言词的主宰者，所有的语言都可以回溯至一个绝对本源的自我意识。所有的语言都是人在言说，都在表达人的意识，那么，万物的声音呢？

同样是里尔克，对于"人言"的这种垄断地位表达了深深的恐惧，"我如此地害怕人言"，因为"我爱听万物的歌唱；可一经/你们触及，它们便了无声息。你们毁了我一切的一切"，言词的喧嚣遮盖了万物自身的声音，而诗人渴望倾听的，是万物的歌唱，是未被语言污染过的万物本身的声音，他渴望的，是这样一种境界："万物驯服地/呆在那里，像没有被弹奏碰触过的旋律/安眠在竖琴中。"万物自身的旋律，而不是经人言碰触的喧嚣，才是诗人意欲聆听的。②布朗肖同样表达过人言掩盖万物之言的遗憾，"在世间的语言中，作为存在的语言和作为语言的存在沉默了，由于这种沉默，存在者开始言说"。③存在的语言可以说就是万物自身的言语，在人言中，语言本身的存在，也就是万物沉默了。而文学和诗歌，却对语言本身，对万物自身的言说有一种深切的执迷。布朗肖曾经表达过对与蓬热（Francis Ponge）的赞赏，因为在蓬热的作品中，树反过来观察蓬热，树言说自己。"言语已经发展到与物相遇的水平，物也开始言说。蓬热抓住了这个动人的时刻，此时，依然缄默的物在世界的边缘与言语相遇，而我们熟悉的言语，正是对物质存在的谋杀。在暗哑深处，他听到了一种古老语言的撞击。"诗就是摒弃人言，而让万物

---

① Maurice Blanchot, *The Infinite Conversation*, p.255.

② 20世纪很多哲学家和诗人都表达了对于物本身及语言之物性的关注，比如伽达默尔就关注过"物本身的语言"："'事物的语言'表达了这样的事实：通常，我们根本不去听取事物本身，事物处在人们通过科学的合理性而对自然进行的计算与控制之下。在一个日趋技术化的世界里谈论对物的尊重越来越令人不可理解了。事物只是在消失，而只有诗人保持着对它们的忠实。但是，当我们记住事物真正所是之时，我们仍然可以谈论事物的语言，事物不是被利用和消耗的物质材料，也不是被利用而置之一边的工具，事物本身即是实存，如海德格尔所言：'不能迫使它做任何事。'人类傲慢地操纵意志轻视了事物本身的存在，它就像语言，我们对之加以倾听是非常重要的。"（《伽达默尔集》，上海远东出版社1997年版，第196页）

③ Maurice Blanchot, *The Space of Literature*, p.41.

自身开始言说,这是一种更为古老,也更为本源的语言。

从聆听万物之言这种诗意的表达开始,布朗肖更进一步地,采用了"语言本身"这个更具本体论意味的概念来表达语言相对于主体意识的先在性。"存在者沉默了,但此时存在却开始言说,语言意欲存在。诗歌的语言不再是某个人的语言。在这种语言中,无人言说,而言说的也非任何人。毋宁说只有语言本身在自语。语言此时显示出它的全部重要性,语言成为本质的东西。语言作为本质的东西在言说,这就是为什么被赋予诗人的语言可称之为本质的语言。这首先意味着语言本身具有先在性,不应服务于指称某物,也不应让任何人来言说,而是,语言有其自身的目的。从此,说话的不是马拉美,而是语言在自语:语言作为作品以及语言本身的作品。"①就如同海德格尔区分"人言"与"道说","道说"才是最原初的、无声的言说,人言只是有死者的言辞,只是对道说的寂静之声的回应,而人类话语也只能通过自身的消失和冒险才能与"道说"相沟通。布朗肖区分了工具性和表象性的"人言"以及更为原初,更为本源的"语言本身",它先于意义,也先于思想,诗人或者书写者只有通过自身的消失才能够截获这种"无尽的低语"。在纪念福柯的文章《我想象中的米歇尔·福柯》中,布朗肖承认了自己所依循的海德格尔的思想轨迹,也承认这种原初的语言事实上是一种先验主义的化身,而"这种先验主义,海德格尔会用两句极简明的陈述来提醒我们:语言无须人们创建,因为它就是创建者"。②由此,布朗肖开启了整个现代文学最为吊诡的,也是对福柯、罗兰·巴特等影响至深的语言本体论,福柯甚至在界定布朗肖的"外界思想"时,直言外界思想的核心就是"语言的存在随着主体的消失而自为地出现"。③

语言本身是一种神秘而富饶的无尽低语(murmuring),但是我们在日常言语中却被驱逐出了这一渊源性的领域,"盲目、瘫软、耳聋地被

---

① Maurice Blanchot: *The Space of Literature*, p.41.

② 米歇尔·福柯、莫里斯·布朗肖:《福柯/布朗肖》,肖莎等译,河南大学出版社2014年版,第11页。

③ 米歇尔·福柯、莫里斯·布朗肖:《福柯/布朗肖》,第48页。

搁置在海滩上,对波涛起伏的海浪视而不见、充耳不闻、无所察觉"。①只有在诗歌中,在书写的经验中,人才能够邻近这一原初域,诗人和书写者的言辞无疑就是对这种原初语言的聆听,截获和转译,但是代价无疑是巨大的,并非人这种过于脆弱的容器无法承纳全部的外界之音,而是只有"自身的消亡"才是与原初语言相宜的状态,只有自我之死(dying)才能够让语言开始言说。布朗肖用"伊克西翁之伦"来比喻写作者的处境,写作者不是浪漫主义时代人和神的中介,"自身的消亡"或者"自我之死"也不意味着一种神性的狂喜状态,而是意味着永恒的惩处和无尽的磨难。

　　文学(或者诗歌)在布朗肖这里,不再是灵魂体验在语言层面上的表达,也不再是一种附着着意义和美的言辞构造物,简而言之,文学不再与"我"有关。"在书写时,是谁在言说?"成了布朗肖的一个关键之问,卡夫卡、普鲁斯特、贝克特的书写都被布朗肖如此审视过。"在普鲁斯特的小说中,是谁在言说? 是属于世界,有着虚荣的社会野心、有着学院职业、敬仰阿纳托尔·法朗士,给《费加罗报》写社会版专栏的普鲁斯特? 还是一身恶习、过着不正常的生活、以折磨笼中老鼠取乐的普鲁斯特? 或是已经死去、僵硬的、被埋葬的,就连朋友也无法认出,也陌异于自身的普鲁斯特?"②不是这些,文学不是作者灵魂过程的自然表达,不是人格不同面向的冲突结果,也不是阴暗、创伤的升华,而毋宁是源于"一只写作的手,日日夜夜时时刻刻每分每秒在写的手,在时间之外不属于任何人的手",这是"写作的需求"(the demanding of writing),这只神秘的,在时间之外的手,就是居于起源处的语言本身,书写者被"写作的需求"所挟持,被一种非个人的力量所压迫,被这种强力所震撼、穿越以至崩溃,而丧失了自己的一切特性,无力再说"我",变成一种纯粹的被动性,一种空无之地,而此时,语言开始自语。

　　这种奇特的书写经验,就是向艺术的起源回溯的经验,就是卡夫卡

---

① 海德格尔:《荷尔德林的颂歌〈日耳曼尼亚〉与〈莱茵河〉》,第 28 页。

② Maurice Blanchot, *The Book to Come*, p.208.

所说的"写作是为了平静地死去,而死去是为了写作"。布朗肖在论及书写和死亡的关系时,重新阐释了卡夫卡的这句话,"他向死亡的行进和他向语言的行进包含着相同的步伐:通过言说走向死亡并通过死亡走向言语,它们相互预期,彼此取消"。①这是一切文学之谜的关键之点,写作的最终目的是让那种它异的、古老的、居于起源处的语言开始言说。这种无限的大写的言语覆盖、包纳了万事万物,它也总是提前说出一切,诗人不过是沉默的受托人,他们的任务只是倾听它、重复它、转译它。但是写作者怎样才能与这种大写的言语相遇?作家必须一直写,直到走向书写之物的源头,直到接近那一个点,在这里,书写者经历一种彻底的颠倒,经历一种自我之死(dying),经历了时间的不在场,而正是在书写者处于自身消亡,处于极度的被动性而形成的空白之中,一种有生力量,"一种非个人的肯定(impersonal affirmation)涌现了"②,一种外部的言语闯入了。书写仅仅始于此时,只有通过这种根本的逆转,大写的、本源的语言,也就是那种"无人言说的语言,那种永不停息、永无止境的低语",才开始言说。这是最接近本源的言说,但是却没有开端,永远只是重新开始。"这从未发生过,从未作为第一次发生,然而却是重新开始,一再一再,永无止境地重新开始。没有终结,没有开端。没有未来。"③这是属于域外的大写之语言的永恒回归。④

福柯曾直言自己欠着布朗肖一笔思想债务,可以说,布朗肖对福柯启发最大的,就是在现代文学中发现并且指出了语言的本体论维度。在《什么是作者?》一文中,针对布朗肖提出的"谁在言说?"的问题,福柯

---

① Maurice Blanchot, *The Infinite Conversation*, p.394.

② Maurice Blanchot, *The Space of Literature*, p.55.

③ Maurice Blanchot, *The Space of Literature*, p.30.

④ "没有真正的开端,永远只是重新开始",这种永恒回归的观念是布朗肖的一个非常重要的思想,"时间不在场的时间"就是进入这种没有初始,只有永恒回归的时间,聆听大写语言的言说也是让言语进入中性的无始无终的低语之中。"如果已被说过一次的东西不仅不停地被人说出,而且总是重新开始,不仅重新开始,而且给我们强加了一个观念:没有什么真正地开始了,它们从一开始就通过重新开始而开始,由此摧毁了我们仍不加反思地服从的初始或本源的神话,并把言语和那无始无终者(连续不断者,无止境者)的中性运动联系了起来。"(Maurice Blanchot, *The Infinite Conversation*, p.343)

借用贝克特的反问"谁在说话又有什么关系?"来指出当代写作的基本
原则之一,就是书写意味着书写主体的不在场,意味着作者"在书写的
游戏中充当一个死者的角色"。①在《言说自死后开始》中,福柯更是明
确地联系自己的书写经验写道:"言说在死后开始,在那样的断裂一经
确立的时刻开始。对我而言,书写是死后的游荡,而非通往生命源头的
道路。"②书写是通过笔墨的神秘渠道来撤退的一种方式,书写的轴线
不是从生命到真理,而是从死亡到真理。福柯关于书写的宣言无疑与
布朗肖的思想是相契的。

　　书写的极限经验一方面指向的是语言的本体论,这是西方自马拉
美以来已经意识到的,书写所具有的一个神圣维度,"书写,在某种意义
上,是语言之存在的纪念碑"。③写作只是让语言之自足存在显现的一
种方式,就如福柯在《话语的秩序》一文的开头所言:"我宁愿被语言包
裹而远离所有可能的开端,亦不愿成为始作俑者。我更愿意意识到在
我之前早已有一无名的声音在诉说着,如此我便只需加入,接过其已开
的话头,置身于其裂隙间而不为人所知,就好像是它短暂停顿以召唤
我。如此则不会有任何开端,而我也不是话语的缔造者,相反却听命于
其偶然的开绽,一个微小的空隙,话语可能消失的那一点。"④书写者并
非话语的缔造者,而是在先在的语言存在的偶然绽出中,加入并回应着
无名的低语(anonymity of murmur)而已。而另一方面,书写经验所指
向的则是"人的终结",福柯在《词与物》中,提出了"人之死"——"人正
随着语言的存在在我们境遇上较强烈地闪耀而正在死亡。"⑤而人之死
的原因正是语言的聚合,语言的自足存在驱散了人,语言显现的条件正
是主体的不在场。"从被体验和经验为语言的语言的内部,在其趋向于

---

　　①　福柯:《什么是作者?》(米佳燕译),载王岳川、尚水编:《后现代主义文化与美
学》,北京大学出版社 1992 年版,第 289 页。
　　②　福柯:《声名狼藉者的生活》,汪民安编,北京大学出版社 2016 年版,第 203 页。
　　③　福柯:《声名狼藉者的生活》,第 201 页。
　　④　福柯:《话语的秩序》(肖涛译),载袁伟、许宝强选编:《语言与翻译的政治》,中央
编译出版社 2001 年版,第 1 页。
　　⑤　福柯:《词与物》,第 391 页。

极点的可能性的游戏中,所显现出来的,就是人已'终结'(fini)。并且在能够达到任何可能的语言的顶峰时,人所达到的并不是他自身的心脏,而是那能限制人的界限的边缘:在这个区域,死亡在游荡着,思想灭绝了,起源的允诺无限地隐退。"①语言的自足存在,语言的无尽低语是被常人的日常言语所掩盖的,而一旦语言本身开始言说,只意味着自我的消亡,语言的裸露经验对"我在"的自明性构成了极度的威胁。

　　自我之"死"在布朗肖那里是一种近乎神秘的状态,通过自我之消亡,内在性瓦解,世界退却,外边敞开,而语言本身开始言说,布朗肖将这种经验与文学的起源紧密关联。文学始终是对被概念语言所谋杀之物,对"是"者的怀念和等待,而只有在主体消亡之后的大写语言中,才能够真正回应和接纳这种被言辞驱逐的晦冥和未知。"言语接纳了任何存在者都无法以其名字的首要性来获得的东西,接纳了生存本身……无法容纳的东西,接纳了那决然逃避的东西。言语不仅保留了它们,言语还以这个始终陌异,始终隐秘的肯定——不可能者和不可交流者——为基础而进行言说,并在那里发现它的本源,正如思想在这种言语里,超出其所能地来思考一样。"②言语的本源不在人,而是在大写的语言中,在始终隐秘和陌异的外边,只有这种不途径主体意识的言语才能够回应被主体中心主义的概念语言所驱逐的晦冥之物和"是"者,也只有这种语言才能够言说域外入侵所造成的"非思之思"。而这些在布朗肖那里,都以文学之名来担负。③因此,福柯在《词与物》里说:"文学……呈现为死亡的体验(并且在死亡的要素之中),不可思的思之体验(并且处于其不可到达的在场之中),重复的体验(即初始的无知的重

　　① 福柯:《词与物》,第388页。
　　② Maurice Blanchot, *The Infinite Conversation*, p.210.
　　③ 福柯的"人之终结"则以更为确定的方式宣告了西方传统意识哲学和主体形而上学是建立在流沙之上的不稳固之物,因为当代思想发现了主体在书写中的缺场。"哲学主体性瓦解,并被散发到语言中去,而这个语言将它逐出又将它复制,而这一切全发生在一个由主体性缺场而创造出来的空间中,这或许就是当代思想的根本结构。再次重申,这不是哲学的终结,而是作为哲学语言的至高无上和首要形式的哲学家的终结。"(福柯:《声名狼藉者的生活》,第60页)在哲学主体消失的核心处,哲学语言开始运作。

复），它总是最接近语言，又总是最远离语言。"①可以说是对布朗肖的
文学经验的一种精确总结。

这种书写经验在罗兰·巴特那里，有一个更为人熟知的名字，就是
"零度写作"。罗兰·巴特指出，在古典艺术中，充分形成的思想产生言
语，而言语表达、转译着思想；但是在现代诗歌中，言语完全排除了人的
因素，字词本身猛烈地迸发，有如某种真理的突然启示，作家注定不是
去寻求言词，而是注定去承接到来的言辞。因此，"在现代主义中不存
在诗的人本主义……我们几乎不能再谈论一种诗的写作，因为问题关
系到一种语言自足体的暴力，它摧毁了一切伦理意义。在这里，语言的
姿态企图改变自然，它是一种造物主；它不是一种内心的态度，而是一
种强制性行为。至少是这样一种现代派诗人的语言终于战胜了其意
图，并把诗歌不当成一种心灵活动，一种灵魂状态或一种立场的设定，
而是当成一种梦幻语言中的光辉和新颖性。对这种类型的诗人来说，
谈论写作和谈论诗的情感，都是一样徒劳无益的"②。诗是语言本身的
闯入和迸发，而并非作者之创作。浪漫主义时代诗人造物主般的地位
被否定了，取而代之的是诗歌相对于诗人本质的先在性，是艺术家相对
于艺术本身的依附性。作者只是艺术实现的一个通道，或者说是艺术
所挟持的一个人质，是艺术实现之后的幸存者，而不是艺术的根源
所在。

布朗肖在《寻找零度》这篇文章中回应了罗兰·巴特的零度写作，
称之为"重大的思考"，认为零度写作"指明了可捕捉文学的那一刻"③。
但是他又强调零度写作并不简单地是作者的缺席或者中立，更为关键
的是一种"中的经历"，是作者经历了一种根本的转变，变成了被剥夺全
部个人性的"无人"（no one）或者"某人"（someone），变成空无，而承纳
着外部的强行闯入，回应来自外边的中性之声，回响着作品的召唤。这

---

① 福柯：《词与物》，第389页。
② 罗兰·巴尔特：《写作的零度》，李幼蒸译，中国人民大学出版社2008年版，第33—34页。
③ Maurice Blanchot, *The Book to Come*, p.209.

种书写的经验在布朗肖的前期思想中是一种向外边敞开,向文学起源回归的神秘文学观,而到了后期布朗肖愈加看重其解构的力量。书写与言语决裂,与意识决裂,与在场决裂,与"人"决裂,而成为一种"人本主义的终结"。"书写所要求的断裂是当思想把自身作为一种直接的切近而给出之时,同思想决裂;它也是同世界中一切经验主义的经验决裂。在这个意义上,书写也是同一切在场的意识决裂。"①书写不再服务于言语或思想,而是通过其无名的、消散的、延异的力量推翻了自我的观念、主体的观念和在场的观念。因为主体在书写经验中是消散的,"'人在消逝中'。他确实如此。他甚至总已消逝,因为他要适宜于自己的消逝。但在消逝中,他发出呼喊。在街道,在荒漠,他在死中呼喊;他没有呼喊,他就是这呼喊的低语"。②人以自身的消散换来语言本身的呼喊,以这种书写的中性经验为起点,布朗肖认为,人在未来的人文科学中应该是缺席的,这不是人遭到省略或删除,而是人在人文科学中到场的唯一方式,就是一种非主体性的自我之死(dying)的方式。这种自我之死不仅解构了主体中心主义,解构了在场形而上学,也解构了一切神学的形式,因为自我之死不是神秘主义的与上帝合一的狂喜,而相反,是对上帝,对真理,对唯一者的解构。

第三节　世界与外边:双重束缚,双重不忠

布朗肖这一代法国思想家的特殊之处就在于,并不服膺于上帝死了之后的种种实证与经验主义的精神图景,如福柯所言:"上帝之死并没有为我们恢复一个受到限制的、实证主义的世界,而是恢复了一个由经验而揭示出其各种限制的世界,这个世界被那僭越它的过分行为既制造又拆解。"③他们深切地感受到实证主义世界的壁垒,也真正找到了突破这个世界的各种途径,死亡、他者、非思之思、疯狂、书写等等都

---

① Maurice Blanchot, *The Infinite Conversation*, p.261.

② Maurice Blanchot, *The Infinite Conversation*, p.262.

③ 福柯:《声名狼藉者的生活》,第 60 页。

是僭越行为的各种化身。上帝之死后的世界在他们这里，没有被还原为实证主义的荒原，因为上帝死去之处，即在神学时代以神圣名之之处，并没有化为乌有，而是形成了一个巨大的本体论空洞，这个空洞具有如黑洞一样的引力，在世界之外的另一个维度真实存在着，吸引着他们以种种方式突入这一维。

然而在上帝之死已成为事实的世界之上，思想家们的"当务之急是要把思想从对超验的屈从中解放出来"，对一切宗教遗产，一切宗教假设进行"严厉的、不知疲倦的挑战"①，那么，又该如何去命名和安置那些依然实实在在地存在的"超验性"经验呢？"外边"、"中性"等等经验依然指向上帝缺场的那个本体论空洞，但是却净化了一切宗教色彩，比如域外闯入的"非思之思"、自我消亡时语言的低语，这些不再是古代宗教当中的"神谕"和"迷狂"，也不是再是基督教当中上帝临在的"启示"，甚至不是浪漫主义当中至高无上的主体所获得的"灵感"，只是以一种近乎白描的方式不厌其烦地述说着"外边"的种种侵越和突入。

而关于世界和外边的关系，也不再是基督教当中此岸和彼岸的分离和对立，布朗肖对基督教上帝最大的警惕来自神作为至高者、唯一者让人和神、此岸和彼岸合一。在他看来，世界和外边的关系"无论如何不应被视为一个同质的、连续的广延……它不是一个同质的时间，不是一条延展的线，也不是一个同质的空间，不是像把握住一个整体的那种凝视的直接理解所呈现的画面"。②在时间、空间或者任何意义上世界和外边都不形成一个整体，而只有"断裂"、"非连续"才能定义世界和外边的关系。

文学或者诗歌是世界的越渡和外边的突入留下的不同痕迹，自我之死（dying）所形成的空白场域则是其转换能量的必经之途。但是这一切不在线性时间当中发生，也不在任何空间当中发生，只能是源于偶然。偶然不是小概率的可能事件，而是源于外边的突然闯入，在可能性

---

① Maurice Blanchot, *The Infinite Conversation*, p.206.
② Maurice Blanchot, *The Infinite Conversation*, p.260.

和不可能性的交界之处。无限的外在性，在场的统一性偶然地"相遇"，这种相遇刺穿了自我，也刺穿了世界。"相遇指定了一种新的关系。在交汇点上——独一无二的点——上，来到关系之中的东西仍然没有关系，而由此表露的统一性只是不可统一者的令人惊奇（意外）的显现，是无法一起存在的东西的共识性；从中，我们有必要冒着毁灭逻辑的风险推断出：汇合发生之处，恰恰是分裂（disjunction）支配了统一的结构并让这个结构支离破碎。"①外边的存在以及外边和世界的关系意味着整体、统一、连续性等结构的失效，而偶然、分裂、非连续则勾画了一种更为本源的模型。在这个意义上，布朗肖的思想虽然有很浓的神秘主义色彩，但是却坚定地拒斥着基督教的宗教观念，因为尤其在基督教的神秘主义里，上帝所允诺的"合一"是他不能接受的，因为这意味着断裂和非连续只是统一性的一个阶段，一个过程，而不是最终的宇宙模式。持守着世界和外边的分裂和距离，在二者的相互僭越和突入中，绘制一条由断裂和非连续构成的地形图，这是布朗肖始终坚持的无神论神秘主义的使命。

但是具体到作为艺术家的个人，在世界和外边绝对分离而偶然僭越的处境中又如何自处？外边如同黑夜闪电一般照亮作为整体的世界暗夜，因此在布朗肖的作品中，处处可见对于外边的激情。但是接收外边闪电意味着巨大的风险，也意味着转离由否定性、劳作、真理所构成的世界。被外边的力量捕获并且背离世界，是艺术之幸，因为这是艺术之源，是艺术得以成型的甬道，但却是艺术家的厄运。布朗肖将写作者的处境比作伊克西翁之轮，写作即意味着永恒的惩处，无尽的磨难。因为写作即成为写作之需求的人质，这意味着"他不是自身的主宰，而是自身的不在场，而且还面临着这样一种要求，它将艺术家抛弃到生活之外，生命之外，使他面临这样的时刻：他一无所能，并且不再是他自己"。②书写者只是文学得以实现的一条黑暗隧道，而要成为这条隧道，

---

① Maurice Blanchot, *The Infinite Conversation*, p.415.

② Maurice Blanchot: *The Space of Literature*, p.53.

他必须被从世界驱逐,被永远地剥夺了生活的权力,甚至被剥夺了自身。这种处境在卡夫卡身上尤为突出,而卡夫卡的命运也是布朗肖阐释外边与世界两种力量如何在一个书写者身上冲突和绞杀的最好例子。

卡夫卡很早就意识到自己写作的使命,"除了文学我什么都不是","我唯一的希冀,我唯一的任务……是文学"。在 1911 年与神智学家鲁道夫·斯泰纳会面的谈话中,卡夫卡说过:"我的幸福,我的能力和所作所为的每一种可能从来都存在于文学之中。在写作中,我有时所达到的状态(不很多)依我看与博士先生您所描述的、通观事物(clairvoyant)非常接近,……在这种状态,我感觉不仅处在我自己的边界上,也处在整个人类的边界。"(1910 年 3 月 28 日日记)写作以一种类似神秘主义的经验让卡夫卡走到了世界的尽头,而开启了另一个庞大而广阔的世界,这是一个比世俗世界更高更真实的世界,也是一个陌生的世界,与一切经验存在相比,它却更实在、更深、更真、更纯粹、更有活力。写作就是通向并且解放这个世界。"我头脑中有个广阔世界。但是如何解放我并解放它,而又不致粉身碎骨呢。宁可粉身碎骨一千次,也强于将他留在或埋葬在我心中。我就是为这个而生存在世上的,我对此完全明白。"(1913 年 7 月 3 日日记)

但是"头脑中这一巨大世界"的诞生,需要以背离生命,自我毁灭为代价,写作要求以生命献祭。在 1922 年 7 月写给马克斯·勃罗德的信中,卡夫卡写道:"我一辈子都是作为死人活着的……作为作家的我当然要死去,因为这样一种角色是没有地盘、没有生活权利的,连一粒尘埃都不配,这是作家。"①正如布朗肖所分析的写作者的状态,只有自我之死才能够回应外边力量的闯入,一切在世生存的能力都被削弱以适应这一要求,卡夫卡与家人的疏离,他的屡弱,病痛,单身汉的生活,对工作的厌恶,无法生气勃勃地与生活正面交锋,最后如堤岸溃裂一样病

---

① 《卡夫卡全集》,第七卷,叶廷芳主编,叶廷芳等译,中央编译出版社 2015 年版,第 21 页。

亡。卡夫卡以宗教般的热忱献身于文学,而文学也以一种异乎残酷的方式挟持了卡夫卡一生。

布朗肖在《文学空间》里引用卡夫卡的日记,认为文学对卡夫卡的召唤,就像上帝对亚伯拉罕的召唤。倾听上帝的召唤,亚伯拉罕必须离开他的故土、他的家庭、他所熟悉的世界,朝向陌生的地方前行,永远作为一个异乡人、一个流亡者而活着。卡夫卡也听到了这种命令,要求他离开家庭、离开一切世俗的关注——工作、女人、朋友,甚至信仰,以便将回应文学这一绝对律令,就如上帝要求他的拣选者一样。写作要求献祭出自己的俗世生活甚至整个生命,"他的生命说来是一条自我残害的生命,他只剩下了啃食自己肉体的牙齿和给自己的牙齿啃食的肉体。因为没有核心、没有职业、没有爱情、没有家庭、没有年金,就是说,没有一般面对世界"。①从这一意义上来说,卡夫卡与写作的关系就如同亚伯拉罕和上帝的关系。而他的使命不在于回到迦南,而是属于永恒的流亡,在外边,也在自身之外。"这个人已不在我们的民族之中,已经不在我们的人类之中……他有的总只是一种东西:他的痛苦。"②

但是,并没有如此简单,朝向外边的激情并不能抵消世界的存在,世界的力量依然强大,它和外边、和文学的力量进行着残酷的反向角力。可以说,终其一生,卡夫卡在情感上和精神上都受到这两种同样强大,却完全相反的力量的绞杀。他试图通过绝对忠实于外边的力量而挣脱这种双重束缚,但是,他并未成功,尘世的绝对性将他拉回来。他尝试着服从尘世的重力法则,计划订婚,学希伯来语,学习园艺,甚至有参军的想法,他试图在尘世扎根,努力学习在世界之中生存。然而生活的电流并没有触及他,这一切只是证实了他面对生活的原罪:他天性的孤独,他对于文学召命的绝对服从使得他不可能如常人一般进入世界。因此,两个世界自始至终都可怕地分裂着,两种力量持久地拉锯,直到最后。

---

① 《卡夫卡全集》,第五卷,叶廷芳主编,孙龙生译,中央编译出版社 2015 年版,第 10 页。
② 《卡夫卡全集》,第五卷,第 12 页。

在卡夫卡身上，布朗肖看到了外边和世界的力量如何残酷的撕扯，看到了这无法解除的双重束缚是如何成就卡夫卡，也是如何毁灭卡夫卡的。①但是在荷尔德林身上，布朗肖反思了诗人回应外边和世界两种力量的另一方式，即诗人的双重不忠，对诸神和人的双重不忠，对外边和世界的双重不忠，以及把这种不忠所造成的空无之地作为居中之域来保持，也正是这种空无的居中之域建构了世界和外边之间的基本关系。

青年荷尔德林崇尚火元素，崇尚死亡，崇尚过度，不顾一切地想要突破自我的形式和界限，回到自然大写的"一"当中，回到不可见世界之中，回到同神灵直面的境界之中。诗人在荷尔德林看来，是直立于神的雷霆之下，凭赤裸头颅的承当，徒手抓取负荷着闪电的天父之光，并将神之闪电保存在词语中，设立入民族的语言之中的人。因此，诗人是神和人之间的中介者，神性之言的生命承载者，他面临着最大的危险，面临被天火灼伤，被震撼崩裂四碎的危险。"因为一个脆弱的容器并非总能把它们装盛，只是偶尔，人能承受全部神性。"（《面包和酒》）但是，面对另一个世界耀眼甚至致盲的光和会把人烧成灰烬的霹雳，诗人毫无保留地敞开，以性命承当，不退半步。

然而，布朗肖在荷尔德林身上看到了更为关键的一步，就是归返，"把走向另一个世界的进程折回大地"。晚期的荷尔德林不再过度地沉迷于恩培多克勒的意志，即以死亡承接神性的意志，不再认为赤裸裸地直临耀眼火光和千钧雷霆是诗人的职责。相反，荷尔德林呼唤，应当返回到这个世界来，学习有分寸的度量，清醒的意识，以及在世上坚定的生存，这是更为艰难的。在外边和世界两种力量的角力中，世界的绝对

---

① 布朗肖在《卡夫卡与写作的需求》这篇长文中把所有的关注点都放在了"外边"，而没有强调另一极，即世界的绝对性。"他被抛弃在世界之外，被投入无止境的迁移的谬误中，他必须不停地抗争以使这外部变成另一个世界，以使这个谬误成为新的自由的原则和本源。"亚伯拉罕的处境，卡夫卡的处境，此时此刻也是布朗肖的努力，他不惜一切为点亮长夜的外边闪电正名，亚伯拉罕和卡夫卡的抗争自有浓重的悲剧色彩，而布朗肖为"外边"所做的抗争又何尝不具悲剧性？但是之后关于卡夫卡的文章里，布朗肖注意到了世界这一极所本然具有的力量。

性又一次显现出来。但是在荷尔德林身上,并非两种力量长期而残酷的拉锯,而是体现为一种更为清醒和平静的"双重不忠"。不忠于神,因为神已远去,诗人直面的,不再是神,而是神的不在场,诗人不再以直临神之存在截获神性之言为己任,而是要守护神的背离、神的远去所造成的空白之域。不忠于人,纯粹的尘世生活是诗人无望获得的,是诗人注定被驱被逐出的领域,返回尘世的愿望虽然热切,却是不可能的,诗人只能背离世间。

所以,诗人应当抵御在自身消亡中与外界合一的热望,也应当抵御纯粹的在世生存,而承担起这双重的背离,也等待着外边与世间的双重回归,布朗肖认为这是更为接近人类的使命。"今天,诗人不再需要作为中介处于诸神和人类之间。而是应当处于这双重的不忠(double infidelity)之间;他必须保持这种双重交叉——神与人之间——的回归。这种双重和交互的运动打开了一道间隙,一种空无,从此,它将构成两个世界之间的本质关系。"①外边和世界处在一种绝对断裂的非关系之中,而诗人又是这两种力量激烈冲突的战场,也许,只有这种双重的背离、双重的等待才是更为适合的姿态。

非思之思,抑或书写,都预示着外界的瞬间闪耀,它打破了世界的封闭,颠覆了整体和连续的模式,但是这一切都是以世界的存在本身为先决条件的,世界的这一极同样真实,力量亦同样强大。诗人作为这两种力量冲突和角力的现场,他们的悲剧命运恰恰证实了世界和外边不可或缺的对极存在,不管是"双重束缚",还是"双重不忠",都是这种对极力量相互角力的体现。在布朗肖的作品中,由否定性、劳作、整体等建构的世界一般都是作为"负极"出现的,是令人窒息的整体,是禁锢了苍蝇的透明玻璃瓶,相反,外边才是"正极",是照亮长夜的闪耀火花,是苍蝇飞出玻璃瓶的路径,世界的轮廓因外边而改写,而人之存在也因外边的侵入而扩容。但是,人始终处于一个居间的领域,处于世界和外边这两极所形成的张力之中,这种张力的任何一极断裂,都是人类生存处

---

　　　① Maurice Blanchot, *The Space of Literature*, p.274.

境的灾难:外边一极如若断裂,则是无神论、实证主义和经验主义所形成的精神荒原;世界一极断裂,则是各种形式的文学神秘主义、诗性虚无主义、精神上的灵知主义,或者以吸毒和性所造成的肉体狂喜来抵达另一世界的欲望,这种种努力,种种实验,固然有其可取之处,火花闪耀,但是危险和流弊也在。相反,在世界和外边这一对极力量的张力之中,不越过世间,不舍弃对生存的爱,尊重尘世的重力法则,尊重否定性所开辟出的崎岖道路,但同时也对之保持距离和警醒;另一方面,向外边保持敞开,不给经验设限进而禁锢生存,不让人本身成为唯一的尺度,但是也抵御着与外边合一的欲望。或许只有在这种张力之中,才能找到里尔克所谓"一种人的存在……一片自己的沃土/在激流与峭壁之间"。

结　　语

　　布朗肖思想绕不过的痛点当然还是 20 世纪的战争疮痍,他在为时代把脉开方时,将病因回溯到了西方现代世界起始之时的智识转变:人与神、与万物相连的脐带被剪断了,心与物的同一性体验枯竭了,世界被肢解成一个物质性的外在客观世界,以及处于绝对思考原点的"自我",笛卡尔和笛卡尔之后的形而上学思辨便在这个封闭的迷魂阵里打转。而这样一幅有关人的错误图景在西方现代历史中续写了几百年,辐射了从哲学到政治制度的各个领域,毁灭性的战争也是这种失序灵魂急剧膨胀的一个自然结果。

　　回到宗教显然不是布朗肖开出的药方,信仰之光在世俗世界中已经彻底耗尽了,宗教符号早已成为僵死的文字、逻辑矛盾的密林、无法证明也无法证伪的命题,宗教体验再也无法从生存论层面被激活了。但是,"即便灵性的制度化在一个历史社会中崩溃了,灵性的权威也没有从世界上消失。灵性吹向四面八方,即便没有吹过共同体中的人的灵魂,也会吹过孤独的灵魂。在社会危机的时候,解决属灵权威问题的方法是一条神秘之路"。[①]布朗肖所选择的路,就是这样一个孤独灵魂的神秘之路。只是这种神秘不再指向信仰,不再指向上帝的永恒和至善,而是以去人格化的、无我的方式进入一个中性的外边,可以说是一种诗性神秘。在这里,主客无分,心物同一,人之囿于自我、主客截然隔

　　　① 　沃格林:《革命与新科学》,谢华育译,华东师范大学出版社 2009 年版,第 210 页。

绝的伤口被治愈了。当然,只是在电光石火之间短暂地被治愈。

　　布朗肖走过了很长的一生,思想之路也幽晦而漫长,但是却没有离开最初的极限体验,终始如一。这种原初的生存体验在生命的早年就以一种极其切己、极其剧烈的方式向他敞开了无限,让他意识到经验性"自我"的虚构和局限,以及建立在"自我"之上的整个西方现代哲学和文化的虚幻以及脆弱。最初的灵魂震颤如此直接,如此真实,他的智性真诚促使他不得不重新审视"自我"这个命题,而这种极限体验所激唤起的对无限的颤栗使得"自我"打开了一个罅隙,成为一个生气勃勃的通道,连通万物,连通无限。这种体验成为他一生不枯的思想泉眼,成为稳固的精神基石,在对文学、对他者,对语言和书写,对死亡的思考中,处处都以这种体验为基底。当然,这种类似于原宗教体验的颤栗和恐惧在基督教里,或许是信仰的起点,但是在布朗肖这里,却始终维持着一种诗性体验的面相。他没有以此构筑一个稳固的体系,而是任其爆破性的力量,去炸毁一个个西方现代传统的稳固据点,比如主体,比如作为意识起点的"自我",比如理性,比如客观世界,等等。也因此,他的思想始终有一种难得的智性真诚,因为支撑理论脚手架的,毕竟是直接鲜活的体验,而不是腐败的文字,不是抽象的辩难,所以即便晦涩无比,却始终有生气流通其间。

　　单从当前的视角来看,布朗肖的思想新异、神秘,而且孤独,但是置于西方几千年的神秘主义传统中来审视,他的作品就如同漫长幽深的地下之泉在一定的时机溢出地表,并非绝然独立,也非偶然。神秘主义的灵性传统以一种隐秘的方式浸润着失序时代中的个体灵魂,在当代,更是以一种诗学体验的方式,被思想家们当作锋利的思想刀刃,去剖开现代智识传统的狭促和封闭。当然,不知道是布朗肖的精神气质与神秘主义刚好合拍,还是神秘主义的丰厚传统抟塑了他极具辨识度的独特风格,也许二者皆有。布朗肖的思想当然具有反叛的特点,只是这种反叛的动能并非来自未来,而是来自深远的过去。在神秘主义传统中,以"无我之我"的巅峰体验敞开了对人恢宏而开阔的认识,同时对其未知和幽暗又保持足够的警醒,这些都与布朗肖自我之死(dying)的体验遥相呼应,也是他据以对抗现代狭隘理性的丰沃资源。所以,抛开"先锋"、"解构"等标签,布朗肖其实是神秘主义的精神后裔,他接通并续写了一个隐秘而伟大的传统。

布朗肖隐居避世,但并非全然撤离世界,相反,他对时代的局势和问题洞若观火,对思想界的事件亦有深度的参与。他与列维纳斯、巴塔耶的深厚友谊,缔结在灵魂的共契之上,虽然对时代痼疾的诊断和回应侧重不同的面向,列维纳斯偏重伦理祈向的"他者",巴塔耶以"诗"和"色情"作为"僭越"的根本事件,布朗肖则以更冷静和幽暗的方式提出"文学空间"。但是三者思想最为根基处的核心体验是一致的,即对于一种卷走主体自我的未知湍流,一种令人颤栗的原初奥秘的切身体验。布朗肖也积极地介入与同时代其他思想家的对话,比如福柯、加缪、罗兰·巴特等等,在 20 世纪热闹而纷乱的智性景观中,他们在各自的精神小径上交错相遇,同声相应,在彼此的轨迹上留下清晰的印记。福柯始终感念他对布朗肖所欠下的思想债务,而罗兰·巴特也反复提到布朗肖是他思考"中性"的起点。布朗肖与他的同时代思想家一起,成就了法国 20 世纪灿烂纷繁的智识星河。

布朗肖的沉思始终审慎地环绕着"文学空间",也就是由"我之死"所打开的它异空间——"外边"而展开。他写下了大量的小说和文学评论,他的"文学"承载着揭开主体性哲学之虚妄假面,终结现代形而上学之垄断的重任。文学于布朗肖而言,是哲学、神学和诗学在当下的汇流,是超验经验在无神论世界的投影及其"去神化"的安置。无我之我,非思之思,作为一种"外边"的突入,划破了实证和经验主义世界的夜空,在一瞬间照亮了更为广大丰盈,或许也更为真实的存在。但是,布朗肖的"文学"离弃了世界和大地的根基,以"外边"突入世界的非常态化瞬间为重心,自始至终游离于狭窄的边界之上。人类的俗常、历史、文明在这种文学中彻底被放逐,得不到恰如其分的安置。而且,文学所命悬一线的"外边"之侵入,从"我"到"无我"(自我之死)的转变,虽然可以以"极限体验"之名来捕捉,但是其发生却全因偶然,来去如飞,没有任何可循的踪迹，也没有人可以为之努力、向之前行的方向。出现在文学空间里的，是变形了的世界，和处于极限状态的人，是暗夜长空，那划过浓重黑暗的瞬息一闪。这一道殊异之光当然也改写了世界的轮廓，指向了更高一维，但始终无法与大地进行一种有生的关联，这或许是布朗肖"文学"的遗憾所在，也是站在"外边"的立场，拒绝、颠倒或者否定"世界"法则的结果。

在"自我之死"的极限体验中，呈现出来的是"自我"的贫乏和虚构，是将绝对起点设立于"自我"之上的现代哲学的脆弱；在"外边"这道殊异之光的照射之下，世界的有限性和非自足性显露出来，世界不再是确定和绝对的，而是在另外一重价值的映照之下显出苍白和荒凉。这是插入主体性哲学、心物对立的世界构架中的一个楔子，破除了其绝对性，还原其相对和有限的本来面目。但是在布朗肖的思想中，始终缺乏一种更高的视野，没有办法将大地的绝对律令与其冷酷的必然性纳入与外边的张力系统之中，因此诗性体验只能作为日常世界的一个"异数"而存在，其能量的存在方式是点状的、随机的、摧毁性的，却不是博大的、有生机的，无法承载伦常和文明的生长。所以，布朗肖，乃至整个20世纪的法国思想，都只能以游牧、以散点击破的方式存在，他们不愿也无力以建构为己任。传统的灰烬之上闪出的火花，文明的朽木之上长出的新芽，新异可喜，却毕竟脆弱，无法承担起更新或孕育一个强健文明的重任。

参 考 文 献

一

1. Maurice Blanchot, *The Work of Fire*, trans. Charlotte Mandell, Stanford: Stanford University Press, 1995.

2. Maurice Blanchot, *The Infinite Conversation*, trans. Susan Hanson, Minneapolis and London: University of Minnesota Press, 1993.

3. Maurice Blanchot, *The Writing of the Disaster*, trans. Ann Smock, Lincoln and London: University of Nebraska Press, 1995.

4. Maurice Blanchot, *The Space of Literature*, trans. Ann Smock, Lincoln, London: University of Nebraska Press, 1982.

5. Maurice Blanchot, *Friendship*, trans. Elizabeth Rottenberg, Stanford, California: Stanford University Press, 1997.

6. Maurice Blanchot, *The Book to Come*, trans. Charlotte Mandell, Stanford, California: Stanford University Press, 2003.

7. Maurice Blanchot, *Political Writings*, *1953—1993*, trans. Zakir Paul, New York: Fordham University Press, 2010.

8. Maurice Blanchot, *The Step not Beyond*, trans. Lycette Nelson, New York: State University of New York Press, 1992.

9. Maurice Blanchot, *The Last Man*, trans. Lydia Davis, New York: Columbia University Press, 1987.

10. Maurice Blanchot, *The Unavowable Community*, trans. P.Joris, Barrytown: Station Hill Press, 1998.

11. Maurice Blanchot, *The Sirens' Song*, ed. Gabriel Josipovici, trans. S.Rabinovitch, Brighton: The Harvester Press, 1982.

12. Maurice Blanchot, *The Instant of My Death*, trans. Elizabeth Rottenberg, Stanford, California: Stanford University Press, 2000.

13. Maurice Blanchot, *The Gaze of Orpheus*, trans. Lydia Davis, Barrytown: Station Hill Press, 1981.

14. 布朗肖:《文学空间》,顾嘉琛译,商务印书馆 2003 年版。

15. 布朗肖:《黑暗托马》,林长杰译,南京大学出版社 2014 年版。

16. 布朗肖:《无尽的谈话》,尉光吉译,南京大学出版社 2016 年版。

二

1. Emmanuel Levinas, *Totality and Infinity*, trans. Alphonso Lingis, Hague, Boston, London: Martinus Nijhoff Publishers, 1979.

2. Emmanuel Levinas, *Time And The Other*, trans. Richard A. Cohen, Pittsburgh, Pennsylvania: Duquesne University Press, 1987.

3. Emmanuel Levinas, *Collected Philosophical Papers*, trans. Alphonso Lingis, Dordrecht, Boston, Lancaster: Martinus Nijhoff Publishers, 1987.

4. Emmanuel Levinas, *Ethics and Infinity: Conversation with Philippe Nemo*, trans. Richard A.Cohen, Pittsburgh: Duquesne University Press, 1985.

5. Emmanuel Levinas, *Otherwise than Being or Beyond Essence*, trans. Alphonso Lingis, The Hague: Martinus Nijhoff, 1981.

6. Emmanuel Levinas, "On Maurice Blanchot", *Proper Names*, trans. Michael B.Smith, Stanford: Stanford University Press, 1996.

7. Georges Bataille, *Vision of Excess: Selected Writings, 1927—*

1939. Trans. Allan Stoekl, Minneapolis: University of Minnesota Press, 1985.

8. Georges Bataille, *Inner Experience*, trans. Leslie Anne Boldt, Albany: State University of New York Press, 1988.

9. Jacques Derrida, *Aporias*, trans. Thomas Dutoit, California: Stanford University Press, 1993.

10. Hegel, *Hegel and the Human Spirit: A Translation of the Jena Lectures on the Philosophy of Spirit*(*1805—1806*), trans, Leo Rauch, Detroit: Wayne State University Press, 1983.

11. Jean Hippolyte, *Genesis and Structure of Hegel's Phenomenology of Spirit*, Evanston: Northwestern University Press, 1974.

12. Martin Heidegger, *Poetry*, *Language and Thought*, trans. Albert Hofsadter, New York: Harper & Row, 1971.

三

1. Gerald L.Bruns, *Blanchot: The Refusal of Philosophy*, Baltimore, London: John Hopkins University Press, 1997.

2. Ullrich Haase and William Large, *Maurice Blanchot*, London and New York: Routledge, 2001.

3. Kevin Hart, *The Dark Gaze: Maurice Blanchot and The Sacred*, Chicago and London: The University of Chicago Press, 2004.

4. John Gregg, *Maurice Blanchot and the literature of Transgression*, Princeton, New Jersey: Princeton University Press, 1994.

5. Joseph Libertson, *Proximity: Levinas*, *Blanchot*, *Bataille and Communication*, the Hague, Boston, London: Martinus Nijhoff Publishers, 1982.

6. Leslie Hill, *Blanchot: Extreme Contemporary*, London and New York: Routledge, 1997.

7. Lars Iyer, *Blanchot's Communism：Art，Philosophy and Po-litical*，Houndmills, New York：Palgrave Macmillam，2004.

8. Richard Cohen, ed., *Face to Face with Levinas*，Albany：SUNY Press，1986.

9. Thomas Carl Wall, *Radical passivity：Levinas，Blanchot，and Agamben*，Albany：State University of New York Press，1999.

10. Carolyn Bailey Gill，ed.，*Maurice Blanchot：The Demanding of Writing*，London and New York：Routledge，1996.

11. Allan Stoekl，*Politics，Writing，Mutilation：The Cases of Bataille，Blanchot，Roussel，Leiris，and Ponge*，Minneapolis：University of Minnesota Press，1985.

四

1. 黑格尔：《精神现象学》，贺麟、王玖兴译，商务印书馆 1996 年版。

2. 黑格尔：《美学》，朱光潜译，商务印书馆 1997 年版。

3. 索绪尔：《普通语言学教程》，岑麒祥译，商务印书馆 1983 年版。

4. 福柯：《词与物》，莫伟民译，上海三联书店 2001 年版。

5. 列维纳斯：《从存在到存在者》，吴蕙仪译，江苏教育出版社 2006 年版。

6. 海德格尔：《林中路》，孙周兴译，上海译文出版社 2004 年版。

7. 海德格尔：《在通向语言的途中》，孙周兴译，商务印书馆 1999 年版。

8. 海德格尔：《论真理的本质》，赵卫国译，华夏出版社 2008 年版。

9. 海德格尔：《存在与时间》，陈嘉映译，生活·读书·新知三联书店 2006 年版。

10. 海德格尔：《面向思的事情》，陈小文、孙周兴译，商务印书馆 1999 年版。

11. 海德格尔：《同一与差异》，孙周兴等译，商务印书馆 2011 年版。

12. 柏拉图:《斐多篇》,杨绛译,辽宁人民出版社1999年版。

13. 柏拉图:《理想国》,郭斌和、张竹明译,商务印书馆2002年版。

14. 科耶夫:《黑格尔导读》,姜志辉译,译林出版社2005年版。

15. 尼采:《偶像的黄昏》,卫茂平译,华东师范大学出版社2007年版。

16. 尼采:《权力意志》,孙周兴译,商务印书馆2007年版。

17. 亚里士多德:《形而上学》,《亚里士多德全集》,第七卷,苗力田译,中国人民大学出版社1993年版。

18. 康德:《纯粹理性批判》,邓晓芒译,人民出版社2004年版。

19. 吉尔·德勒兹:《德勒兹论福柯》,杨凯麟译,江苏教育出版社2006年版。

20. 柯林·戴维斯:《列维纳斯》,李瑞华译,江苏人民出版社2006年版。

21. 乔治·布莱:《批评意识》,郭宏安译,广西师范大学出版社2002年版。

22. 陈春文:《回到思的事情》,武汉大学出版社2007年版。

23. 巴塔耶:《内在体验》,尉光吉译,广西师范大学出版社2016年版。

24. 埃克哈特:《埃克哈特大师文集》,荣震华译,商务印书馆2010年版。

25. 吕西安·戈德曼:《隐蔽的上帝》,蔡鸿滨译,百花文艺出版社1998年版。

26. 舍勒:《死·永生·上帝》,孙周兴译,中国人民大学出版社2003年版。

27. 沃格林:《没有约束的现代性》,谢华育、张新樟译,华东师范大学出版社2007年版。

28. 伪狄奥尼修斯:《神秘神学》,包利民译,商务印书馆2012年版。

29. 索伦:《犹太神秘主义主流》,涂笑非译,四川人民出版社2000年版。

30. 文森:《无执之道——埃克哈特神学思想研究》,郑淑红译,华夏出版社 2016 年版。

31. 西蒙娜·薇依:《重负与神恩》,杜小真、顾嘉琛译,中国人民大学出版社 2003 年版。

32. 里尔克:《杜伊诺哀歌中的天使》,刘小枫选编,林克译,华东师范大学出版社 2005 年版。

33. 海德格尔:《荷尔德林的颂歌〈日耳曼尼亚〉与〈莱茵河〉》,张振华译,商务印书馆 2018 年版。

34. 福柯:《声名狼藉者的生活》,汪民安编,北京大学出版社 2016 年版。

35. 罗兰·巴尔特:《写作的零度》,李幼蒸译,中国人民大学出版社 2008 年版。

36. 吉尔·德勒兹:《差异与重复》,安靖、张子岳译,华东师范大学出版社 2019 年版。

五

1. Simon Critchley: "Il y a—A Dying Stronger than Death(Blanchot with Levinas)", *Oxford Literary Review*, 1993, vol.15, No.1—2.

2. Lars Iyer: "Logos and Difference: Blanchot, Heidegger, Heraclitus", *Parallax*, 2005, vol.11, No.2.

3. Martin Crowley: "Possible suicide: Blanchot and the ownership of death", *Paragraph*, 2003.

图书在版编目(CIP)数据

走出"自我之狱":布朗肖思想研究/朱玲玲著
.—上海:上海人民出版社,2021
(法国哲学研究丛书.学术文库)
ISBN 978 - 7 - 208 - 16887 - 9

Ⅰ.①走…　Ⅱ.①朱…　Ⅲ.①莫里斯·布朗肖-哲学
思想-研究　Ⅳ.①B565.6

中国版本图书馆 CIP 数据核字(2020)第 267043 号

责任编辑　吴书勇
封面设计　零创意文化

法国哲学研究丛书·学术文库

走出"自我之狱"
——布朗肖思想研究

朱玲玲　著

出　　版	上海人氏出版社
	(200001　上海福建中路 193 号)
发　　行	上海人民出版社发行中心
印　　刷	常熟市新骅印刷有限公司
开　　本	635×965　1/16
印　　张	13
插　　页	4
字　　数	174,000
版　　次	2021 年 1 月第 1 版
印　　次	2021 年 1 月第 1 次印刷
	ISBN 978 - 7 - 208 - 16887 - 9/B·1530
定　　价	65.00 元

法国哲学研究丛书

学术文库

《笛卡尔的心物学说研究》 施 璇 著

《从结构到历史——阿兰·巴迪欧主体思想研究》 张莉莉 著

《诚言与关心自己——福柯对古代哲学的解释》 赵 灿 著

《追问幸福:卢梭人性思想研究》 吴珊珊 著

《从"解剖政治"到"生命政治"——福柯政治哲学研究》 莫伟民 著

《从涂尔干到莫斯——法国社会学派的总体主义哲学》 谢 晶 著

《走出"自我之狱"——布朗肖思想研究》 朱玲玲 著

学术译丛

《物体系》 [法]让·鲍德里亚 著 林志明 译